VISA POUR LA PRÉPA

MPSI • PCSI • PTSI • BCPST

Marie-Virginie **Speller**
Erwan **Guélou**

Tout-en-fiches

Mathématiques Physique Chimie

DUNOD

Conception et création de couverture : Atelier 3+

ISBN 978-2-10-059277-7

[L'intégration]

[Les suites]

[Les nombres complexes]

[Les matrices]

[Les probabilités et les statistiques]

[L'arithmétique]

Physique

[Outils mathématiques indispensables à la physique]

[Signaux physiques et rappels d'optique]

[Mécanique : Temps, Mouvement et Évolution]

[Introduction à la thermodynamique – Échanges thermiques]

[L'électricité]

Chimie

[Les réactions d'oxydoréduction]

[Les réactions acido-basiques]

[La chimie organique]

[Cinétique et catalyse]

Introduction

[Bienvenue en prépa !]

Vous avez dit prépa ?

1. Bienvenue en prépa !

Tout d'abord FÉLICITATIONS à vous qui êtes admis en classe prépa ! Avant de consulter cet ouvrage nous vous invitons à lire ces quelques lignes en guise d'introduction car même si vous « restez » au lycée beaucoup de choses vont changer... Afin d'appréhender au mieux votre année de prépa, autant que vous sachiez précisément où vous mettez les pieds !

2. À qui s'adresse ce livre ?

Cet ouvrage regroupe les notions essentielles à maîtriser parfaitement en mathématiques, physique et chimie pour intégrer une classe de mathématiques supérieures MPSI (Mathématiques Physique Sciences de l'Ingénieur), PCSI (Physique Chimie Sciences de l'Ingénieur), PTSI (Physique Technologie Sciences de l'Ingénieur) ou BCPST (Biologie Chimie Physique Sciences de la Terre).

3. Une nouvelle forme d'évaluation : vers le concours !

- Vous aviez l'habitude d'être notés sur 20 aux différents contrôles en fonction des exercices correctement traités et selon un barème précis. En prépa, vous êtes notés en fonction des résultats des autres élèves de la classe. Cela signifie que vous pouvez obtenir une note de 20/20 en n'ayant pas réalisé la totalité du sujet : par exemple, si vous êtes le meilleur en ayant fait la moitié de l'énoncé, vous avez 20/20 !
- Sur votre copie figure donc désormais votre classement à côté de la note attribuée.

4. Quelles matières ?

Les matières enseignées en classe de mathématiques supérieures sont (le volume horaire dépend de votre filière) :

- Les mathématiques
- La physique
- La chimie
- Les sciences de l'ingénieur (MPSI, PCSI et PTSI)
- Les sciences de la vie et de la terre (BCPST)
- Le français : trois œuvres autour d'un thème commun.
- L'anglais : thèmes (du français vers l'anglais) et versions (de l'anglais vers le français)
- Le sport : ce qui peut vous permettre de vous détendre et évacuer votre surplus de stress !

5. Quelle attitude adopter en prépa ?

Travaillez régulièrement !

Avec la masse de nouvelles informations que vous allez devoir digérer au cours de la semaine, vous ne pouvez pas vous permettre de travailler par intermittence. Sinon vous serez vite perdu(e) et accumulerez trop de retard ! Prenez l'habitude de lire vos notes prises au cours de la journée tous les soirs en rentrant chez vous. Notez les différents points que vous ne saisissez pas bien et n'hésitez pas à aller voir vos professeurs pour leur poser des questions.

Ne négligez pas les matières littéraires :

- D'abord parce qu'à niveau égal dans les matières scientifiques, c'est l'anglais et le français qui feront la différence aux concours !
- Il est également vivement conseillé aux futurs ingénieurs d'être bilingue français/anglais à leur arrivée sur le marché du travail.
- Mais aussi parce que le français ou l'anglais représentent un « bol d'air frais » dans la semaine qui est remplie de formules mathématiques et scientifiques en tout genre.

Faites-vous des amis !

D'accord, vous êtes systématiquement classés à chaque devoir sur table, ce qui peut instaurer un certain « esprit concours » dans la classe. N'entrez surtout pas dans ce jeu : prêtez vos cours aux absents, expliquez ce que vous avez bien compris à ceux qui ont des difficultés, travaillez avec vos camarades de classe, etc. Pourquoi ? Parce que vous avancez beaucoup plus rapidement en expliquant aux autres et en leur posant des questions plutôt qu'en révisant tout seul dans votre coin.

Ne faites pas que travailler avec les personnes de votre classe, sortez, allez au cinéma, allez au théâtre, allez voir des expositions, etc. Organisez-vous aussi des dîners de classe ! Le but est de partager autre chose que la vie scolaire. Et vous verrez, on peut se faire des amis en prépa ! Cela vous permettra aussi de supporter le rythme soutenu des cours.

Rassurez-vous !

Il se peut que vous entendiez beaucoup de commentaires décourageants sur la prépa : « c'est horrible », « c'est très difficile », « tu ne vas que travailler », etc. De quoi vous miner le moral... Mais prenez les choses du bon côté :

- Vous avez choisi cet enseignement et en plus vous avez eu la chance de voir votre candidature retenue. C'est tout de même une très bonne nouvelle !
- Vous allez travailler sur des thèmes qui vous plaisent *à priori*.
- La prépa est l'occasion de développer d'excellentes méthodes de travail.
- Vous ne perdez pas votre temps car en cas d'échec ou de changement d'orientation vous pouvez intégrer d'autres filières.

La fin de l'année... premier bilan :

- Vous êtes admis en maths spé ! Bravo et bonne chance pour la 3/2 !
- Vous n'êtes pas admis à poursuivre dans votre lycée : tentez une maths spé dans d'autres établissements ou bien changez de filière. Demandez des conseils à vos professeurs : que pouvez-vous faire en fonction de vos résultats ? Cette filière vous plaît-elle ? Etc. Prenez rendez-vous, si vous avez besoin avec une conseillère d'orientation. Allez aux portes ouvertes des écoles d'ingénieur post-bac, des universités, etc.

  Mais en aucun cas, cette non-admission en maths spé dans votre lycée ne constitue un échec. Vous avez acquis de très bonnes bases dans les matières scientifiques (notamment en mathématiques) mais vous disposez également désormais d'excellentes méthodes de travail. Vous pourrez ainsi réussir brillamment dans d'autres études.

Remerciements

Je tiens tout d'abord à remercier l'équipe d'édition pour son soutien, son écoute et sa confiance.

Je remercie également tous les élèves que j'ai pu accompagner lors de leurs études en prépa. Leurs doutes et leurs questionnements m'ont permis d'insister sur les points qui posent le plus de problèmes aux étudiants à leur arrivée en classe préparatoire.

J'espère que cet ouvrage répondra aux attentes des futurs élèves de mathématiques supérieures.

Bon travail et bonne « maths sup » à tous !

Marie-Virginie SPELLER

Mathématiques

[Outils mathématiques]

FICHE COURS

1

1. Je fais le point sur mes connaissances

1. Les équations généralités

Les équations se présentent sous la forme $f(x) = b$ et les solutions s'obtiennent en effectuant le calcul : $x = f^{-1}(b)$ où f^{-1} est la fonction réciproque de f (avec f bijective). f peut être une fonction affine, une fonction logarithme, une exponentielle, une racine, etc.

2. Les équations avec expressions affines

- Équations du type $ax = 0$ avec a réel :
  si a est un réel non nul, alors l'unique solution de cette équation est $x = 0$. S = {0}.
  Si a est nul, alors l'équation admet une infinité de solutions. S = $\mathbb{R}$.
- Équations du type $x + b = 0$ avec b réel ;
  l'unique solution de cette équation est $x = -b$. S = $\{-b\}$.
- Équations du type $ax + b = 0$:
  si a et b sont deux réels non nuls, alors cette équation a pour unique solution $x = -\dfrac{b}{a}$. S = $\left\{-\dfrac{b}{a}\right\}$.

3. Équations sous forme de facteurs

Un produit de facteurs est nul si et seulement si l'un des facteurs au moins est nul. $A \times B = 0 \Longleftrightarrow A = 0$ ou $B = 0$.
Parfois, et même souvent, l'équation ne se présente pas sous la forme d'un produit directement factorisé. C'est donc à vous de factoriser l'expression afin d'obtenir un produit de facteurs et pouvoir ainsi résoudre l'équation.

4. Équations sous forme de quotients

Un quotient est nul si et seulement si son numérateur est nul et son dénominateur non nul :

$$\frac{A}{B} = 0 \Longleftrightarrow A = 0 \text{ et } B \neq 0$$

Parfois et même souvent, il arrive que l'équation ne se présente pas sous la forme d'un seul quotient. C'est donc à vous de réduire l'expression au même dénominateur afin d'obtenir un unique quotient et pouvoir ainsi résoudre l'équation.

[REMARQUE]

Lorsque vous obtenez une solution qui est une valeur interdite (qui annule le dénominateur), vous ne pouvez pas en tenir compte.

Exemple

$$\frac{x^2 - 5x + 6}{x - 2} = 0 \Longleftrightarrow \frac{(x-2)(x-3)}{x-2} = 0$$

$$\Longleftrightarrow \begin{cases} x = 2 \text{ ou } x = 3 \\ x \neq 2 \end{cases} \Longleftrightarrow x = 3 \text{ et } S = \{3\}$$

5. Les équations non linéaires

f est dans ce cas une fonction non affine. Il s'agit obligatoirement d'une fonction bijective (c'est-à-dire que chaque x admet une unique image y par f et chaque y un unique antécédent x par f).

Équations	Solutions
$\frac{1}{x} = a,\ x \neq 0,\ a \neq 0$	$x = \frac{1}{a},\ x \neq 0,\ a \neq 0$
$\ln(x) = a,\ x > 0$	$x = e^a$
$e^x = a,\ a > 0$	$x = \ln(a),\ a > 0$
$\sqrt{x} = a$	$x = a^2$
$x^2 = a,\ a \geqslant 0$	$x = \pm\sqrt{a},\ a \geqslant 0$
$x^3 = a$	$x = \sqrt[3]{a}$
$x^{2p} = a,\ a \geqslant 0$	$x = \pm \sqrt[2p]{a},\ a \geqslant 0$
$x^{2p+1} = a$	$x = \sqrt[2p+1]{a}$
$\lvert x \rvert = a$	$x = a$ ou $x = -a$

[REMARQUE]

Un nombre entier pair n s'écrit $n = 2p$ et un nombre entier impair n s'écrit $n = 2p + 1$ où p est un entier naturel.

[ATTENTION]

$\sqrt{x} = x^{\frac{1}{2}},\ x \geqslant 0$	$\sqrt[3]{x} = x^{\frac{1}{3}}$	$\sqrt[n]{x} = x^{\frac{1}{n}},\ n \geqslant 1,\ \begin{cases} x \geqslant 0, & n \text{ pair} \\ x \text{ réel}, & n \text{ impair} \end{cases}$

2. Les mots clés

Ensemble vide :
Il s'agit de l'ensemble ne comportant aucun élément. On note $S = \varnothing$, lorsque l'équation n'admet pas de solution.

Infinité de solutions :
Une équation admet une infinité de solutions lorsqu'elle est vraie pour tout x de $\mathbb{R}$.

Produit de facteurs :
Un produit de facteurs est nul si et seulement si l'un au moins des facteurs est nul.

Solution :
La ou les solution(s) de l'équation $f(x) = 0$ est (sont) le ou les point(s) de concours de la courbe représentative de f avec l'axe des abscisses.

Valeur interdite :
Une valeur interdite est une valeur que ne peut pas prendre x. Par exemple, une valeur interdite est la valeur qui annule un dénominateur ou l'expression à l'intérieur d'un ln, etc.

[REMARQUE]

Les équations sont très utilisées dans la recherche de l'ensemble de définition d'une fonction ou bien dans le calcul des coordonnées des extrema d'une fonction (qui annulent la dérivée) ou encore dans l'étude du signe de la dérivée.

1. Je fais le point sur mes connaissances

On cherche à résoudre un système de 2 équations à 2 inconnues x et y :

$$(S)\begin{cases} ax + by = e \\ cx + dy = f \end{cases}$$

1. La résolution par substitution

Il s'agit d'exprimer l'une des variables en fonction de l'autre. Dans le système (S), il est possible d'exprimer y en fonction de x dans la première équation :

$$ax + by = e \Longleftrightarrow by = e - ax \Longleftrightarrow y = \frac{e - ax}{b}$$

Puis on remplace y dans la seconde équation :

$$cx + dy = f \Longleftrightarrow cx + d \times \frac{e - ax}{b} = f \Longleftrightarrow \frac{cbx + de - dax}{b} = \frac{bf}{b}$$

$$\Longleftrightarrow cbx + de - dax = bf,\, b \neq 0 \Longleftrightarrow (bc - ad)x = bf - de$$

$$\Longleftrightarrow (bc - ad)x = bf - de \Longleftrightarrow x = \frac{bf - de}{bc - ad},\, bc - ad \neq 0$$

On obtient l'expression de y en remplaçant x par la valeur obtenue ci-dessus :

$$y = \frac{e - ax}{b} = \frac{e - a\dfrac{bf - de}{bc - ad}}{b} = \frac{e(bc - ad) - a(bf - de)}{b(bc - ad)}$$

$$y = \frac{ebc - ead - abf + ade}{b(bc - ad)} = \frac{ebc - abf}{b(bc - ad)} \Longleftrightarrow y = \frac{ec - af}{bc - ad}$$

2. La résolution par combinaison

Cette méthode consiste à éliminer une variable de manière à se retrouver en présence d'une équation à une seule inconnue x ou y. Pour cela, il suffit d'additionner ou soustraire les deux équations affectées d'un facteur permettant de supprimer une variable.

Dans le système (S), il suffit de multiplier la 1re équation par d et la 2nde par b puis de les soustraire. Cela permet d'éliminer la variable y :

$$d(ax + by) - b(cx + dy) = de - bf$$

$$\iff dax + dby - bcx - bdy = de - bf \iff dax - bcx = de - bf$$

$$\iff (da - bc)x = de - bf \iff x = \frac{de - bf}{ad - bc} = \frac{bf - de}{bc - ad}$$

Puis on remplace x par son expression dans l'une ou l'autre des équations de départ pour obtenir le même résultat que précédemment. Le y s'obtient de la même manière que dans la méthode par substitution.

3. La résolution par le pivot de Gauss

La méthode du pivot de Gauss pour le calcul de l'inverse d'une matrice est détaillée dans le chapitre portant sur les matrices : le but est d'effectuer une succession d'opérations sur les lignes du système afin de l'avoir sous une forme triangulaire. À partir d'un système matriciel $AX = b$, vous obtenez un système sous forme triangulaire puis la solution $X = A^{-1}b$ avec A^{-1} matrice inverse de A (inversible).

Un système de n équations à n inconnues de la forme $AX = b$ a pour solution le vecteur de $\mathbb{R}^n$ $X = A^{-1} \times b$ (où A est une matrice inversible d'inverse A^{-1} et b un vecteur de $\mathbb{R}^n$) :

$$\begin{cases} a_{11}x_1 + a_{12}x_2 \ldots + a_{1n}x_n = b_1 \\ a_{21}x_1 + a_{22}x_2 \ldots + a_{2n}x_n = b_2 \\ \ldots \\ a_{n1}x_1 + a_{n2}x_2 \ldots + a_{nn}x_n = b_n \end{cases} \iff \underbrace{\begin{pmatrix} a_{11} & a_{12} & \cdots & a_{1n} \\ a_{21} & a_{22} & \cdots & a_{2n} \\ \cdots & \cdots & \cdots & \cdots \\ a_{n1} & a_{n2} & \cdots & a_{nn} \end{pmatrix}}_{A} \times \underbrace{\begin{pmatrix} x_1 \\ x_2 \\ \cdots \\ x_n \end{pmatrix}}_{X} = \underbrace{\begin{pmatrix} b_1 \\ b_2 \\ \cdots \\ b_n \end{pmatrix}}_{b}$$

4. Les systèmes non linéaires

Les systèmes non linéaires sont formés d'équations qui ne sont pas forcément affines. Le principe de résolution est le même, à vous de choisir la méthode que vous préférez sauf si on vous l'impose dans l'énoncé !

2. Les mots clés

Couple solution :

Il s'agit des points $(x\ ;\ y)$ qui vérifient le système. C'est le point de concours des droites correspondant aux équations du système dans le cas où les équations sont affines. $S = (x\ ;\ y)$.

Ensemble vide :
Il s'agit de l'ensemble ne comportant aucun élément. On note S = $\varnothing$, lorsque le système n'admet pas de solution, c'est-à-dire lorsque les droites correspondantes aux équations sont parallèles.

Forme matricielle d'un système :
Il s'agit de l'écriture $AX = b$. Les solutions du système sont données par $X = A^{-1} \times b$ avec A matrice inversible d'inverse A^{-1}.

Infinité de solutions :
Un système a une infinité de solutions lorsque les équations sont proportionnelles, c'est-à-dire, lorsque leurs droites correspondantes sont confondues. On note dans ce cas S = $\mathbb{R}$.

Pivot de Gauss :
Cette méthode (détaillée plus loin dans cet ouvrage) consiste à écrire le système sous forme triangulaire en calculant la réduite de Gauss de la matrice A correspondante au système (S).

Représentation graphique :

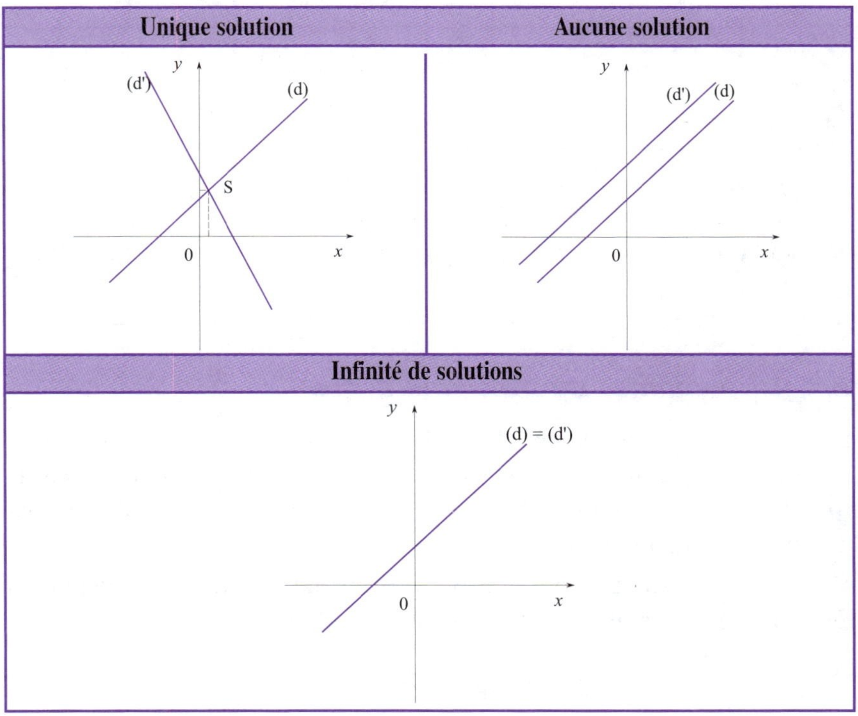

FICHE COURS
3

1. Je fais le point sur mes connaissances

1. Les polynômes du second degré

Les polynômes ou trinômes du second degré s'écrivent sous la forme $ax^2 + bx + c$. Leur(s) racine(s) éventuelle(s) vérifient l'équation : $ax^2 + bx + c = 0$.

	Racines	Signe	Factorisation
$\Delta > 0$ Deux racines réelles	$x_1 = \frac{-b - \sqrt{\Delta}}{2a}$ $x_2 = \frac{-b + \sqrt{\Delta}}{2a}$	le polynôme est du signe de a à l'extérieur des racines et de $-a$ à l'intérieur	$a(x - x_1)(x - x_2)$
$\Delta = 0$ Une racine double réelle	$x_0 = \frac{-b}{2a}$	le polynôme est du signe de a	$a(x - x_0)^2$
$\Delta < 0$ Deux racines complexes conjuguées	$x_1 = \frac{-b - i\sqrt{-\Delta}}{2a}$ $x_2 = \frac{-b + i\sqrt{-\Delta}}{2a}$	le polynôme est du signe de a	pas de factorisation

2. Les polynômes du troisième degré

Pour déterminer les racines des polynômes de degré trois, vous devez déterminer la racine évidente, afin de factoriser le polynôme sous la forme du produit d'un polynôme de degré un : ($x-$ racine évidente) par un polynôme de degré deux : $(ax^2 + bx + c)$.

Comment résoudre une équation avec un polynôme du 3e degré ou déterminer les racines d'un polynôme de degré 3 ?

$$Ax^3 + Bx^2 + Cx + D = 0$$

Il faut tout d'abord chercher une racine évidente. En général, il s'agit de 1, − 1, 2, − 2, 3, − 3, etc. Il suffit de « tâtonner » en essayant différentes valeurs pour x.
En notant α la racine évidente, $\alpha \neq 0$, le polynôme se factorise sous la forme :

$Ax^3 + Bx^2 + Cx + D = (x - \alpha)(ax^2 + bx + c)$

$Ax^3 + Bx^2 + Cx + D = ax^3 + bx^2 + cx - \alpha ax^2 - \alpha bx - \alpha c$

$Ax^3 + Bx^2 + Cx + D = ax^3 + (b - \alpha a)x^2 + (c - \alpha b)x - \alpha c$

Par identification, apparaît un système de 4 équations à 3 inconnues a, b et c :

$$\begin{cases} a = A \\ b - \alpha a = B \\ c - \alpha b = C \\ -\alpha c = D \end{cases} \iff \begin{cases} a = A \\ b - \alpha a = B \\ c - \alpha b = C \\ c = -\dfrac{D}{\alpha} \end{cases} \iff \begin{cases} a = A \\ b = B + \alpha A \\ c - \alpha(B + \alpha A) = C \\ c = -\dfrac{D}{\alpha} \end{cases}$$

$$\iff \begin{cases} a = A \\ b = B + \alpha A \\ c = C + \alpha(B + \alpha A) \\ c = -\dfrac{D}{\alpha} \end{cases}$$

Avec pour condition : $C + \alpha(B + \alpha A) = -\dfrac{D}{\alpha}$: on obtient forcément deux expressions pour c car il y a 4 équations pour 3 inconnues. En général, on choisit la 4e équation qui donne une valeur obtenue simplement du 3e paramètre c.
Finalement :

$$Ax^3 + Bx^2 + Cx + D = (x - \alpha)(Ax^2 + (B + \alpha A)x - \frac{D}{\alpha})$$

Il devient ainsi aisé d'obtenir les autres racines éventuelles du polynôme en calculant le discriminant du polynôme $Ax^2 + (B + \alpha A)x - \dfrac{D}{\alpha}$.

[REMARQUE]

Lorsque $\alpha = 0$, vous obtenez directement la factorisation par x sans passer par une identification !

2. Les mots clés

Coefficients :

Il s'agit des nombres a, b ou c (réels en TS ou complexes en prépa) multipliant respectivement le x^2, le x et le terme constant. Ainsi tout polynôme du second degré s'écrit sous la forme : $ax^2 + bx + c$.

Discriminant :

Il est noté Δ et est donné par la formule $\Delta = b^2 - 4ac$. Son signe permet de déduire le nombre de racines du polynôme (deux racines réelles, ou bien une racine double ou bien encore deux racines complexes conjuguées) :

- si $\Delta > 0$, le polynôme admet deux racines réelles ;
- si $\Delta = 0$, le polynôme admet une racine double ;
- si $\Delta < 0$, le polynôme n'admet pas de racine réelle, mais deux racines complexes conjuguées.

Extremum (minimum ou maximum) :

L'extremum est atteint en $x = -\dfrac{b}{2a}$ et a pour valeur :

$$P\left(-\frac{b}{2a}\right) = \frac{4ac - b^2}{4a} = \frac{-\Delta}{4a}$$

Ainsi le point de coordonnées $\left(-\dfrac{b}{2a}\ ;\ \dfrac{-\Delta}{4a}\right)$ est l'extremum de $P(x)$.

Il s'agit d'un minimum si et seulement si $a > 0$ ou d'un maximum si et seulement si $a < 0$.

Forme canonique :

La forme canonique d'un polynôme consiste à l'écrire sous la forme de la différence de deux carrés, lorsque cela est possible :

$$ax^2 + bx + c = a\left(x^2 + \frac{b}{a}x + \frac{c}{a}\right) = a\left(\left(x + \frac{b}{2a}\right)^2 - \frac{b^2}{4a^2} + \frac{c}{a}\right)$$

$$ax^2 + bx + c = a\left(\left(x + \frac{b}{2a}\right)^2 - \left(\frac{b^2}{4a^2} - \frac{4ac}{4a^2}\right)\right)$$

$$ax^2 + bx + c = a\left(\left(x + \frac{b}{2a}\right)^2 - \frac{b^2 - 4ac}{4a^2}\right) = a\left(\left(x + \frac{b}{2a}\right)^2 - \frac{\Delta}{4a^2}\right)$$

Racine :

Il s'agit d'une certaine valeur prise par x pour laquelle le polynôme s'annule. En fonction du signe de Δ, on distingue plusieurs types de racines :

- racines réelles : les deux racines appartiennent à $\mathbb{R}$;
- racine double : la racine est unique et appartient également à $\mathbb{R}$;
- racines complexes conjuguées : les deux racines appartiennent à $\mathbb{C}$.

Racine évidente :

Une racine évidente se déduit par « tâtonnements ». Elle permet de factoriser un polynôme de degré trois et de se ramener au produit d'un polynôme de degré un par un polynôme de degré deux.

[À RETENIR]

Dans le cas d'un polynôme de degré deux de la forme $ax^2 + bx + c$, il est utile de connaître les résultats suivants :

- la somme des racines : est égale à $x_1 + x_2 = -\frac{b}{a}$;
- le produit des racines : est égal à $x_1 \times x_2 = \frac{c}{a}$.

FICHE COURS 4

1. Je fais le point sur mes connaissances

1. Les inéquations affines simples

Signe de $ax + b$ ($a \neq 0$) :

x	$-\infty$		$-\frac{b}{a}$		$+\infty$
$ax+b$		signe de $-a$	0	signe de a	

2. Les inéquations sous forme de produit

Signe de $(ax + b)(cx + d)$:

On suppose ici par commodité que le quotient $-\frac{b}{a}$ est plus petit que $-\frac{c}{d}$, (ce choix est parfaitement arbitraire).

x	$-\infty$		$-\frac{b}{a}$		$-\frac{c}{d}$		$+\infty$
$ax+b$		signe de $-a$	0	signe de a		signe de a	
$cx+d$		signe de $-c$		signe de $-c$	0	signe de c	
$P(x)$		signe de ac	0	signe de $-ac$	0	signe de ac	

3. Les inéquations sous forme de quotient

Signe de $\dfrac{ax+b}{cx+d}$:

On suppose ici par commodité que le quotient $-\frac{b}{a}$ est plus petit que $-\frac{c}{d}$, (ce choix est parfaitement arbitraire).

x	$-\infty$	$-\frac{b}{a}$	$-\frac{c}{d}$	$+\infty$
$ax+b$	signe de $-a$	0 signe de a		signe de a
$cx+d$	signe de $-c$	signe de $-c$	0	signe de c
$Q(x)$	signe de ac	0 signe de $-ac$	‖	signe de ac

[ATTENTION]

Le terme $-\frac{c}{d}$ annule le dénominateur, il s'agit donc d'une valeur interdite. D'où la présence d'une double barre dans la dernière ligne du tableau au niveau de cette valeur.

4. Les solutions : inégalité large ou stricte ?

	Inégalité large	**Inégalité stricte**
Valeur qui annule le facteur	on ferme les crochets	on ouvre les crochets
Valeur interdite	on ouvre les crochets	on ouvre les crochets

5. Les inégalités de fonctions

	$a < b$	$a \leqslant b$	$a > b$	$a \geqslant b$
f strictement croissante	$f(a) < f(b)$	$f(a) \leqslant f(b)$	$f(a) > f(b)$	$f(a) \geqslant f(b)$
f strictement décroissante	$f(a) > f(b)$	$f(a) \geqslant f(b)$	$f(a) < f(b)$	$f(a) \leqslant f(b)$

Quelques fonctions usuelles :

	$a < b$	$a \leqslant b$	$a > b$	$a \geqslant b$
$\ln(x)$	$\ln(a) < \ln(b)$	$\ln(a) \leqslant \ln(b)$	$\ln(a) > \ln(b)$	$\ln(a) \geqslant \ln(b)$
e^x	$e^a < e^b$	$e^a \leqslant e^b$	$e^a > e^b$	$e^a \geqslant e^b$
$\sqrt{x}$	$\sqrt{a} < \sqrt{b}$	$\sqrt{a} \leqslant \sqrt{b}$	$\sqrt{a} > \sqrt{b}$	$\sqrt{a} \geqslant \sqrt{b}$
x^2 sur $[0, +\infty[$	$a^2 < b^2$	$a^2 \leqslant b^2$	$a^2 > b^2$	$a^2 \geqslant b^2$
x^2 sur $]-\infty\,;\,0]$	$a^2 > b^2$	$a^2 \geqslant b^2$	$a^2 < b^2$	$a^2 \leqslant b^2$
$\frac{1}{x}$	$\frac{1}{a} > \frac{1}{b}$	$\frac{1}{a} \geqslant \frac{1}{b}$	$\frac{1}{a} < \frac{1}{b}$	$\frac{1}{a} \leqslant \frac{1}{b}$
x^3	$a^3 < b^3$	$a^3 \leqslant b^3$	$a^3 > b^3$	$a^3 \geqslant b^3$
$-x$	$-a > -b$	$-a \geqslant -b$	$-a < -b$	$-a \leqslant -b$

2. Les mots clés

Inégalité large :

Il s'agit des inégalités $\geqslant$ ou $\leqslant$. En leur présence, on ferme les crochets si la borne de l'intervalle n'est pas une valeur interdite. Dans ce dernier cas, le crochet est ouvert.

Inégalité stricte :

Il s'agit des inégalités > ou <. En leur présence, on ouvre toujours les crochets.

Intervalle solution :

Il s'agit de l'ensemble des valeurs solutions de l'inéquation.

Valeur absolue :

Soit $a > 0$

$|x| \leqslant a \Leftrightarrow -a \leqslant x \leqslant a$

$|x| < a \Leftrightarrow -a < x < a$

$|x| \geqslant a \Leftrightarrow x \geqslant a$ ou $x \leqslant -a$

$|x| > a \Leftrightarrow x > a$ ou $x < -a$

Valeur interdite :

Il s'agit d'une valeur que x ne peut pas prendre. Le crochet situé à la borne de l'intervalle est toujours ouvert en présence de cette valeur.

1. Je fais le point sur mes connaissances

$$\sum_{k=0}^{n} a = (n+1) \times a,\ a \in \mathbb{R}$$

$$\sum_{k=0}^{n} k = \frac{n(n+1)}{2}$$

$$\sum_{k=0}^{n} k^2 = \frac{n(n+1)(2n+1)}{6}$$

$$\sum_{k=0}^{n} k^3 = \left(\frac{n(n+1)}{2}\right)^2$$

2. Les mots clés

Indice :

Il s'agit de la « variable de la somme ». C'est l'entier qui varie de la plus petite valeur (en général 0 ou 1) à la plus grande valeur (en général n ou $n+1$).

Nombre de termes dans une somme :

Une somme pour k variant de $k = a$ à $k = b$, compte $b - a + 1$ termes. De manière générale, pour déterminer le nombre de termes dans une somme il vous suffit d'effectuer l'opération suivante : dernier terme -1er terme $+1$.

Termes d'une somme :

Les termes d'une somme sont les nombres que l'on additionne pour obtenir le résultat de cette somme.

FICHE COURS

6

1. Je fais le point sur mes connaissances

1. Les combinaisons

La combinaison de k éléments parmi n est par exemple le nombre de manières de choisir k éléments parmi n sans remise et sans ordre. Ce nombre est noté :

$$\binom{n}{k} \text{ et } \binom{n}{k} = \frac{n!}{k! \times (n-k)!}$$

[REMARQUE]

La combinaison de k éléments parmi n peut également se noter C_n^k.

Quelques combinaisons à connaître :

$$\binom{n}{0} = \binom{n}{n} = 1$$

$$\binom{n}{1} = \binom{n}{n-1} = n$$

$$\binom{n}{2} = \binom{n}{n-2} = \frac{n(n-1)}{2}$$

2. Les factorielles

La factorielle d'un nombre entier n est le nombre noté $n!$ et dont l'expression est donnée par : $n! = n \times (n-1) \times (n-2) \times ... \times 2 \times 1$:

$0! = 1$ par convention

$1! = 1$

$2! = 2 \times 1 = 2$

$3! = 3 \times 2 \times 1 = 6$

$4! = 4 \times 3 \times 2 \times 1 = 24$

$5! = 5 \times 4 \times 3 \times 2 \times 1 = 120$

$6! = 6 \times 5 \times 4 \times 3 \times 2 \times 1 = 720$

$7! = 7 \times 6 \times 5 \times 4 \times 3 \times 2 \times 1 = 5\,040$

$8! = 8 \times 7 \times 6 \times 5 \times 4 \times 3 \times 2 \times 1 = 40\,320$
$9! = 9 \times 8 \times 7 \times 6 \times 5 \times 4 \times 3 \times 2 \times 1 = 362\,880$
$10! = 10 \times 9 \times 8 \times 7 \times 6 \times 5 \times 4 \times 3 \times 2 \times 1 = 3\,628\,800$

2. Les mots clés

Arrangement :

Un arrangement de k éléments parmi n est par exemple le nombre de manières de choisir k éléments parmi n sans remise et dans un ordre précis. Ce nombre est noté :

$$A_n^k = \frac{n!}{(n-k)!} = k! \times \binom{n}{k}$$

Combinaison :

La combinaison de k éléments parmi n est par exemple le nombre de manières de choisir k éléments parmi n sans remise et sans ordre.

Facteurs :

Les facteurs sont les nombres que l'on multiplie lorsque l'on effectue un produit. Par exemple dans le calcul de $n!$, les facteurs sont tous les entiers compris entre 1 et n.

Factorielle :

La factorielle d'un nombre entier n est le produit des nombres entiers inférieurs ou égaux à n.

[ATTENTION]

Le nom factorielle est féminin !

Produit :

Un produit est le résultat d'une multiplication entre deux ou plusieurs facteurs.

1. Les périmètres, aires et volumes

	Périmètre	Surface ou Aire	Volume
Triangle 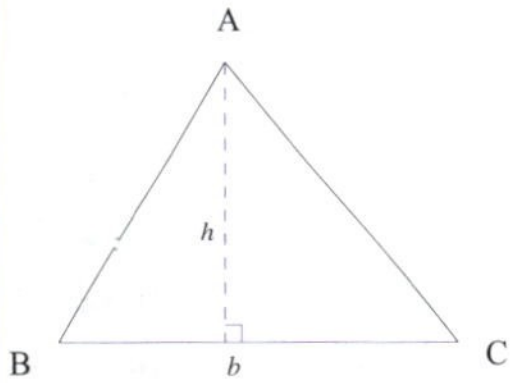	somme des côtés	$\dfrac{b \times h}{2}$	
Carré 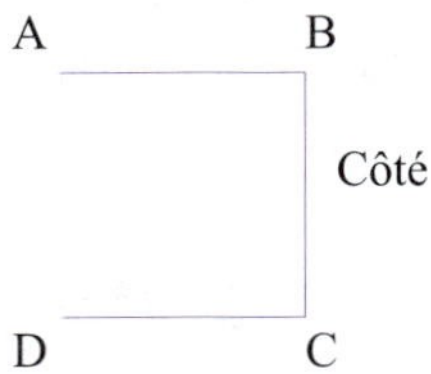	$4\times$ côté	$(\text{côté})^2$	
Rectangle 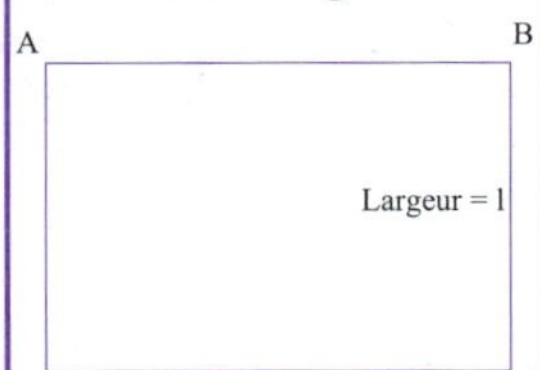	$2 \times (L + l)$	$L \times l$	
Cercle Cercle de rayon R 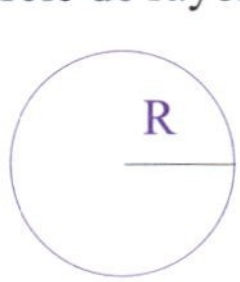	$2\pi R$	πR^2	

	Périmètre	Surface ou Aire	Volume
Trapèze 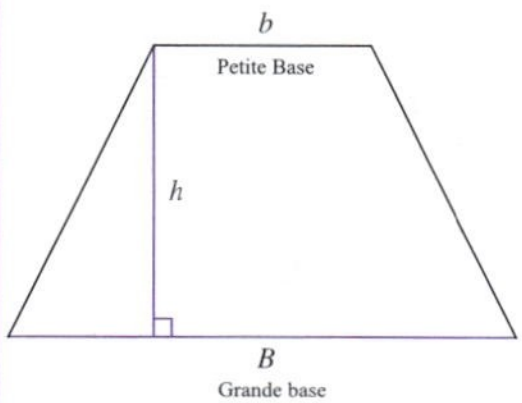	somme des côtés	$\dfrac{(B+b)\times h}{2}$	╳
Cube 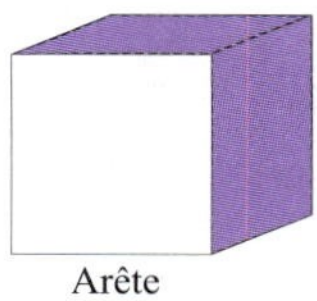	╳	$6 \times (\text{arête})^2$	$(\text{arête})^3$
Parallélépipède 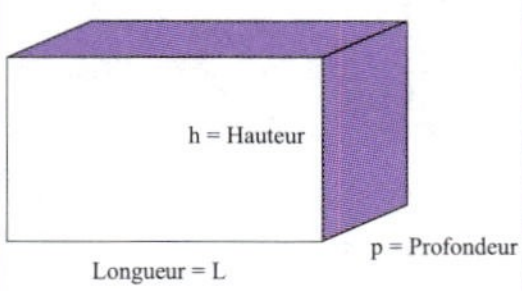	╳	$2Lh + 2ph + 2Lp$	$L \times h \times p$
Sphère Sphère de rayon R 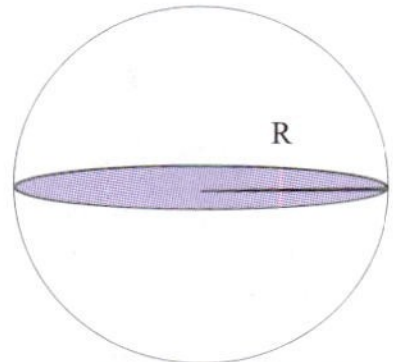	╳	$4\pi R^2$	$\dfrac{4}{3}\pi R^3$
Demi-sphère Demi-sphère de rayon R 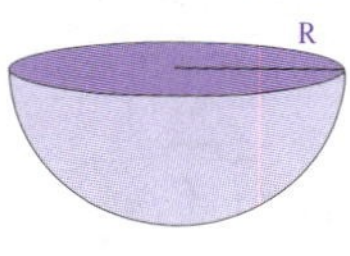	╳	$3\pi R^2$	$\dfrac{2}{3}\pi R^3$

	Périmètre	Surface ou Aire	Volume
Pyramide 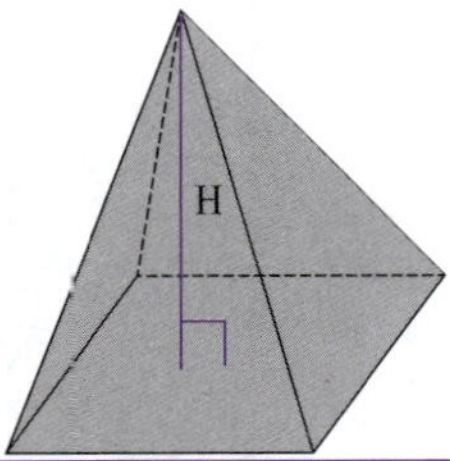		somme des aires des faces (qui sont des triangles) + aire de la base	$\dfrac{\text{Aire de base} \times H}{3}$
Cylindre 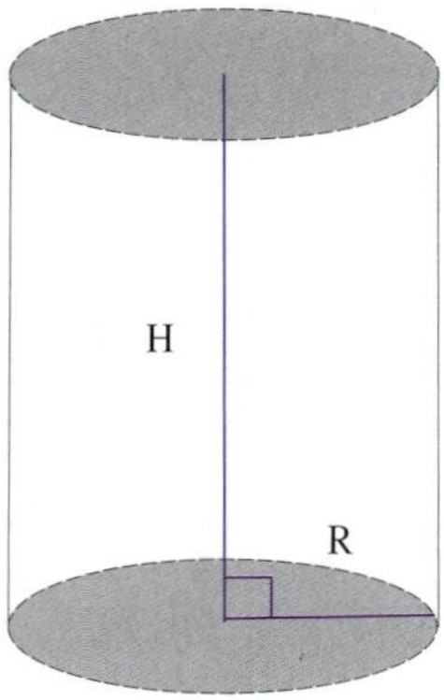		$2\pi RH + 2\pi R^2$	$\pi R^2 H$
Cône 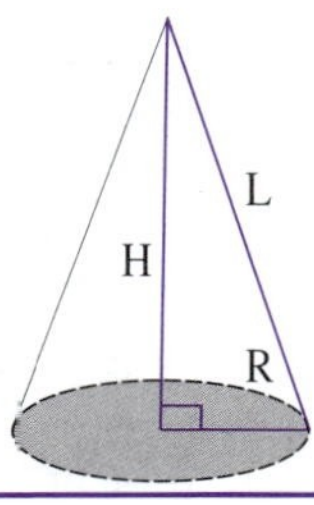		$\pi RL + \pi R^2$ où $L = \sqrt{R^2 + H^2}$	$\dfrac{\pi R^2 H}{3}$

2. Les vecteurs

Quelques rappels dans $\mathbb{R}^3$ (également valables dans $\mathbb{R}^2$ en supprimant la dernière coordonnée et dans $\mathbb{R}^n$ en ayant n coordonnées par vecteur) :

$$\overrightarrow{AB}\begin{pmatrix} x_B - x_A \\ y_B - y_A \\ z_B - z_A \end{pmatrix}, \quad ||\overrightarrow{AB}|| = \sqrt{(x_B - x_A)^2 + (y_B - y_A)^2 + (z_B - z_A)^2}$$

3. Le produit scalaire

Soit $\vec{u}\begin{pmatrix} x \\ y \\ z \end{pmatrix}$ et $\vec{v}\begin{pmatrix} x' \\ y' \\ z' \end{pmatrix}$ deux vecteurs de $\mathbb{R}^3$.

Propriétés du produit scalaire :

$\vec{u}.\vec{v} = ||\vec{u}|| \times ||\vec{v}|| \times \cos(\vec{u}, \vec{v})$

$\vec{u}.\vec{v} = xx' + yy' + zz'$

$\vec{u}.\vec{u} = ||\vec{u}|| \times ||\vec{u}|| = ||u||^2 = x^2 + y^2 + z^2$

$\vec{u}.\vec{v} = 0 \Longleftrightarrow \vec{u} \perp \vec{v}$

[REMARQUE]

Les propriétés sont aussi valables dans $\mathbb{R}^n$, les vecteurs auront dans ce cas n coordonnées.

Équation d'un cercle de centre $A\begin{pmatrix} x_A \\ y_A \end{pmatrix}$ et de rayon R :

$(x - x_A)^2 + (y - y_A)^2 = R^2$

Équation d'une sphère de centre $A\begin{pmatrix} x_A \\ y_A \\ z_A \end{pmatrix}$ et de rayon R :

$(x - x_A)^2 + (y - y_A)^2 + (z - z_A)^2 = R^2$

4. Le point sur les barycentres (hors programme)

Barycentre de deux points pondérés :

- Soit G le barycentre des points pondérés $\{(A, \alpha) ; (B, \beta)\}$. Et M un point quelconque du plan, alors :

$$\alpha\overrightarrow{GA} + \beta\overrightarrow{GB} = \vec{0} \quad \text{et} \quad \alpha\overrightarrow{MA} + \beta\overrightarrow{MB} = (\alpha + \beta)\overrightarrow{MG}$$

[ATTENTION]

$\alpha + \beta \neq 0$!

[REMARQUE]

Si $\alpha = \beta$ alors G est le milieu du segment [AB]. On dit alors que G est l'isobarycentre des points A et B.

- Coordonnées du barycentre :
  si $A(x_A\ ;\ y_A)$ et $B(x_B\ ;\ y_B)$, alors les coordonnées de G sont données par :

$$x_G = \frac{\alpha x_A + \beta x_B}{\alpha + \beta} \text{ et } y_G = \frac{\alpha y_A + \beta y_B}{\alpha + \beta}$$

Barycentre de trois points pondérés :

- Soit G le barycentre des points pondérés $\{(A, \alpha)\ ;\ (B, \beta)\ ;\ (C, \gamma)\}$.
  Et M un point quelconque du plan, alors :

$$\alpha\overrightarrow{GA} + \beta\overrightarrow{GB} + \gamma\overrightarrow{GC} = \vec{0} \quad \text{et} \quad \alpha\overrightarrow{MA} + \beta\overrightarrow{MB} + \gamma\overrightarrow{MC} = (\alpha + \beta + \gamma)\overrightarrow{MG}$$

[ATTENTION]

$\alpha + \beta + \gamma \neq 0$!

[REMARQUE]

Si $\alpha = \beta = \gamma$ alors G est le centre de gravité du triangle ABC. On dit alors que G est l'isobarycentre des points A, B et C.

- Coordonnées du barycentre :
  si $A(x_A\ ;\ y_A)$, $B(x_B\ ;\ y_B)$ et $C(x_C\ ;\ y_C)$, alors les coordonnées de G sont données par :

$$x_G = \frac{\alpha x_A + \beta x_B + \gamma x_C}{\alpha + \beta + \gamma} \text{ et } y_G = \frac{\alpha y_A + \beta y_B + \gamma y_C}{\alpha + \beta + \gamma}$$

- Ensemble de points
  (rappels de 1re et Terminale)

Relation	Ensemble de points
MA = MB	Médiatrice du segment [AB]
MA = R	Cercle de centre A et de rayon R
$\overrightarrow{MA}.\overrightarrow{MB} = 0$	Cercle de diamètre AB
$\overrightarrow{MA}.\overrightarrow{AB} = 0$	Perpendiculaire à (AB) passant par A
$\lVert\alpha\overrightarrow{MA} + \beta\overrightarrow{MB} + \gamma\overrightarrow{MC}\rVert = AB$ $\Leftrightarrow \lVert(\alpha + \beta + \gamma)\overrightarrow{MG}\rVert = AB$ avec $\alpha + \beta + \gamma \neq 0$	Cercle de centre G, barycentre du système de points pondérés $\{(A, \alpha)\ ;\ (B, \beta)\ ;\ (C\ ;\ \gamma)\}$ et de rayon $\dfrac{AB}{\alpha + \beta + \gamma}$ avec $\alpha + \beta + \gamma \neq 0$

Mathématiques

[Les fonctions]

FICHE COURS
8

1. Je fais le point sur mes connaissances

Il y a trois règles à respecter en mathématiques :
- on ne peut pas diviser par 0 ;
- le terme sous une racine doit être positif ou nul ;
- le terme à l'intérieur d'un logarithme népérien doit être strictement positif.

Vous devez en général résoudre une équation ou une inéquation ou encore un système, c'est pourquoi, revoyez bien le chapitre « Outils mathématiques ».

2. Les mots clés

Équation :

Il s'agit d'une relation contenant une égalité entre deux membres et ayant une ou plusieurs inconnues (pour les fonctions d'une seule variable, vous n'aurez qu'une seule inconnue x, et pour les fonctions de plusieurs variables (2 à n), vous aurez 2 à n inconnues).
Vous n'aborderez les fonctions de 2 ou plusieurs variables qu'en prépa !

Inéquation :

Il s'agit d'une relation comportant une inégalité entre deux membres et ayant une ou plusieurs inconnues.

Ensemble de définition d'une fonction :

C'est l'ensemble des valeurs de x pour lesquelles la fonction est définie.
Pour les fonctions de plusieurs variables, c'est l'ensemble des relations entre les variables pour que la fonction soit bien définie.

1. Je fais le point sur mes connaissances

1. L'axe de symétrie d'une fonction

La droite d'équation $x = a$ est axe de symétrie d'une fonction f si et seulement si $f(a - x) = f(a + x)$.

2. Le centre de symétrie d'une fonction

Le point de coordonnées A(a ; b) est centre de symétrie d'une fonction f si et seulement si $f(a - x) + f(a + x) = 2b$.

3. Parité et imparité d'une fonction

Une fonction f est paire si et seulement si son axe de symétrie est $x = 0$, soit si et seulement si $f(-x) = f(x)$.
Une fonction est impaire si et seulement si son centre de symétrie est l'origine du repère O(0 ; 0), soit si et seulement si $f(-x) = -f(x)$.

2. Les mots clés

Axe de symétrie :
(voir fiche 14).

Centre de symétrie :
(voir fiche 14).

Imparité d'une fonction :
Se dit d'une fonction impaire.

Parité d'une fonction :
Se dit d'une fonction paire.

FICHE COURS 10

1. Je fais le point sur mes connaissances

Une fonction f est T-périodique si et seulement si $f(x + \mathrm{T}) = f(x)$. On dit alors que sa période est T.

Exemples

La fonction $x \mapsto \cos(x)$ est 2π-périodique et sa période est 2π, en effet :

$\cos(x + 2\pi) = \cos(x)$

La fonction $x \mapsto \sin(x)$ est 2π-périodique et sa période est 2π, en effet :

$\sin(x + 2\pi) = \sin(x)$

La fonction $x \mapsto \tan(x)$ est π-périodique et sa période est π, en effet :

$$\tan(x + \pi) = \frac{\sin(x + \pi)}{\cos(x + \pi)} = \frac{-\sin(x)}{-\cos(x)} = \tan(x)$$

La fonction $x \mapsto \text{cotan}(x)$ est π-périodique et sa période est π, en effet :

$\text{cotan}(x + \pi) = \text{cotan}(x)$

2. Les mots clés

Période d'une fonction :

Il s'agit de la constante que l'on ajoute à x sans modifier l'expression de $f(x)$.

Fonctions trigonométriques :

Elles regroupent les fonctions cosinus, sinus, tangente et cotangente.

1. Je fais le point sur mes connaissances

1. Forme indéterminées

Addition	Soustraction	Multiplication	Division	Puissance
$-\infty + \infty$	$+\infty - \infty$	$\infty \times 0\ ;\ 0 \times 0$	$\frac{\infty}{\infty}\ ;\ \frac{0}{0}\ ;\ \frac{0}{\infty}\ ;\ \frac{\infty}{0}$	1^{∞}

2. Terme de plus haut degré

La limite d'une quantité en + ou $-\infty$ est égale à la limite du terme de plus haut degré en + ou $-\infty$.

Exemple

$$\lim_{x \to \pm\infty} x^3 + 2x^2 + x^2 + x + 3 = \lim_{x \to \pm\infty} x^3 = \pm\infty$$

3. La quantité conjuguée

La quantité conjuguée est utilisée souvent dans le cas de la limite d'une différence de racines.

Exemple

$$\lim_{x \to +\infty} (\sqrt{x+1} - \sqrt{x-1})$$

$$= \lim_{x \to +\infty} \left(\frac{(\sqrt{x+1} - \sqrt{x-1})(\sqrt{x+1} + \sqrt{x-1})}{\sqrt{x+1} + \sqrt{x-1}} \right)$$

$$= \lim_{x \to +\infty} \left(\frac{x+1-x+1}{\sqrt{x+1} + \sqrt{x-1}} \right)$$

$$= \lim_{x \to +\infty} \left(\frac{2}{\sqrt{x+1} + \sqrt{x-1}} \right) = 0$$

4. Simplifier un quotient

Parfois, une expression se simplifie avec une factorisation.

Exemple

$$\lim_{x\to 2}\left(\frac{x^2-x-2}{x-2}\right)=\lim_{x\to 2}\left(\frac{(x-2)(x+1)}{x-2}\right)=\lim_{x\to 2}(x+1)=3$$

[ATTENTION]

La fonction $f(x)=\dfrac{x^2-x-2}{x-2}$ est différente de la fonction $g(x)=x+1$: elles ont la même expression mais pas le même ensemble de définition : $D_f=\mathbb{R}\setminus\{2\}$ et $D_g=\mathbb{R}$.

5. Taux de variations

La limite du taux de variations d'une fonction en un point a est égale à la dérivée de cette fonction en ce point.

Exemples

- Soit f la fonction définie par $f(x)=\ln(x)$:

$$\lim_{x\to 1}\left(\frac{\ln(x)}{x-1}\right)=\lim_{x\to 1}\left(\frac{\ln(x)-\ln(1)}{x-1}\right)=f'(1)=\frac{1}{1}=1$$

- Soit g la fonction définie par $g(x)=\mathrm{e}^x$:

$$\lim_{x\to 0}\left(\frac{\mathrm{e}^x-1}{x}\right)=\lim_{x\to 0}\left(\frac{\mathrm{e}^x-\mathrm{e}^0}{x-0}\right)=g'(0)=\mathrm{e}^0=1$$

- Soit h la fonction définie par $h(x)=\cos(x)$:

$$\lim_{x\to\frac{\pi}{2}}\left(\frac{\cos(x)}{x-\frac{\pi}{2}}\right)=\lim_{x\to\frac{\pi}{2}}\left(\frac{\cos(x)-\cos\left(\frac{\pi}{2}\right)}{x-\frac{\pi}{2}}\right)$$

$$=h'\left(\frac{\pi}{2}\right)=-\sin\left(\frac{\pi}{2}\right)=-1$$

- Soit k la fonction définie par $k(x)=\sin(x)$:

$$\lim_{x\to 0}\left(\frac{\sin(x)}{x}\right)=\lim_{x\to 0}\left(\frac{\sin(x)-\sin(0)}{x-0}\right)=k'(0)=\cos(0)=1$$

6. Croissances comparées (en $+\infty$)

$$\lim_{x\to+\infty} \frac{x^n}{e^x} = 0$$

$$\lim_{x\to+\infty} \frac{\ln(x)}{x^n} = 0$$

$$n \geqslant 1$$

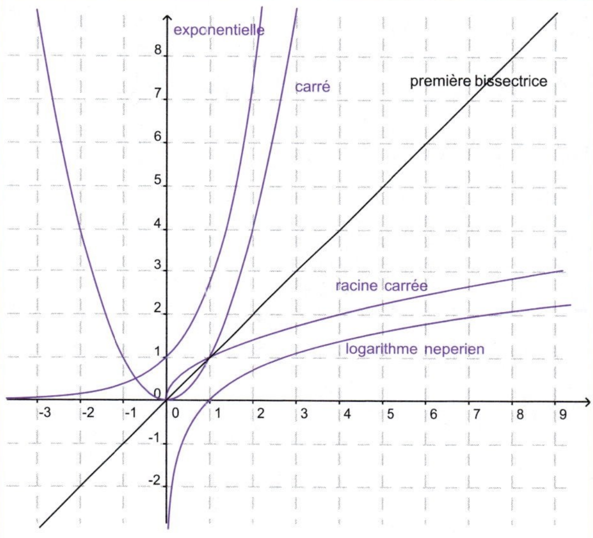

2. Les mots clés

Forme indéterminée :

Attention à 1^∞ qui n'est pas très connue des élèves.

Exemple

$$\lim_{x\to+\infty}\left(1+\frac{1}{x}\right)^x = \lim_{x\to+\infty} e^{x\ \ln\left(1+\frac{1}{x}\right)} = e^1 = e$$

[ATTENTION]

$\lim_{x\to+\infty}\left(1+\frac{1}{x}\right)^x = 1^\infty \neq 1$! Il s'agit d'une forme indéterminée !

[À RETENIR]

$$\lim_{x\to+\infty} x\ln\left(1+\frac{1}{x}\right) = 1$$

$$\lim_{x\to 0^+} \frac{1}{x}\ln(1+x) = 1$$

Nombre dérivée de f en $x = a$:
Il s'agit de la limite du taux de variations d'une fonction en $x = a$.
On le note : $f'(a)$

$$f'(a) = \lim_{x \to a} \left(\frac{f(x) - f(a)}{x - a} \right)$$

Taux de variations d'une fonction f en $x = a$:
Il s'agit du quotient :

$$\frac{f(x) - f(a)}{x - a}$$

1. Je fais le point sur mes connaissances

1. La continuité d'une fonction en un point x = a

Une fonction f est continue en un point a appartenant ou non à son ensemble de définition si et seulement si :

$$\lim_{x \to a^+} f(x) = \lim_{x \to a^-} f(x) = f(a)$$

2. La dérivabilité d'une fonction en un point x = a

Une fonction f est dérivable en un point a si et seulement si :

$$\lim_{x \to a^+} \left(\frac{f(x) - f(a)}{x - a} \right) = \lim_{x \to a^-} \left(\frac{f(x) - f(a)}{x - a} \right) = f'(a)$$

2. Les mots clés

Nombre dérivée de f en $x = a$:
(voir fiche 11).

Prolongement par continuité :
Une fonction f admet un prolongement par continuité en un point a n'appartenant pas à son ensemble de définition si et seulement si :

$$\lim_{x \to a^+} f(x) = \lim_{x \to a^-} f(x) = f(a)$$

Taux de variations d'une fonction f en $x = a$:
(voir fiche 11).

FICHE COURS

13

Fonction		Dérivée	
a constant		0	
x		1	
x^2		$2x$	
x^n		nx^{n-1}	
$\sqrt{x}$	$x \geqslant 0$	$\dfrac{1}{2\sqrt{x}}$	$x > 0$
$\ln(x)$	$x > 0$	$\dfrac{1}{x}$	$x > 0$
e^x		e^x	
$\cos(x)$		$-\sin(x)$	
$\sin(x)$		$\cos(x)$	
$\tan(x)$	$x \neq k\dfrac{\pi}{2}$ $k \in \mathbb{Z}$	$\dfrac{1}{\cos^2(x)}$	$x \neq k\dfrac{\pi}{2}$ $k \in \mathbb{Z}$
$\text{cotan}(x)$	$x \neq k\pi$ $k \in \mathbb{Z}$	$-\dfrac{1}{\sin^2(x)}$	$x \neq k\pi$ $k \in \mathbb{Z}$

Fonction $u(x)$ et $v(x)$	Dérivée
$u+v$	$u'+v'$
uv	$u'v+uv'$
$\frac{u}{v}$	$\frac{u'v-uv'}{v^2}$
$\frac{1}{u}$	$-\frac{u'}{u^2}$
$\ln(u)$	$\frac{u'}{u}$
e^u	$u'e^u$
$\cos(u)$	$-u'\sin(u)$
$\sin(u)$	$u'\cos(u)$
u^2	$2u'u$
u^n	$nu'u^{n-1}$
$\sqrt{u}$	$\frac{u'}{2\sqrt{u}}$
$\frac{1}{u^n}$	$\frac{-nu'}{u^{n+1}}$
uov	$v'\times u'ov$

FICHE COURS

14

1. Je fais le point sur mes connaissances

1. L'ensemble de définition de la fonction f

- Le dénominateur d'une fonction doit toujours être non nul.
- L'expression sous une racine carré doit toujours être positive ou nulle.
- Le terme à l'intérieur d'un logarithme doit toujours être strictement positif.
- Je sais déterminer l'ensemble de définition lorsque plusieurs contraintes sont réunies.

2. La parité d'une fonction f

- Si $f(-x) = f(x)$, alors f est paire et C_f est symétrie par rapport à l'axe des ordonnées (Oy).
- Si $f(-x) = -f(x)$, alors f est impaire et C_f est symétrie par rapport à l'origine du repère O(0,0).

3. L'axe de symétrie d'une fonction f

- La droite d'équation $x = a$ est axe de symétrie de la courbe représentative d'une fonction f si et seulement si :

$$f(a - x) = f(a + x)$$

4. Le centre de symétrie d'une fonction f

- A(a ; b) est centre de symétrie de la courbe représentative d'une fonction f si et seulement si :

$$f(a - x) + f(a + x) = 2b$$

5. La périodicité de la fonction f

- f est périodique de période T si et seulement si pour tout x de D_f, $f(x + T) = f(x)$.
- En connaissant la période de f, vous pouvez restreindre le domaine d'étude de f.

6. Les limites et les asymptotes de la fonction f

- Précisez toujours l'asymptote éventuelle lorsque vous calculez une limite (voir les définitions plus loin au niveau des asymptotes).
- Les asymptotes permettent de « cadrer » la courbe représentative de la fonction.

7. Continuité de la fonction f

- Continuité sur un ensemble :
  f est continue en tout point de son ensemble de définition.
- Continuité en un point $x = a$:
  f est continue en un point $x = a$ si et seulement si elle admet une limite finie l à gauche et à droite de a. On note $l = f(a)$:

$$\lim_{\substack{x \to a \\ x > a}} f(x) = \lim_{\substack{x \to a \\ x < a}} f(x) = l \in \mathbb{R}$$

[REMARQUE]

Ce point $x = a$ n'appartient pas forcément à l'ensemble de définition de f. Cependant f peut être tout de même continue en ce point a. Il s'agit d'un prolongement par continuité.

8. La dérivabilité de la fonction f

- Dérivabilité sur un ensemble :
  f est dérivable en tout point de son ensemble de définition sauf la fonction racine carrée, qui n'est jamais dérivable au point qui annule l'expression sous la racine !
- Dérivabilité en un point $x = a$:
  f est dérivable en un point $x = a$ si et seulement si son taux de variations en a admet la même limite finie à gauche et à droite de ce même point :

$$\lim_{\substack{x \to a \\ x > a}} \frac{f(x) - f(a)}{x - a} = \lim_{\substack{x \to a \\ x > a}} \frac{f(x) - f(a)}{x - a} = l \in \mathbb{R}$$

[REMARQUES]

Ce point peut appartenir ou non à l'ensemble de définition de f.

L'écriture $\substack{x \to a \\ x > a}$ est équivalente à $x \to a^+$.

L'écriture $\substack{x \to a \\ x < a}$ est équivalente à $x \to a^-$.

9. Calcul de la dérivée de la fonction f

- Avant d'effectuer le calcul de la dérivée, vous devez toujours justifier que f est dérivable sur tel ou tel ensemble comme étant une opération (somme, différence, produit, quotient, composée, etc.) de fonctions dérivables sur ce même ensemble.
- Repérez bien la formule à utiliser ($u \times v$, $\frac{u}{v}$, $\ln(u)$, e^u, u^n, uov, etc.).

10. Étude du signe de la dérivée de la fonction f

- Factorisez au maximum l'expression de sa dérivée.
- Dressez son tableau de signes (voir tableau de signes).

11. Les variations de la fonction f

- Si $f'(x) > 0$ sur un intervalle I, alors f est strictement croissante sur ce même intervalle.
- Si $f'(x) < 0$ sur un intervalle I, alors f est strictement décroissante sur ce même intervalle.
- Si $f'(x) = 0$, alors f est constante. Sa représentation est alors une droite horizontale.

12. Le tableau de variations de la fonction f

- Placez les différentes limites et valeurs de f.
- Tracez les flèches correspondantes aux variations de f.

[ATTENTION]

Vérifiez la cohérence de vos résultats : une fonction ne peut pas par exemple croître de $+\infty$ à $-\infty$!

13. L'équation de la tangente à la courbe représentative C_f de la fonction f en un point A d'abscisse x = a

- $y = f(a) + (x - a)f'(a)$.
- Si $f'(x)$ s'annule en $x = a$, alors f admet une tangente horizontale en ce point d'équation $y = f(a)$.

14. La courbe représentative de la fonction f

- Placez d'abord les asymptotes et les tangentes qui permettent de « cadrer » la courbe.
- Effectuez un tableau de valeurs.
- Tracez la courbe soigneusement en respectant les unités données dans l'énoncé !

2. Les mots clés

Antécédent :

Soit f une fonction. L'antécédent de y par f est x dans la relation $y = f(x)$.

Vous pouvez également écrire que $x = f^{-1}(y)$ où f^{-1} est la fonction réciproque de f.

Asymptote :

Les asymptotes d'une fonction se déduisent à partir des limites de la fonction aux bornes de son ensemble de définition. Les asymptotes horizontales et verticales permettent de « cadrer » la courbe. Les asymptotes obliques permettent de connaître le comportement et l'orientation de la courbe au voisinage de $+\infty$ ou $-\infty$.

- Si $\lim\limits_{x \to \pm\infty} f(x) = b \in \mathbb{R}$, alors $y = b$ est asymptote horizontale.
- Si $\lim\limits_{x \to a} f(x) = \pm\infty$, alors $x = a$ est asymptote verticale.
- Si $\lim\limits_{x \to \pm\infty} f(x) - (ax + b) = 0$, alors $y = ax + b$ est asymptote oblique.

Axe de symétrie :

Soit f une fonction, si pour tous $a - x$ et $a + x$ éléments de D_f, $f(a - x) = f(a + x)$ alors la droite $x = a$ est axe de symétrie de la fonction f.

En particulier lorsque $a = 0$, vous obtenez : $f(-x) = f(x)$, ce qui correspond à une fonction paire.

Centre de symétrie :

Soit f une fonction, si pour tous $a - x$ et $a + x$ éléments de D_f, $f(a - x) + f(a + x) = 2b$ alors le point $A(a\ ;\ b)$ est centre de symétrie de la fonction f.

En particulier lorsque $a = 0$ et $b = 0$, vous obtenez : $f(-x) + f(x) = 0$, ce qui correspond bien à une fonction impaire car cette relation est équivalente à $f(-x) = -f(x)$.

Dérivée :

Elle est notée $f'(x)$ et se calcule à partir des formules de dérivation. Son signe permet de déterminer les variations de f :

- Si $f'(x) > 0$ sur un intervalle I alors f est *strictement croissante* sur I.
- Si $f'(x) < 0$ sur un intervalle I alors f est *strictement décroissante* sur I.
- Si $f'(x) = 0$ sur un intervalle I alors f est *constante* sur I.

Composée de fonctions :

La composition de la fonction g par la fonction f est notée $f o g$ est définie telle que $f o g(x) = f(g(x))$.

Exemples

$x \mapsto \sqrt{x^2+1}$ est la composée de la fonction $x \mapsto x^2 + 1$ par la fonction : $x \mapsto \sqrt{x}$

$x \mapsto \ln(\sqrt{x})$ est la composée de la fonction $x \mapsto \sqrt{x}$ par la fonction : $x \mapsto \ln(x)$

$x \mapsto e^{\frac{1}{x}}$ est la composée de la fonction $x \mapsto \frac{1}{x}$ par la fonction : $x \mapsto e^x$

$x \to \frac{1}{x+1}$ est la composée de la fonction $x \mapsto x + 1$ par la fonction : $x \mapsto \frac{1}{x}$

$x \mapsto (x+1)^2$ est la composée de la fonction $x \mapsto x + 1$ par la fonction : $x \mapsto x^2$

Extrémum (minimum ou maximum) :

Plus petite (respectivement plus grande) valeur atteinte par une fonction. Un extremum est atteint en $x = \hat{a}$ et sa valeur est donnée par $f(\hat{a})$ où â annule la dérivée.

L'abscisse de l'extremum éventuel vérifie l'équation : $f'(x) = 0 \Longleftrightarrow x = \hat{a}$.

Vous en déduisez son ordonnée $y = f(\hat{a})$:

- si $f''(\hat{a}) > 0$, alors â est un minimum ;
- si $f''(\hat{a}) < 0$, alors â est un maximum.

Les extrema peuvent également se déduire avec les variations de f :

- si f est strictement décroissante puis strictement croissante, vous en déduisez la présence d'un minimum au point qui annule la dérivée ;
- si f est strictement croissante puis strictement décroissante, vous en déduisez la présence d'un maximum au point qui annule la dérivée.

Fonction :

Application qui à tout élément d'un ensemble de départ associe au plus une image. Dans la relation $f(x) = y$, x est appelé *antécédent* de y par f et y est l'*image* de x par f. Une image par f peut avoir plusieurs *antécédents* (cas par exemple de la fonction carrée sur $\mathbb{R}$) mais un antécédent par f ne peut avoir qu'au plus une image.

[ATTENTION]

Toutes les applications ne sont pas obligatoirement des fonctions !
En particulier l'application $x = a$ n'est pas une fonction ! Il s'agit d'une application dont la courbe représentative est une droite verticale.

Fonction monotone :

Une fonction est dite *monotone* sur un intervalle I si et seulement si elle est strictement croissante sur I ou strictement décroissante sur I.

Fonction réciproque :

La fonction réciproque d'une fonction f est noté f^{-1} et est définie par : $f o f^{-1}(x) = x$. Leurs courbes représentatives sont symétriques par rapport à la droite $y = x$ (que l'on nomme 1re bissectrice).

Exemples

$x \mapsto \ln(x)$ et $x \mapsto e^x$ sont réciproques car $\ln(e^x) = x$ ou $e^{\ln(x)} = x$

$x \mapsto x^3$ et $x \mapsto \sqrt[3]{x}$ sont réciproques car $\sqrt[3]{x^3} = x$ ou $(\sqrt[3]{x})^3 = x$

Image :

Soit f une fonction. L'image de y par f est x dans la relation $y = f(x)$.

Limite :

Il s'agit de déterminer si une fonction s'approche d'une valeur particulière dans le cas où x tend vers une certaine valeur.

Pour tous a et b (réels ou égaux à $\pm\infty$) dire que $\lim_{x \to a} f(x) = b$ signifie que plus x s'approche de a sans y être égal, plus la fonction va s'approcher de b sans l'atteindre.

Tangente :

La tangente à la courbe représentative C_f de f est donnée par la formule :

$$y = f(a) + (x - a) \times f'(a)$$

Cette droite permet de connaître l'orientation et la position de la courbe en un certain point. En particulier, la courbe représentative de f admet une tangente horizontale au point qui annule la dérivée f' de f. En effet si $f'(a) = 0$, alors l'équation de la tangente devient : $y = f(a) + (x - a) \times 0$, soit $y = f(a)$ où $f(a)$ est une constante. Il s'agit donc bien d'une droite horizontale.

Théorème des valeurs intermédiaires :

Soit f une fonction continue sur un intervalle I.
Soit a et b, deux éléments de I tels que $a < b$.
Soit k un réel compris entre $f(a)$ et $f(b)$.
Alors il existe au moins un réel c de $[a, b]$ tel que $f(c) = k$.

Théorème de la bijection :

Soit f une fonction continue et strictement monotone sur un intervalle $I = [a, b]$, pour tout k compris entre $f(a)$ et $f(b)$, il existe un unique $c \in I$ tel que $f(c) = k$.

Les fonctions usuelles

1. Je fais le point sur mes connaissances

1. Les fonctions affines $x \mapsto ax + b$

- Leur ensemble de définition est toujours $\mathbb{R}$.
- La représentation graphique d'une fonction affine est une droite. a est le coefficient directeur et b l'ordonnée à l'origine.
- $f(x) = ax + b$ et $f'(x) = a$.
- Le signe de $f'(x)$ et les variations de f dépendent du signe de a :

- $a > 0$ alors $f'(x) > 0$ et f est croissante strictement.
- $a < 0$ alors $f'(x) < 0$ et f est décroissante strictement.
- $a = 0$ alors $f'(x) = 0$ et f est constante.

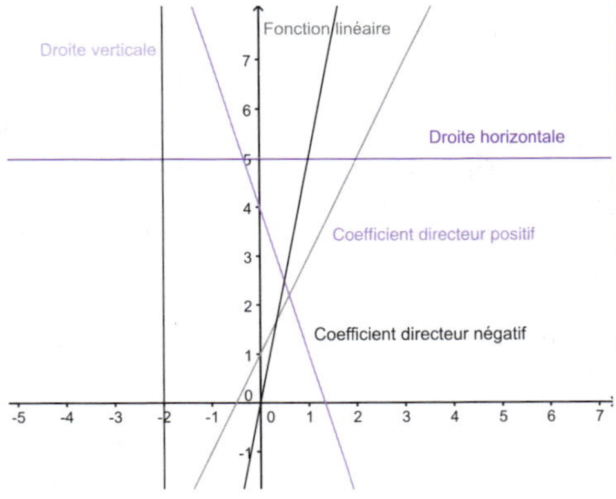

[ATTENTION]

Les fonctions linéaires $x \mapsto ax$ sont des fonctions affines mais avec une ordonnée à l'origine nulle ($b = 0$).
Les fonctions constantes $x \mapsto b$ sont des fonctions affines mais avec un coefficient directeur nul ($a = 0$).
En revanche **l'application $x = a$ n'est pas une fonction !** Sa représentation graphique est une droite verticale.

2. La fonction carrée $x \mapsto x^2$

La fonction x^2 est définie pour tout x de $\mathbb{R}$: $D_f = \mathbb{R}$.

Sa courbe représentative est une parabole. Cette fonction est paire $f(-x) = f(x)$ et son graphe est donc symétrique par rapport à l'axe des ordonnées.

$$f(x) = x^2 \text{ et } f'(x) = 2x$$

- Le signe de $f(x)$ dépend donc de celui de x. Ainsi f est strictement croissante sur $\mathbb{R}^+$ et strictement décroissante sur $\mathbb{R}^-$.
- De plus, $f'(0) = 0$, donc sa courbe admet une tangente horizontale en 0.

$\lim\limits_{x \to -\infty} x^2 = +\infty$

et $\lim\limits_{x \to +\infty} x^2 = +\infty$

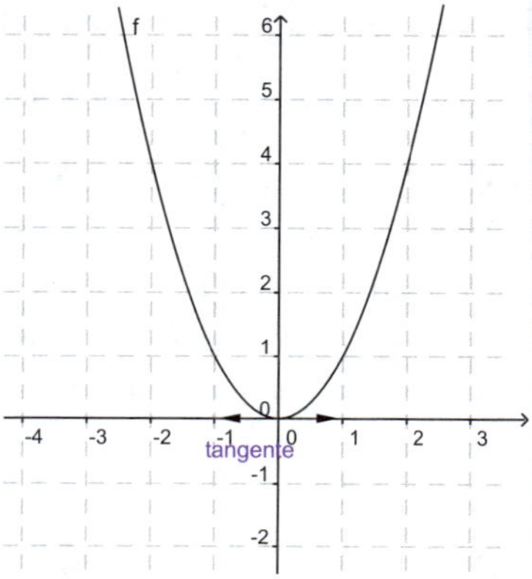

3. La fonction cube $x \mapsto x^3$

La fonction x^3 est définie pour tout x de $\mathbb{R}$: $D_f = \mathbb{R}$.
Cette fonction est impaire $f(-x) = -f(x)$ et sa courbe représentative est symétrique par rapport à l'origine 0 du repère.

$$f(x) = x^3 \text{ et } f'(x) = 3x^2$$

- $f'(x) \geqslant 0$ et f est strictement croissante sur $\mathbb{R}$.
- Elle admet une tangente horizontale en 0 car $f'(0) = 0$

$\lim\limits_{x \to -\infty} x^3 = -\infty$

et $\lim\limits_{x \to +\infty} x^3 = +\infty$

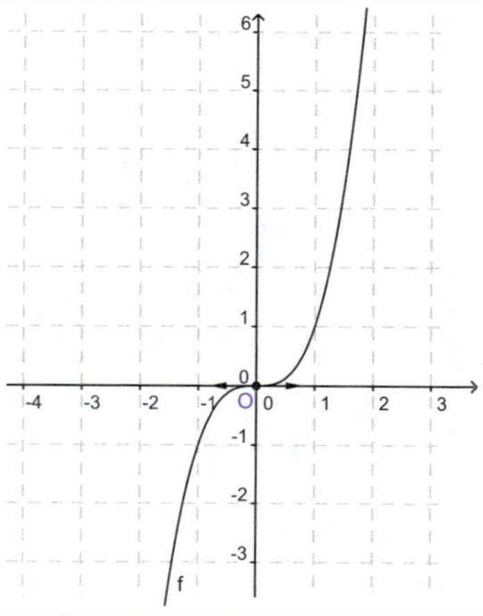

4. La fonction racine carrée $x \mapsto \sqrt{x}$

La fonction racine carrée est définie pour tout $x \geqslant 0$: $D_f = \mathbb{R}^+ = [0, +\infty[$.

$$f(x) = \sqrt{x} \text{ et } f'(x) = \frac{1}{2\sqrt{x}}$$

$f'(x) > 0$ et f est strictement croissante sur $\mathbb{R}^+$.
$\lim\limits_{x \to +\infty} \sqrt{x} = +\infty$

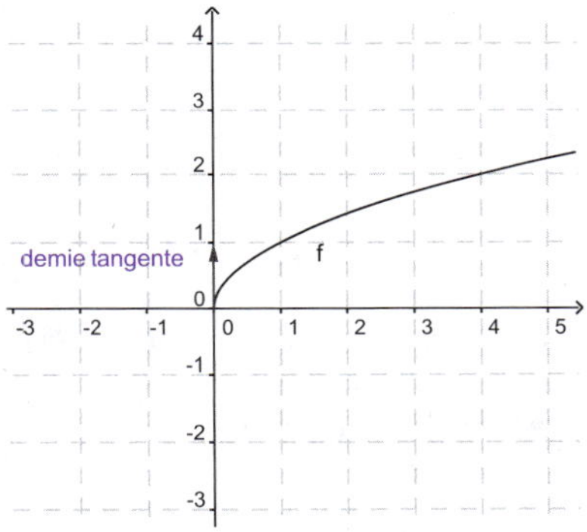

[ATTENTION]

La fonction racine carrée est définie en $x = 0$ mais n'est pas dérivable en ce point. Ainsi son ensemble de dérivabilité est $\mathbb{R}^{*+} =]0; +\infty[$!

5. La fonction inverse $x \mapsto \frac{1}{x}$

La fonction inverse est définie pour tout x différent de 0 : $D_f = \mathbb{R}^*$.

Sa courbe représentative est une hyperbole. Cette fonction est impaire $f(-x) = -f(x)$ et son graphe est symétrique par rapport à l'origine 0 du repère.

$f(x) = \frac{1}{x}$ et $f'(x) = -\frac{1}{x^2}$

$f'(x) < 0$ et f est strictement décroissante sur $\mathbb{R}^*$.

Limites : Prenez l'habitude d'affirmer la présence ou non d'une asymptote !

$\lim_{x \to 0^-} \left(\frac{1}{x}\right) = -\infty$ $\lim_{x \to 0^+} \left(\frac{1}{x}\right) = +\infty \Rightarrow$
Asymptote verticale $x = 0$ en
$\lim_{x \to -\infty} \left(\frac{1}{x}\right) = 0^-$ $\lim_{x \to +\infty} \left(\frac{1}{x}\right) = 0^+ \Rightarrow$
Asymptote horizontale $y = 0$

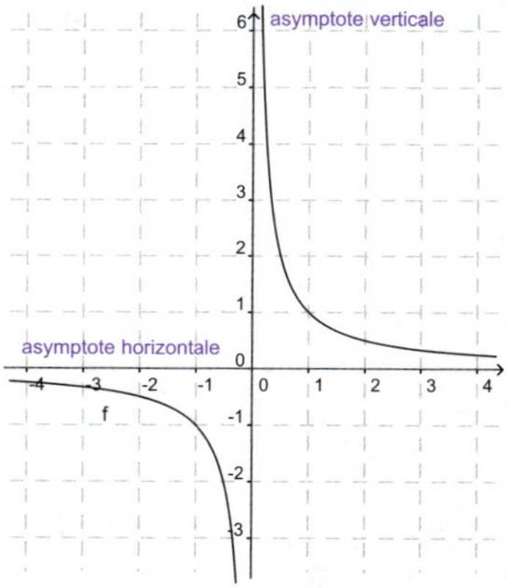

6. La fonction exponentielle $x \mapsto e^x$

La fonction exponentielle est définie pour tout x de $\mathbb{R}$: $D_f = \mathbb{R}$.

$$f(x) = e^x \text{ et } f'(x) = e^x$$

$f'(x) > 0$ (car une exponentielle est toujours strictement positive) et f est strictement croissante sur $\mathbb{R}$.
$\lim_{x \to -\infty} e^x = 0^+ \Rightarrow$
Asymptote horizontale d'équation $y = 0$
$\lim_{x \to +\infty} e^x = +\infty$

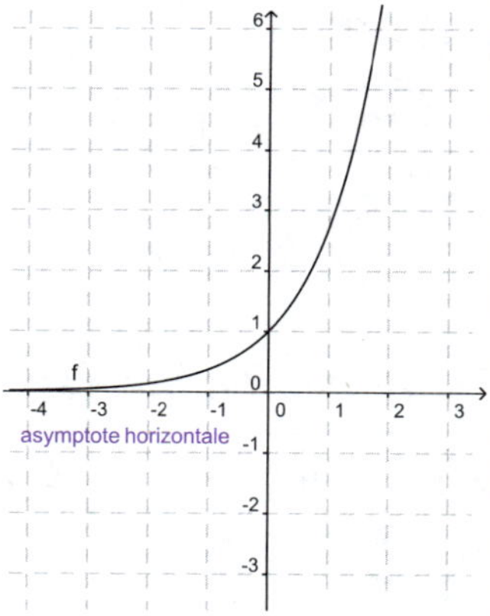

[À RETENIR]

Pour tout x de $\mathbb{R}$, $e^x > 0$ $\quad e^0 = 1 \quad e^1 \cong 2{,}718$

$e^{x+y} = e^x \times e^y \quad e^{x-y} = \frac{e^x}{e^y} \quad e^{-x} = \frac{1}{e^x}$

$\lim_{x \to +\infty} \frac{e^x}{x^n} = +\infty,\ n \in \mathbb{N} \quad \lim_{x \to +\infty} x^n e^{-x} = 0,\ n \in \mathbb{N} \quad \lim_{x \to 0} \frac{e^x - 1}{x} = 1$

7. La fonction logarithme népérien $x \mapsto \ln(x)$

La fonction logarithme népérien est définie pour tout $x > 0$: $D_f = \mathbb{R}^{*+}$.

[REMARQUE]

Il s'agit de la fonction réciproque de la fonction exponentielle. Leurs courbes représentatives sont donc symétriques par rapport à la première bissectrice.

$f(x) = \ln(x)$ et $f'(x) = \dfrac{1}{x}$

$f'(x) > 0$ (car $x > 0$ par définition de f) et f est strictement croissante sur $\mathbb{R}^{*+}$.

Limites : $\lim\limits_{x \to 0^+} \ln x = -\infty \Rightarrow$ Asymptote verticale $x = 0$ et $\lim\limits_{x \to +\infty} \ln x = +\infty$.

Signe de $\ln x$ sur $]0, +\infty[$:

x	0		1		$+\infty$
$\ln x$		$-$	0	$+$	

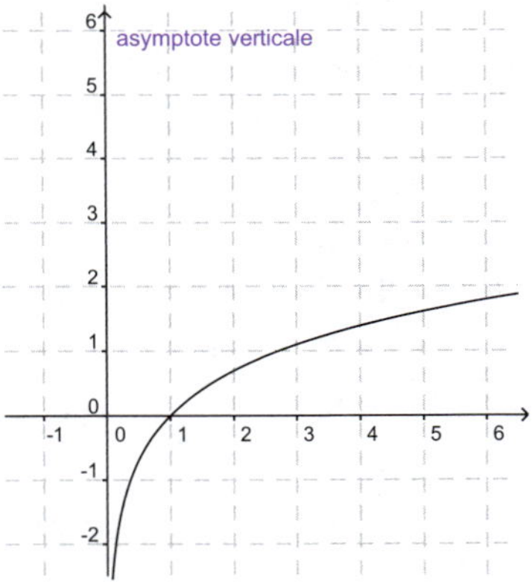

[À RETENIR]

$\ln(1) = 0$ et $\ln(e) = 1$

$\ln(x \times y) = \ln x + \ln y$ $\quad \ln\left(\dfrac{x}{y}\right) = \ln(x) - \ln(y)$ $\quad \ln\left(\dfrac{1}{x}\right) = -\ln(x)$

$\lim\limits_{x \to +\infty} \dfrac{\ln(x)}{x^n} = 0, n \in \mathbb{N}^*$ et $\lim\limits_{x \to 0} x^n \ln(x) = 0, n \in \mathbb{N}^*$

$\lim\limits_{x \to 0} \dfrac{\ln(x+1)}{x} = 1$ $\quad \lim\limits_{x \to +\infty} x \ln\left(1 + \dfrac{1}{x}\right) = 1$ $\quad \lim\limits_{x \to 1} \dfrac{\ln(x)}{x - 1} = 1$

2. Les mots clés

Bijection :
Se dit d'une fonction ou application bijective.

Deuxième bissectrice :
La 2e bissectrice est la droite d'équation $y = -x$.

Fonction bijective :
Une fonction est bijective si et seulement si elle est à la fois injective et surjective.
Une fonction f est qualifiée de bijection sur un intervalle I dans le cas où elle est monotone et continue sur I (théorème des valeurs intermédiaires).

Fonction injective :
Une fonction f est injective si et seulement si pour tous a et b éléments de l'ensemble de définition de f, $f(a) = f(b) \Rightarrow a = b$.

Fonctions réciproques :
(voir fiche 14).

Fonction surjective :
Une fonction f est surjective si et seulement si $\forall y \in f(D_f)$, $\exists x \in D_f$ tel que $f(x) = y$.

Injection :
Se dit d'une fonction ou application injective.

Première bissectrice :
La 1re bissectrice est la droite d'équation $y = x$.

Surjection :
Se dit d'une fonction ou application surjective.

FICHE COURS 16

Le point sur les fonctions valeur absolue et partie entière

1. Je fais le point sur mes connaissances

1. La fonction valeur absolue $x \mapsto |x|$

Une valeur absolue est un réel toujours positif ou nul car cette fonction renvoie la valeur positive d'un nombre et est définie sur $\mathbb{R}$.

$$f(x) = \begin{cases} |x| = x \text{ si } x > 0 \\ |x| = -x \text{ si } x < 0 \end{cases} \text{ et } f'(x) = \begin{cases} 1 \text{ si } x \text{ est positif} \\ -1 \text{ si } x \text{ est négatif} \end{cases}$$

La fonction valeur absolue et strictement décroissante sur $]-\infty, 0]$ et strictement croissante sur $[0, +\infty[$.

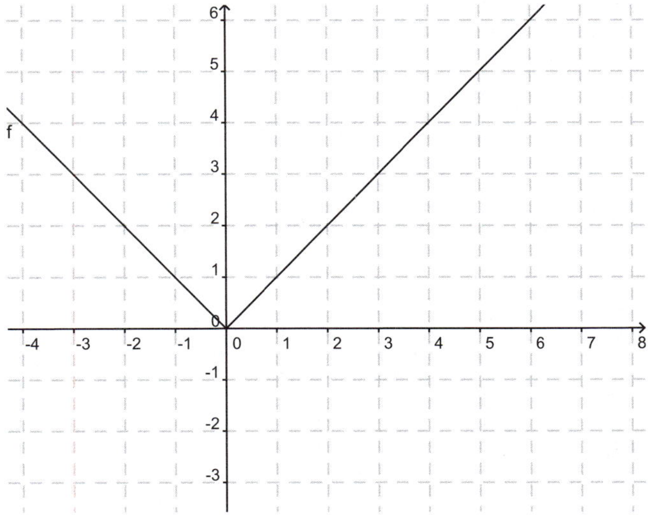

Écrire la $f(x) = |ax + b|$ fonction sans valeurs absolues :

Tout d'abord vous étudiez le signe de l'expression dans la valeur absolue, $a \neq 0$:

$$ax + b = 0 \text{ équivaut à } x = -\frac{b}{a} \Rightarrow |ax + b| = 0$$

$ax + b > 0$ équivaut à $x > -\frac{b}{a} \Rightarrow |ax + b| = ax + b$ si $x > -\frac{b}{a}$

$ax + b < 0$ équivaut à $x < -\frac{b}{a} \Rightarrow |ax + b| = -(ax + b)$ si $x > -\frac{b}{a}$

Puis vous reportez ces résultats dans un tableau de la forme :

x	$-\infty$	$-\frac{b}{a}$	$+\infty$
$\|ax+b\|$	$-(ax+b)$	0	$ax+b$

Exemple

$f(x) = \ln|x - 1|$

Pour écrire f sans valeurs absolues, vous devez étudier le signer de $x - 1$:

$x - 1 = 0$ équivaut à $x = 1$

$x - 1 > 0$ équivaut à $x > 1$

$x - 1 < 0$ équivaut à $x < 1$

Vous obtenez l'expression de $|x - 1|$ sans valeur absolue :

$|x - 1| = x - 1$ équivaut à $x > 1$

$|x - 1| = -(x - 1)$ équivaut à $x < 1$

Puis vous reportez ces résultats dans un tableau de la forme :

x	$-\infty$	1	$+\infty$
$\|x-1\|$	$-(x-1) = -x+1$	0	$x-1$
$f(x) = \ln\|x-1\|$	$\ln(-x+1)$	$\|\|$	$\ln(x-1)$

$f(x) = \ln(-x + 1)$ si $x \in]-\infty\ ;\ 1[$

$f(x) = \ln(x - 1)$ si $x \in]1\ ;\ +\infty[$

2. La fonction partie entière $x \mapsto E[x]$

La fonction partie entière renvoie la partie entière d'un nombre réel.

Exemples

$E[2,7] = 2$; $E[-2,3] = -3$; $E[5] = 5$; $E[0,5] = 0$; $E[-0,5] = -1$

[REMARQUE]

La partie entière d'un nombre est toujours inférieure ou égale à ce nombre : $E[x] \leq x$

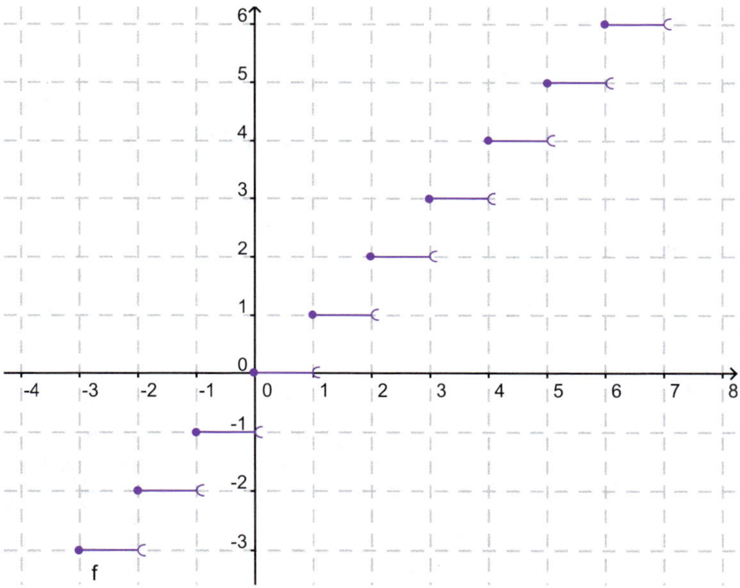

FICHE COURS 17

Les fonctions exponentielle et logarithme de base *a*

1. Je fais le point sur mes connaissances

1. La fonction exponentielle de base a $x \mapsto a^x = \mathrm{e}^{x \ln(a)}$

Cette fonction est définie pour tout x de $\mathbb{R}$ et $a > 0$ fixé : $D_f = \mathbb{R}$.

$$f(x) = a^x = \mathrm{e}^{x \ln(a)} \text{ et } f'(x) = \ln(a)\mathrm{e}^{x \ln(a)} = \ln(a) \times a^x$$

[ATTENTION]

Ne pas confondre cette fonction avec $x \mapsto x^a$! La dérivée de f n'est surtout pas xa^{x-1} ! a n'est pas la variable mais une constante ! D'où l'importance de la notation exponentielle !

[REMARQUE]

La fonction exponentielle de base e est la fonction exponentielle $x \mapsto e^x$

Limites :

- Si $0 < a < 1$, $\lim\limits_{x\to+\infty} a^x = \lim\limits_{x\to+\infty} \mathrm{e}^{x \ln(a)} = 0$
  et $\lim\limits_{x\to-\infty} a^x = \lim\limits_{x\to-\infty} \mathrm{e}^{x \ln(a)} = +\infty$;
- Si $a > 1$, $\lim\limits_{x\to+\infty} a^x = \lim\limits_{x\to+\infty} \mathrm{e}^{x \ln(a)} = +\infty$
  et $\lim\limits_{x\to-\infty} a^x = \lim\limits_{x\to-\infty} \mathrm{e}^{x \ln(a)} = 0$.

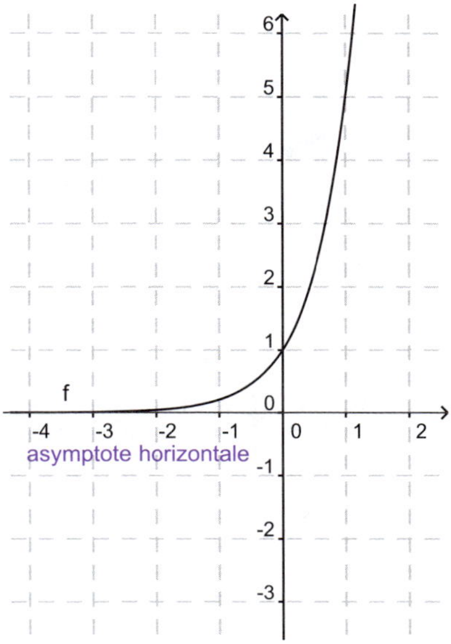

2. La fonction logarithme de base a $x \mapsto \log_a(x)$

Cette fonction est définie pour tout $x > 0$ et $a > 0$ fixé : $D_f =]0\,;\,+\infty[$.

$$f(x) = \log_a(x) = \frac{\ln(x)}{\ln(a)} \text{ et } f'(x) = \frac{1}{x\ln(a)}$$

Limites :

- Si $0 < a < 1$:

$$\lim_{x\to+\infty} \log_a(x) = \lim_{x\to+\infty} \frac{\ln(x)}{\ln(a)} = -\infty$$

$$\text{et } \lim_{x\to 0} \log_a(x) = \lim_{x\to 0} \frac{\ln(x)}{\ln(a)} = +\infty$$

- Si $a > 1$;

$$\lim_{x\to+\infty} \log_a(x) = \lim_{x\to+\infty} \frac{\ln(x)}{\ln(a)} = +\infty$$

$$\text{et } \lim_{x\to 0} \log_a(x) = \lim_{x\to 0} \frac{\ln(x)}{\ln(a)} = -\infty$$

[À RETENIR]

L'ensemble de définition d'une telle fonction est $]0;+\infty[$

$\log_a(x \times y) = \log_a(x) + \log_a(y)$ $\log_a\left(\frac{x}{y}\right) = \log_a(x) - \log_a(y)$

$\log_a(x^n) = n\log_a(x),\ x > 0$ $\log_a(a) = 1,\ a > 0$

$\log_a(a^n) = n,\ n \in \mathbb{N},\ a > 0$ $(\log_a(x))' = \frac{1}{x\ln(a)},\ a > 0 \text{ et } a \neq 1,\ x > 0$

[REMARQUE]

Le logarithme népérien est le logarithme de base e.

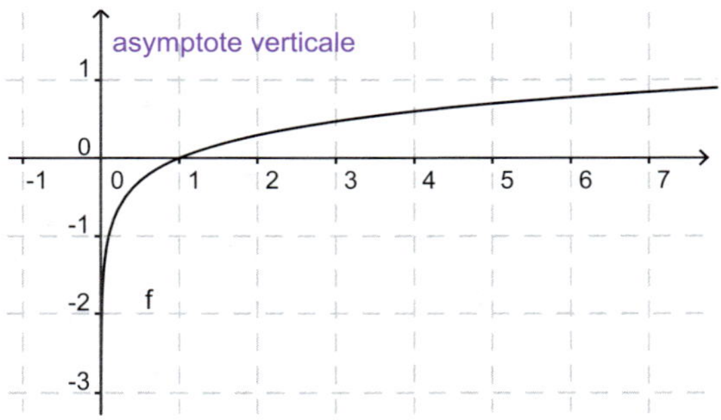

2. Les mots clés

Exponentielle de base *a* :

La fonction exponentielle de base notée a^x est à considérer avec l'expression $e^{x\ln(a)}$ afin d'éviter les erreurs de calcul dans la dérivée en particulier !

Fonction puissance :

La fonction puissance est très similaire par son écriture à la fonction exponentielle de base a. Mais attention ce sont des fonctions très différentes ! En effet la variable x est en exposant dans la fonction exponentielle de base a. Elle est élevé à puissance a dans le cas de la fonction puissance !

Logarithme :

On distingue plusieurs fonctions logarithmiques. En particulier la fonction logarithme népérien traitée précédemment dans ce chapitre. Il existe également la fonction logarithme de base 10 ou logarithme décimal, notée $\log_{10}(x)$, qui est très utilisée en physique-chimie. De manière générale, la fonction logarithme de base a, notée $\log_a(x)$, est la puissance à laquelle il faut élever a pour obtenir x.

Passage à l'exponentielle :

Technique de calcul qui permet d'obtenir une autre expression d'une certaine formule. Ainsi $e^{x \ln(a)}$ est une autre écriture de a^x. De même que $e^{a \ln(x)}$ est une autre écriture de x^a. Cette technique permet également de résoudre des équations du type $\ln(x) = b$. Vous pouvez affirmer que cette relation revient à $x = e^b$. Il en est de même pour les inéquations (où vous ne changez pas le sens de l'inégalité car la fonction exponentielle est strictement croissante), systèmes, etc.

Passage au logarithme :

Cette technique permet de résoudre des équations du type $e^x = b$ où $b > 0$. Vous pouvez affirmer que cette relation revient à $x = \ln(b)$. Il en est de même pour les inéquations (où vous ne changez pas le sens de l'inégalité car la fonction logarithme est strictement croissante), systèmes, etc.

FICHE COURS 18

Les fonctions trigonométriques et trigonométriques réciproques

1. Je fais le point sur mes connaissances

1. Les fonctions trigonométriques

La fonction cosinus :

La fonction cosinus est définie sur $\mathbb{R}$. Elle est paire car $\cos(-x) = \cos(x)$ et est donc symétrique par rapport à l'axe des ordonnées. Elle est également périodique de période 2π car $\cos(x + 2\pi) = \cos(x)$. On l'étudie sur $[0\,;\,\pi[$ et on déduit les résultats sur $\mathbb{R}$ par symétrie et périodicité.

$$f(x) = \cos(x) \text{ et } f'(x) = -\sin(x)$$

x	0	π
$f'(x)$	$-$	
f	1 ↘	-1

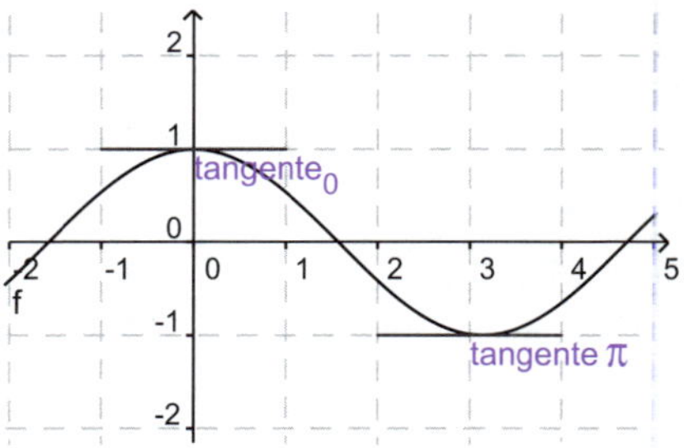

La fonction sinus :

La fonction sinus est définie sur $\mathbb{R}$. Elle est impaire car $\sin(-x) = -\sin(x)$ et est donc symétrique par rapport à l'origine O(0 ; 0). Elle est également périodique de période 2π car $\sin(x + 2\pi) = \sin(x)$. On l'étudie sur $[0\,;\,\pi[$ et on déduit les résultats sur $\mathbb{R}$ par symétrie et périodicité.

$$f(x) = \sin(x) \text{ et } f'(x) = \cos(x)$$

x	0		$\frac{\pi}{2}$		π
$f'(x)$		$+$	0	$-$	
f	0	$\nearrow$	1	$\searrow$	0

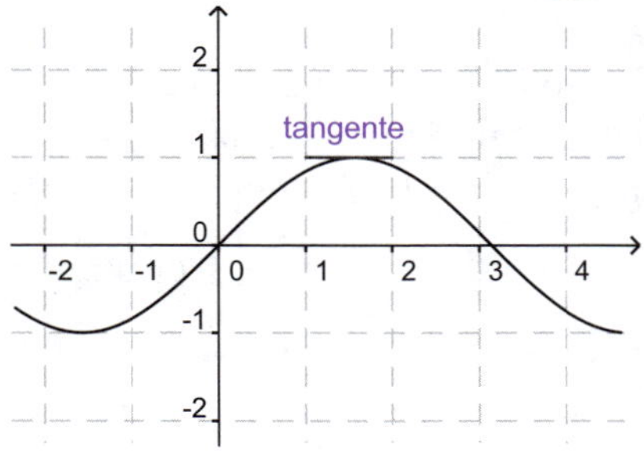

La fonction tangente :

La fonction tangente est définie sur $\mathbb{R}$ privé de $k\frac{\pi}{2}$, $k \in \mathbb{Z}$. Elle est impaire car $\tan(-x) = -\tan(x)$ et est donc symétrique par rapport à l'origine O(0 ; 0). Elle est également périodique de période π car $\tan(x+\pi) = \tan(x)$. On l'étudie sur $\left[0\,;\,\frac{\pi}{2}\right]$ puis on déduit les résultats sur $\mathbb{R}$ par symétrie et périodicité.

$$f(x) = \tan(x) = \frac{\sin(x)}{\cos(x)} \text{ et } f'(x) = \frac{1}{\cos^2(x)} \text{ pour } x \neq k\frac{\pi}{2},\ k \in \mathbb{Z}$$

$\lim\limits_{x \to \frac{\pi}{2}^-} \tan(x) = \lim\limits_{x \to \frac{\pi}{2}^-} \frac{\sin(x)}{\cos(x)} = +\infty \Longleftrightarrow$ Asymptote verticale d'équation $x = \frac{\pi}{2}$

x	0		$\frac{\pi}{2}$
$f'(x)$		$+$	
f	0	$\nearrow$	$+\infty$

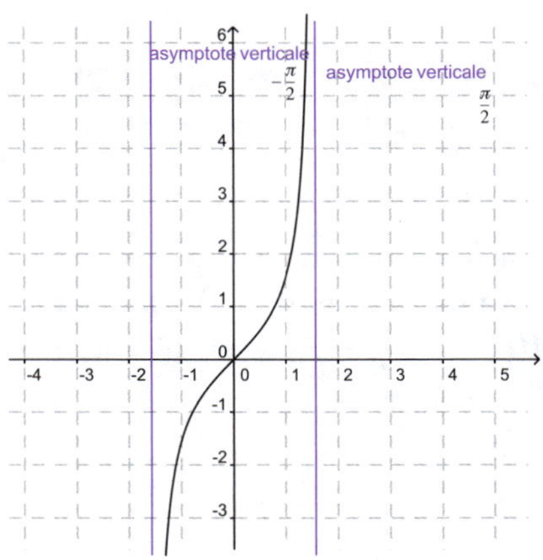

La fonction cotangente :

La fonction cotangente est définie sur $\mathbb{R} \setminus \{k\pi\}$, $k \in \mathbb{Z}$. Elle est impaire car $\text{cotan}(-x) = -\text{cotan}(x)$ et est donc symétrique par rapport à l'origine O(0 ; 0). Elle est également périodique de période π.

On l'étudie sur $[0 ; \frac{\pi}{2}[$ et on déduit les résultats sur $\mathbb{R}$ par symétrie et périodicité.

$$f(x) = \text{cotan}(x) = \frac{\cos(x)}{\sin(x)} \text{ et } f'(x) = \frac{-1}{\sin^2(x)} \text{ pour } x \neq 0\ [\pi]$$

$$\lim_{x\to 0^+} \text{cotan}(x) = \lim_{x\to 0^+} \frac{\cos(x)}{\sin(x)} = +\infty \iff$$ Asymptote verticale d'équation $x = 0$

x	0	$\frac{\pi}{2}$
$f'(x)$	$-$	
f	$+\infty$ ↘	0

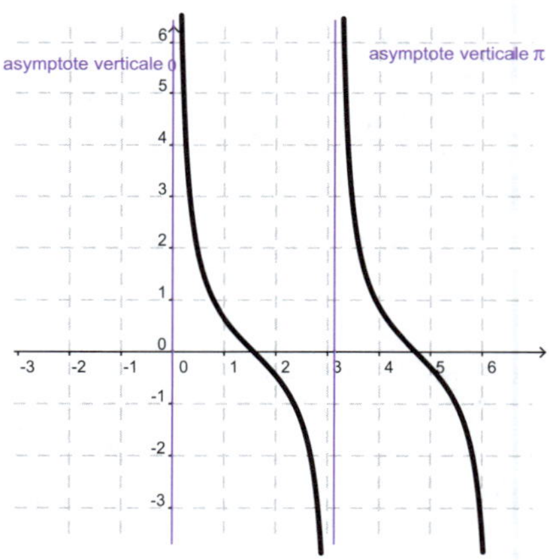

2. Les fonctions trigonométriques réciproques (hors programme TS)

La fonction arccos :

La fonction arccos ou $\cos^{-1}$ est la fonction réciproque de la fonction cosinus restreinte à $[0 ; \pi]$. $x \mapsto \arccos(x)$ est définie de $[-1 ; 1]$ vers $[0 ; \pi]$. Sa courbe représentative est symétrique par rapport à $y = x$ à celle de $x \mapsto \cos(x)$.

$$f(x) = \arccos(x) \text{ et } f'(x) = \frac{-1}{\sqrt{1 - x^2}} \text{ pour } x \neq -1 \text{ et } 1.$$

x	-1	1
$f'(x)$	$-$	
f	π ↘	0

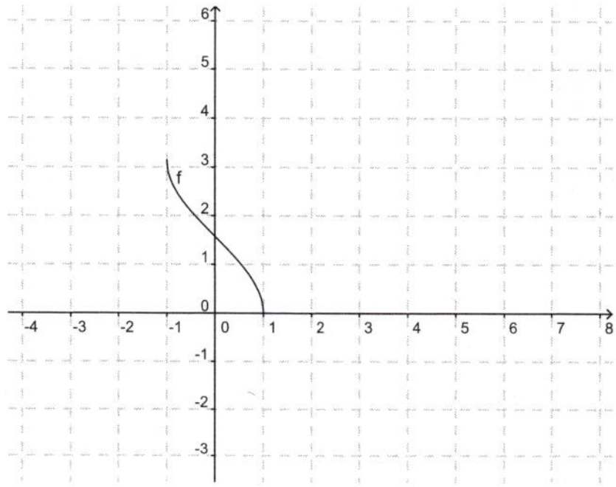

La fonction arcsin :

La fonction arcsin ou $\sin^{-1}$ est la fonction réciproque de la fonction sinus restreinte à $\left[-\frac{\pi}{2}\ ;\ \frac{\pi}{2}\right]$. $x \mapsto \arcsin(x)$ est définie de $[-1\ ;\ 1]$ vers $\left[-\frac{\pi}{2}\ ;\ \frac{\pi}{2}\right]$. Sa courbe représentative est symétrique par rapport à $y = x$ à celle de $x \sin(x)$. $f(x) = \arcsin(x)$ et $f'(x) = \dfrac{1}{\sqrt{1+x^2}}$ pour $x \neq -1$ et 1.

x	-1	1
$f'(x)$	$+$	
f	$-\frac{\pi}{2}$ ↗	$\frac{\pi}{2}$

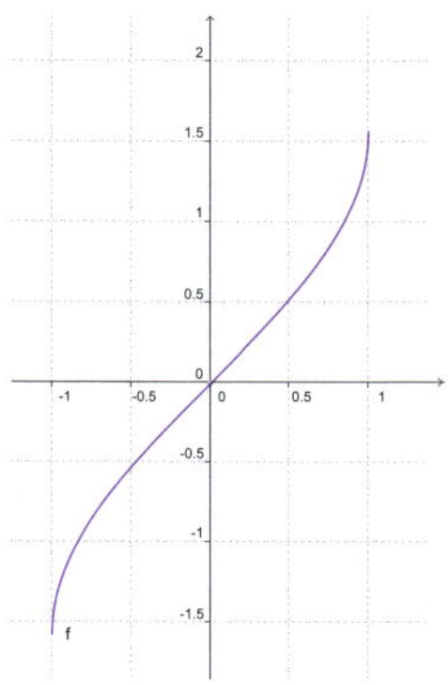

La fonction arctan :

La fonction arctan ou $\tan^{-1}$ est la fonction réciproque de la fonction tangente restreinte à $\left[-\frac{\pi}{2}\ ;\ \frac{\pi}{2}\right]$. $x \mapsto \arctan(x)$ est définie sur $\mathbb{R}$. Sa courbe représentative est symétrique par rapport à $y = x$ à celle de $x \mapsto \tan(x)$.

$$f(x) = \arctan(x) \text{ et } f'(x) = \frac{1}{1+x^2} \text{ pour } x \in [0\ ;\ +\infty[$$

x	0	$+\infty$
$f'(x)$	$+$	
f	$-\frac{\pi}{2}$ ↗	$\frac{\pi}{2}$

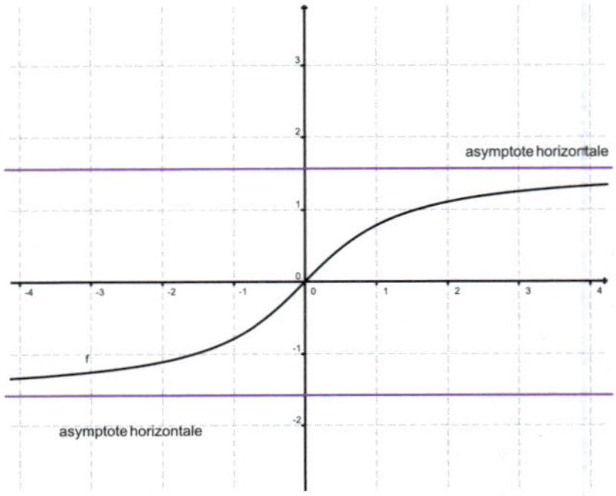

La fonction arccotan :

La fonction arccotan ou cotan^{-1} est la fonction réciproque de la fonction cotangente restreinte à $[0\ ;\ \pi]$. $x \mapsto \arctan(x)$ est définie de $\mathbb{R}$ vers $[0\ ;\ \pi]$.

Sa courbe représentative est symétrique par rapport à $y = x$ à celle de :

$$x \mapsto \text{cotan}(x).\ f(x) = \text{arc cotan}(x) \text{ et } f'(x) = \frac{-1}{1+x^2} \text{ pour } x \in \mathbb{R}$$

x	$-\infty$	$+\infty$
$f'(x)$	$-$	
f	π ↘	0

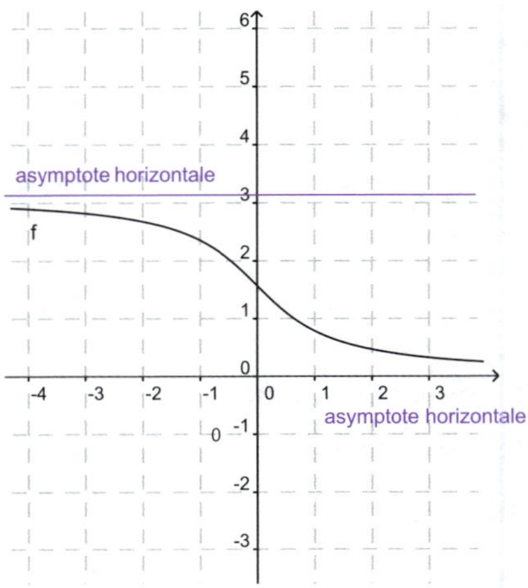

3. Formulaire

Le cercle trigonométrique :

θ	0	$\frac{\pi}{6}$	$\frac{\pi}{4}$	$\frac{\pi}{3}$	$\frac{\pi}{2}$	π	2π
$\cos(\theta)$	1	$\frac{\sqrt{3}}{2}$	$\frac{\sqrt{2}}{2}$	$\frac{1}{2}$	0	-1	1
$\sin(\theta)$	0	$\frac{1}{2}$	$\frac{\sqrt{2}}{2}$	$\frac{\sqrt{3}}{2}$	1	0	0
$\tan(\theta)$	0	$\frac{\sqrt{3}}{3}$	1	$\sqrt{3}$		0	0
$\text{cotan}(\theta)$		$\sqrt{3}$	1	$\frac{\sqrt{3}}{3}$	0		

[À RETENIR]

$$\tan(\theta) = \frac{\sin(\theta)}{\cos(\theta)} \text{ et } \text{cotan}(\theta) = \frac{\cos(\theta)}{\sin(\theta)} = \frac{1}{\tan(\theta)}$$

Formules d'addition :

$$\cos(x+y) = \cos(x)\cos(y) - \sin(x)\sin(y)$$

$$\cos(x-y) = \cos(x)\cos(y) + \sin(x)\sin(y)$$

$$\sin(x+y) = \sin(x)\cos(y) + \sin(y)\cos(x)$$

$$\sin(x-y) = \sin(x)\cos(y) - \sin(y)\cos(x)$$

$$\cos(x) + \cos(y) = 2\cos\left(\frac{x+y}{2}\right)\cos\left(\frac{x-y}{2}\right)$$

$$\cos(x) - \cos(y) = -2\sin\left(\frac{x+y}{2}\right)\sin\left(\frac{x-y}{2}\right)$$

$$\sin(x) + \sin(y) = 2\sin\left(\frac{x+y}{2}\right)\cos\left(\frac{x-y}{2}\right)$$

$$\sin(x) - \sin(y) = 2\cos\left(\frac{x+y}{2}\right)\sin\left(\frac{x-y}{2}\right)$$

$$\tan(x+y) = \frac{\tan(x)+\tan(y)}{1-\tan(x)\tan(y)}, \quad x, \quad y, \quad x+y \neq \frac{\pi}{2}[\pi]$$

$$\tan(x-y) = \frac{\tan(x)-\tan(y)}{1+\tan(x)\tan(y)}, \quad x, \quad y, \quad x-y \neq \frac{\pi}{2}[\pi]$$

[À RETENIR]

Formules établies à partir de ces formules d'addition en posant $x = y$:

$$\cos(x + x) = \cos(2x) = \cos^2(x) - \sin^2(x)$$
$$\cos(x - x) = \cos(0) = 1 = \cos^2(x) + \sin^2(x)$$
$$\sin(x + x) = \sin(2x) = \sin(x)\cos(x) + \sin(x)\cos(x) = 2\sin(x)\cos(x)$$

De même pour les autres formules en posant $x = x$ et $y = \pi$, puis $x = x$ et $y = \frac{\pi}{2}$, puis $x = 0$ et $y = x$, etc.

$\cos^2(x) + \sin^2(x) = 1$

$\cos(2x) = \cos^2(x) - \sin^2(x)$ $\qquad \cos\left(x + \frac{\pi}{2}\right) = -\sin(x)$

$\sin(2x) = 2\sin(x)\cos(x)$

$\cos(x + \pi) = -\cos(x)$ $\qquad \cos\left(x - \frac{\pi}{2}\right) = \sin(x)$

$\sin(x + \pi) = -\sin(x)$

$\cos(x - \pi) = -\cos(x)$ $\qquad \sin\left(x + \frac{\pi}{2}\right) = \cos(x)$

$\sin(x - \pi) = -\sin(x)$

$\cos(-x) = \cos(x)$ $\qquad \sin\left(x - \frac{\pi}{2}\right) = -\cos(x)$

$\sin(-x) = -\sin(x)$

2. Les mots clés

Cercle trigonométrique :

Il s'agit d'un cercle de rayon 1. Il se présente sous la forme d'un repère orthonormé direct d'origine O(0 ; 0) avec les cosinus en abscisses et les sinus en ordonnées. Il met en évidence les différentes valeurs de cosinus et de sinus en fonction d'un certain angle θ exprimé en radians (et non plus en degrés !)

Degré :

Les degrés sont une unité de mesure pour les angles.

[REMARQUE]

Pour convertir des degrés en radians, vous devez multiplier la mesure de l'angle en degrés par $\frac{\pi}{180}$ et vous obtenez une mesure en radians !

Cercle Trigonométrique sur deux intervalles

Mesures principales

$[-\pi;\ \pi]$ $[0;2\pi]$

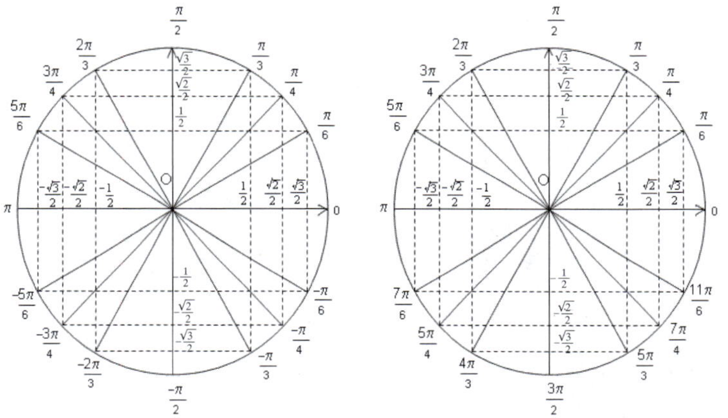

Domaine d'étude :

Il ne faut pas confondre le domaine d'étude d'une fonction et son ensemble de définition. L'ensemble de définition concerne toutes les valeurs de x pour lesquelles la fonction est définie tandis que son domaine d'étude est une restriction du domaine de définition. Le comportement de la fonction sur les autres parties de l'ensemble de définition se déduit par symétrie (parité ou imparité de la fonction) ou par périodicité.

Fonction réciproque :

(voir fiche 14).

Fonctions circulaires :

Ce sont les fonctions trigonométriques.

Fonctions trigonométriques :

Ce sont les fonctions circulaires et circulaires inverses (cosinus, sinus, tangente, cotangente, arccos, arcsin, arctan et arccotan).

Mesure d'un angle :

Il s'agit de la valeur d'un angle. Elle s'exprime en degrés ou en radians. En Terminale et en prépa les radians sont les plus utilisés ! Il existe plusieurs mesures pour un même angle lorsque l'on utilise les radians.

Mesure principale d'un angle :
Il s'agit de la mesure d'un angle comprise entre $-\pi$ et $+\pi$.

Exemple

Un angle dont une mesure est égale à $\frac{8\pi}{3}$ n'est pas comprise entre $-\pi$ et $+\pi$. Vous devez donc déterminer sa mesure principale. $\frac{8\pi}{3} = \frac{2\pi}{3} + \frac{6\pi}{3} = \frac{2\pi}{3} + 2\pi = \frac{2\pi}{3}$.

[ATTENTION]

La mesure principale d'un angle est unique !

Radians :
Les radians sont une unité de mesure pour les angles.

[REMARQUE]

Pour convertir des radians en degrés, vous devez multiplier la mesure de l'angle en radians par $\frac{180}{\pi}$ et vous obtenez une mesure en degrés !

Sens direct et indirect :
Le sens direct en mathématiques est inverse à celui des aiguilles d'une montre. Le sens indirect en mathématiques est identique à celui des aiguilles d'une montre.

Études de fonctions

1. Étudiez les fonctions suivantes

1. $f_1(x) = \cos^3(x)$

2. $f_2(x) = \ln(x^3 + 3x^2 + 2x)$

3. $f_3(x) = \dfrac{\ln(x)}{2x+1}$

4. $f_4(x) = \sqrt{x^2+1}$

5. $f_5(x) = \sqrt{|x^2-1|}$

6. $f_6(x) = \sqrt{e^x}$

7. $f_7(x) = \ln|x|$

8. $f_8(x) = \tan(x) = \dfrac{\sin(x)}{\cos(x)}$

9. $f_9(x) = e^{\sqrt{x+1}}$

10. $f_{10}(x) = x^2 + 3x$

2. Vérifiez vos résultats

1. $f_1(x) = \cos^3(x)$

Ensemble de définition de f_1 :

f_1 est définie pour tout x de $\mathbb{R}$ car il s'agit d'une fonction usuelle ($x \mapsto \cos(x)$) élevée au cube. Ainsi $D_1 = \mathbb{R}$.

Périodicité et Parité de f_1 :

$$f_1(x+2\pi) = (\cos(x+2\pi))^3 = (\cos(x))^3 = f_1(x)$$

Donc f_1 est périodique de période 2π.

$$f_1(-x) = (\cos(-x))^3 = (\cos(x))^3 = f_1(x)$$

f_1 est donc paire. Elle est ainsi symétrique par rapport à l'axe des ordonnées.

Vous pouvez donc étudier f_1 sur l'intervalle $[0\,;\,\pi]$, puis déduire le comportement de f_1 sur $\mathbb{R}$ par symétrie et périodicité.

Le domaine d'étude de f_1 est donc $[0\,;\,\pi]$.

Valeurs aux bornes du domaine d'étude de f_1 :

$$f_1(0) = \cos^3(0) = 1^3 = 1 \text{ et } f_1(\pi) = \cos^3(\pi) = (-1)^3 = -1$$

Dérivée de f :

f_1 est dérivable pour tout $x \in \mathbb{R}$ (donc pour tout x de son domaine d'étude) comme étant une fonction usuelle élevée au cube et $f_1'(x) = -3\sin(x)\cos^2(x)$

Signe de $f_1'(x)$ et variations de f_1 :

Le signe de la dérivée de $f_1(x)$ et les variations de f_1 sont donnés par :

x	0		$\frac{\pi}{2}$		π
-3		$-$		$-$	
$\sin(x)$	0	$+$		$+$	0
$\cos^2(x)$		$+$	0	$+$	
$f_1'(x)$	0	$-$	0	$-$	0
f_1	1 ↘		0	↘	-1

Courbe représentative de f_1 :

Les points $x = 0, x = \dfrac{\pi}{2}$ et $x = \pi$ annulent la dérivée de $f_1(x)$, donc la courbe représentative de f_1 admet des tangentes horizontales en chacun de ces points, d'équations respectives $y = 1$, $y = 0$ et $y = -1$

Elle est également symétrique par rapport à l'axe des ordonnées car elle est paire.

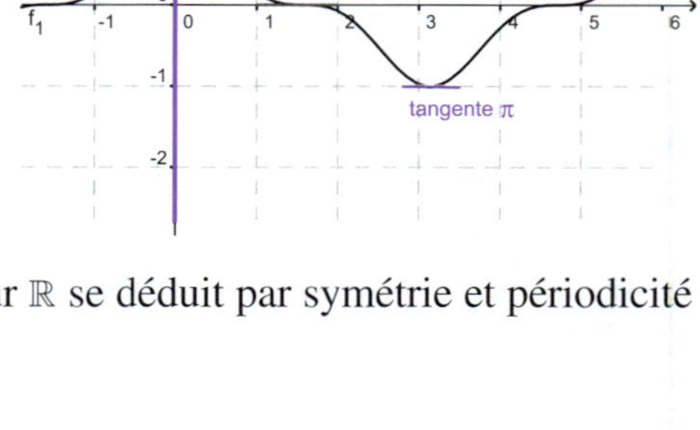

Le comportement de la courbe sur $\mathbb{R}$ se déduit par symétrie et périodicité

2. $f_2(x) = \ln(x^3 + 3x^2 + 2x)$

Ensemble de définition de f_2 :

f_2 est définie pour tout x tel que $x^3 + 3x^2 + 2x > 0 \iff x(x^2 + 3x + 2) > 0$. Pour le second facteur vous devez étudier le signe du polynôme $x^2 + 3x + 2$. Pour cela vous calculez le discriminant : $\Delta = 3^2 - 4 \times 1 \times 2 = 9 - 8 = 1$. $\Delta > 0$, le polynôme est du signe de $a = 1$ à l'intérieur des racines et de $-a = -1$ à l'extérieur des racines. Il admet deux racines réelles :

$$x_1 = \frac{-3-1}{2} = -\frac{4}{2} = -2 \text{ et } x_2 = \frac{-3+1}{2} = -\frac{2}{2} = -1$$

Vous pouvez maintenant dresser le tableau de signes de l'expression à l'intérieur du « ln » :

x	$-\infty$		-2		-1		0		$+\infty$
x		$-$		$-$		$-$	0	$+$	
x^2+3x+2		$+$	0	$-$	0	$+$		$+$	
x^3+3x^2+2x		$-$	0	$+$	0	$-$	0	$+$	

Vous devez retenir les valeurs de x telles que $x^3 + 3x^2 + 2x > 0$, soit $D_2 =]-2\,;\,-1[\cup]0\,;\,+\infty[$.

Parité de f_2 :

$$f_2(-x) = (-x)^3 + 3 \times (-x)^2 + 2 \times (-x)$$
$$= -x^3 + 3x^2 - 2x \neq f_2(x) \neq -f_2(x)$$

f_2 n'est donc ni paire ni impaire.

Limites aux bornes de l'ensemble de définition de f_2 :

En $+\infty$, la limite de $x^3 + 3x^2 + 2x$ est donnée par la limite du terme de plus haut degré, soit x^3 et donc :

$$\lim_{x\to+\infty} x^3 + 3x^2 + 2x = \lim_{x\to+\infty} = +\infty$$
$$\text{et } \lim_{x\to+\infty} f_2(x) = \lim_{x\to+\infty} \ln(x^3) = +\infty$$

En -2, -1 et 0, la limite se calcule en remplaçant x par ces valeurs successives. Vous obtenez à chaque fois 0, ce qui revient à calculer la limite de ln X quand X tend vers 0. Ainsi :

$$\lim_{x\to -2^+} f_2(x) = \lim_{x\to -2^+} \ln(x^3+3x^2+2x) = -\infty$$

$$\lim_{x\to -1^-} f_2(x) = \lim_{x\to -1^-} \ln(x^3+3x^2+2x) = -\infty$$

$$\lim_{x\to 0^+} f_2(x) = \lim_{x\to 0^+} \ln(x^3+3x^2+2x) = -\infty$$

Vous en déduisez que f_2 admet trois asymptotes verticales : $x = -2$, $x = -1$ et $x = 0$.

Dérivée de f_2 :

f_2 est dérivable pour tout $x \in D_2$ comme étant la composée d'une fonction polynôme par la fonction ln.

$$f_2'(x) = \frac{3x^2+6x+2}{x^3+3x^2+2x} \text{ en appliquant la formule } (\ln(u))' = \frac{u'}{u}$$

et après factorisation : $f'(x) = \dfrac{3x^2+6x+2}{x(x^2+3x+2)}$.

Signe de $f_2'(x)$ et variations de f_2 :

Pour déterminer le signe du numérateur de $f_2'(x)$ vous devez calculer le discriminant du polynôme :

$$3x^2+6x+2 : \Delta = 6^2 - 4\times 3\times 2 = 36-24 = 12$$

Le numérateur admet donc deux racines réelles distinctes :

$$x_1 = \frac{-6-2\sqrt{3}}{6} = -1-\frac{\sqrt{3}}{3} \quad \text{et} \quad x_2 = \frac{-6+2\sqrt{3}}{6} = -1+\frac{\sqrt{3}}{3}$$

Seule x_1 convient car elle appartient bien à D_2, en effet :

$$x_1 = -1-\frac{\sqrt{3}}{3} \cong -1{,}577 \in]-2\,;\,-1[\subset D_2$$

et

$$x_2 = -1+\frac{\sqrt{3}}{3} \cong -0{,}423 \notin D_2$$

Ainsi le tableau de variations de f_2 sur $]-2\,;\,-1[$ est donc :

x	-2		$-1-\frac{\sqrt{3}}{3}$		-1
$3x^2+6x+2$		$+$		$-$	
x		$-$		$-$	
x^2+3x+2		$-$		$-$	
$f_2'(x)$		$+$		$-$	
f_2	$-\infty$	↗	$f_2\left(-1-\frac{\sqrt{3}}{3}\right)$	↘	$-\infty$

Et le tableau de variations de f_2 sur $]0\,;\ +\infty[$ est donné par :

x	0		$+\infty$
$3x^2+6x+2$		$+$	
x		$+$	
x^2+3x+2		$+$	
$f_2'(x)$		$+$	
f_2	$-\infty$	↗	$+\infty$

Courbe représentative de f_2 :

Le point $x=-1-\frac{\sqrt{3}}{3}$ annule la dérivée de $f_2(x)$, donc la courbe représentative de f_2 admet une tangente horizontale en ce point d'équation $y=f_2\left(-1-\frac{\sqrt{3}}{3}\right)$

Par ailleurs f_2 admet également 3 asymptotes verticales :

$x=-2$, $x=-1$ et $x=0$

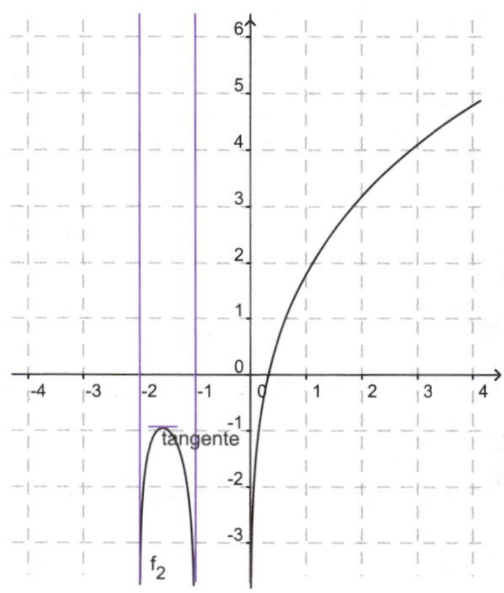

3. $f_3(x) = \dfrac{\ln(x)}{2x+1}$

Ensemble de définition de f_3 :

f_3 est définie pour tout x tel que :

$x > 0$ et $2x + 1 \neq 0 \Longleftrightarrow x > 0$ et $x \neq -\dfrac{1}{2} \Longleftrightarrow x > 0.$

$D_3 = \mathbb{R}^{*+}$

Parité de f_3 :

La fonction $x \mapsto \ln x$ est définie pour $x > 0$, donc vous ne pouvez pas calculer $f_3(-x)$. f_3 n'est donc ni paire ni impaire.

Limites aux bornes de l'ensemble de définition de f_3 :

En $+\infty$, la limite de $f_3(x)$ est donnée par :

$\lim\limits_{x\to+\infty} f_3(x) = \lim\limits_{x\to+\infty} \dfrac{\ln x}{2x+1} = 0 \Longrightarrow$ Asymptote horizontale d'équation $y = 0$

En 0, la limite de $f_3(x)$ est donnée par :

$\lim\limits_{x\to 0^+} f_3(x) = \lim\limits_{x\to 0^+} \dfrac{\ln x}{2x+1} = -\infty \Longrightarrow$ Asymptote verticale d'équation $x = 0$

Dérivée de f_3 :

f_3 est dérivable pour tout $x \in D_3$ comme étant le quotient de la fonction $\ln x$ par une fonction affine.

$f_3'(x) = \dfrac{\frac{1}{x} \times (2x+1) - \ln x \times 2}{(2x+1)^2}$ en appliquant la formule : $\left(\dfrac{u}{v}\right)' = \dfrac{u'v - uv'}{v^2}$ et après factorisation : $f_3'(x) = \dfrac{(2x+1) - 2x\ln x}{x(2x+1)^2}$.

Signe de $f_3'(x)$ et variations de f_3 :

Pour déterminer le signe du numérateur de $f_3'(x)$ vous devez étudier les variations de $h(x) = 2x + 1 - 2x \ln x$:

$h'(x) = 2 - 2\ln x - \dfrac{2x}{x} = 2 - 2\ln x - 2 = -2\ln x$

Ainsi le tableau de variations de h sur $]0\,;\,+\infty[$ est donc :

x	0	1	α	$+\infty$
$h'(x)$	+		−	
h	1 ↗	3 ↘	0	↘ $-\infty$
$h(x)$	+	+	0	−

h est strictement décroissante (monotone) et continue sur $[1, +\infty[$ et $h(1) = 3 > 0$ et $\lim\limits_{n \to +\infty} h(x) = -\infty < 0$. Donc il existe un unique $x \in [1, +\infty[$ tel que $h(x) = 0$ d'après le théorème de la bijection.

Vous déduisez ainsi le signe de $f_3'(x)$ à partir de celui de $h(x)$
Et le tableau de variations de f_3 sur $]0\,;\ +\infty[$ est donné par :

x	0	α	$+\infty$
$h(x)$	+	−	
x	+	+	
$(2x+1)^2$	+	+	
$f_3'(x)$	+	−	
f_3	$-\infty$ ↗	$f_3(\alpha) = \dfrac{1}{2\alpha}$ ↘	0

Courbe représentative de f_3 :

Le point $x = \alpha$ annule la dérivée de $f_3(x)$, donc la courbe représentative de f_3 admet une tangente horizontale en ce point d'équation :

$$y = f_3(\alpha) = \frac{\ln \alpha}{2\alpha + 1} = \frac{\frac{2\alpha + 1}{2\alpha}}{2\alpha + 1} = \frac{2\alpha + 1}{2\alpha} \times \frac{1}{2\alpha + 1} = \frac{1}{2\alpha}$$

[REMARQUE]

Pour déterminer la valeur de $\ln(\alpha)$, vous devez vous servir du fait que α annule $h(x)$. Ainsi :

$$h(\alpha) = 0 \Leftrightarrow 2\alpha + 1 - 2\,\alpha \ln(\alpha) = 0 \Leftrightarrow 2\alpha + 1 = 2\alpha \ln(\alpha) \Leftrightarrow \ln(\alpha) = \frac{2\alpha + 1}{2\alpha}$$

Par ailleurs f_3 admet également deux asymptotes : une horizontale $y = 0$ et une verticale $x = 0$.

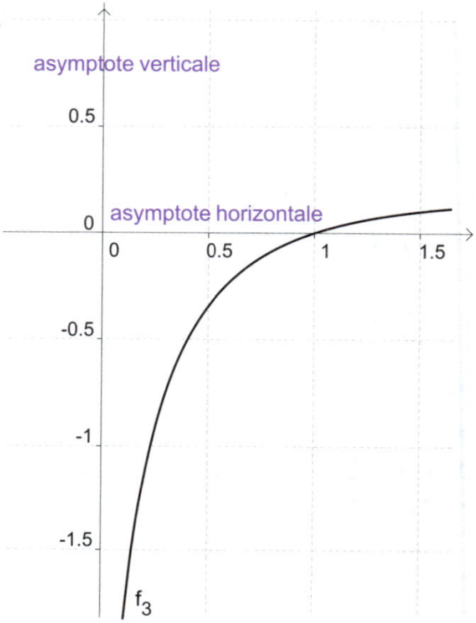

4. $f_4(x) = \sqrt{x^2 + 1}$

Ensemble de définition de f_4 :

f_4 est définie pour tout x tel que $x^2 + 1 \geqslant 0$. Ce qui est toujours vrai. Donc $D_4 = \mathbb{R}$.

[ATTENTION]

> f_4 étant une fonction racine, elle n'est en revanche pas dérivable au point qui annule le terme sous la racine. Ainsi f_4 est dérivable pour $x^2 + 1 \neq 0$, soit pour $x^2 \neq -1$. Ce qui est toujours vrai. L'ensemble de dérivabilité de f_4 est donc $\mathbb{R}$ également !

Parité de f_4 :

$$f_4(-x) = \sqrt{(-x)^2 + 1} = \sqrt{x^2 + 1} = f_4(x)$$

f_4 est donc une fonction paire. Cela implique que sa courbe représentative C_4 est symétrique par rapport à l'axe des ordonnées (O_y).

Limites aux bornes de l'ensemble de définition de f_4 :

En $+\infty$ et en $-\infty$, la limite de $f_4(x)$ est donnée par :

$$\lim_{x\to+\infty}\sqrt{x^2+1}=\lim_{X\to+\infty}\sqrt{X}=+\infty \text{ et}$$
$$\lim_{x\to-\infty}\sqrt{x^2+1}=\lim_{X\to+\infty}\sqrt{X}=+\infty$$

Ainsi : $\lim_{x\to+\infty} f_4(x)=+\infty$ et $\lim_{x\to-\infty} f_4(x)=+\infty$

Dérivée de f_4 :

f_4 est dérivable pour tout $x \in \mathbb{R}$ comme étant la composée de la fonction $x \mapsto x^2+1$ par la fonction racine carrée.

[ATTENTION]

> f_4 est bien dérivable en tout point de $\mathbb{R}$!

$$f_4'(x)=\frac{2x}{2\sqrt{x^2+1}}=\frac{x}{\sqrt{x^2+1}}$$

Signe de $f_4'(x)$ et variations de f_4 :

$f_4'(x)>0$ sur $]0\,;\,+\infty[$ comme étant le quotient de deux quantités strictement positives sur $]0\,;+\infty[$.

$f_4'(x)<0$ sur $]-\infty\,;\,0[$ comme étant le quotient de deux quantités strictement négatives sur $]-\infty\,;\,0[$.

Ainsi le tableau de variations de f_4 sur $\mathbb{R}$ est donc :

x	$-\infty$	0	$+\infty$
x	$-$		$+$
$\sqrt{x^2+1}$	$+$		$+$
$f_4'(x)$	$-$		$+$
f_4	$+\infty$ ↘	1	↗ $+\infty$

Courbe représentative de f_4 :

Le point $x=0$ annule la dérivée de $f_4(x)$, donc la courbe représentative de f_4 admet une tangente horizontale en ce point d'équation $y=f_4(0)=\sqrt{0^2+1}=\sqrt{1}=1$

Elle est également symétrique par rapport à l'axe des ordonnées car elle est paire.

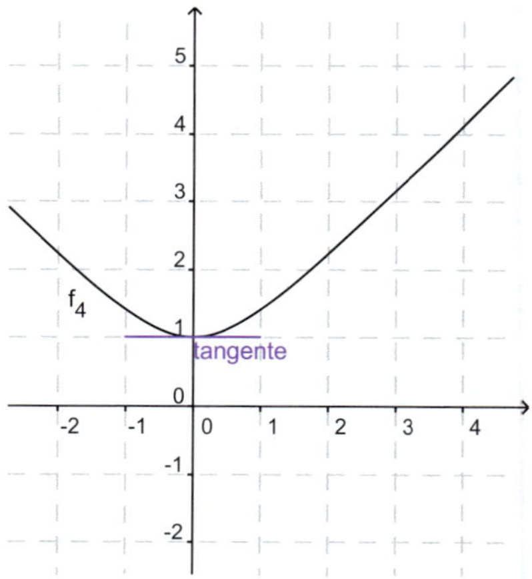

5. $f_5(x) = \sqrt{|x^2 - 1|}$

Ensemble de définition de f_5 :

f_5 est définie pour tout x tel que $|x^2 - 1| \geqslant 0$. Ce qui est toujours vrai par définition de la valeur absolue. Donc $D_5 = \mathbb{R}$.

[REMARQUE]

L'expression de $f_5(x)$ s'écrit sans valeurs absolues

Vous déterminez d'abord le signe de $x^2 - 1$:

x	$-\infty$	-1	1 $+\infty$
$x - 1$	$-$	$-$	$+$
$x + 1$	$-$	$+$	$+$
$x^2 - 1$	$+$	$-$	$+$

Avec le signe de $x^2 - 1$, vous déterminez ensuite l'expression de $|x^2 - 1|$ sans les valeurs absolues :

$$\begin{cases} |x^2 - 1| = x^2 - 1, \ x^2 - 1 > 0 \Leftrightarrow x \in]-\infty\ ;\ -1[\cup]1\ ;\ +\infty[\\ |x^2 - 1| = -(x^2 - 1) = -x^2 + 1, \ x^2 - 1 < 0 \Leftrightarrow x \in]-1\ ;\ 1[\\ |x^2 - 1| = 0, \text{ si } x = -1 \text{ ou } x = 1 \end{cases}$$

$$f_5(x) = \begin{cases} \sqrt{x^2 - 1}, \ x^2 - 1 > 0 \Leftrightarrow x \in]-\infty\ ;\ -1[\cup]1\ ;\ +\infty[\\ \sqrt{-(x^2 - 1)}, \ x^2 - 1 < 0 \Leftrightarrow x \in]-1\ ;\ 1[\\ 0, \text{ si } x = -1 \text{ ou } x = 1 \end{cases}$$

$$f_5(x) = \begin{cases} \sqrt{x^2 - 1}, \ x \in]-\infty\ ;\ -1[\cup]1\ ;\ +\infty[\\ \sqrt{-x^2+1}, \ x \in]-1\ ;\ 1[\\ 0, \text{ si } x = -1 \text{ ou } x = 1 \end{cases}$$

Cette expression vous est en particulier très utile pour le calcul de la dérivée.

[ATTENTION]

f_5 étant une fonction racine, elle n'est pas dérivable au point qui annule le terme sous la racine. Ainsi f_5 est dérivable pour $x^2 - 1 \neq 0$, soit pour $x \neq -1$ et $x \neq 1$. L'ensemble de dérivabilité de f_5 est donc $\mathbb{R} \setminus \{-1; 1\}$.

Parité de f_5 :

$f_5(-x) = \sqrt{|(-x)^2 - 1|} = \sqrt{|x^2 - 1|} = f_5(x)$

f_5 est donc une fonction paire. Cela implique que sa courbe représentative C_5 est symétrique par rapport à l'axe des ordonnées (O_y).

Limites aux bornes de l'ensemble de définition de f_5 :

En $+\infty$ et en $-\infty$, la limite de $f_5(x)$ est donnée par :

$\lim\limits_{x \to +\infty} \sqrt{|x^2 - 1|} = \lim\limits_{X \to +\infty} \sqrt{X} = +\infty$

et $\lim\limits_{x \to -\infty} \sqrt{|x^2 - 1|} = \lim\limits_{X \to +\infty} \sqrt{X} = +\infty$

Ainsi : $\lim\limits_{x \to +\infty} f_5(x) = +\infty$ et $\lim\limits_{x \to -\infty} f_5(x) = +\infty$

Dérivée de f_5 :

f_5 est dérivable pour tout $x \in \mathbb{R}\backslash\{-1\ ;\ 1\}$ comme étant la composée de la fonction $x \mapsto |x^2 - 1|$ par la fonction racine carrée.

[ATTENTION]

f_5 n'est pas dérivable en -1 et 1, points qui annulent l'expression sous la racine carrée !

$$\begin{cases} f_5'(x) = \dfrac{2x}{2\sqrt{x^2 - 1}} = \dfrac{x}{\sqrt{x^2 - 1}}, \ x \in]-\infty\ ;\ -1[\cup]1\ ;\ +\infty[\\ f_5'(x) = \dfrac{-2x}{2\sqrt{-x^2 + 1}} = \dfrac{-x}{\sqrt{-x^2 + 1}}, \ x \in]-1\ ;\ 1[\end{cases}$$

Signe de $f_5'(x)$ et variations de f_5 :

Le signe du dénominateur de $f_5'(x)$ est strictement positif sur $\mathbb{R}\backslash\{-1\ ;\ 1\}$ dans les deux expressions de $f_5'(x)$ car une racine carrée est toujours positive ou nulle. Le signe dépend donc du numérateur (x ou $-x$).

Ainsi le signe de la quantité $\dfrac{x}{\sqrt{x^2-1}}$ sur $]-\infty\ ;\ -1[$ est donné par :

x	$-\infty$		-1
$\dfrac{x}{\sqrt{x^2-1}}$		$-$	‖

Et le signe de la quantité $\dfrac{x}{\sqrt{x^2-1}}$ sur $]1\ ;\ +\infty[$ est donné par :

x	1		$+\infty$
$\dfrac{x}{\sqrt{x^2-1}}$	‖	$+$	

Et le signe de la quantité $\dfrac{-x}{\sqrt{-x^2+1}}$ sur $]-1\ ;\ 1[$ est donné par :

x	-1		0		1
$\dfrac{-x}{\sqrt{-x^2+1}}$	‖	$+$	0	$-$	‖

Finalement le signe de $f_5'(x)$ et le tableau de variations de f_5 sur $\mathbb{R}\backslash\{-1\ ;\ 1\}$ sont donnés par :

x	$-\infty$		-1		0		1		$+\infty$
$f_5'(x)$		$-$	‖	$+$		$-$	‖	$+$	
f_5	$+\infty$	↘	0	↗	1	↘	0	↗	$+\infty$

Courbe représentative de f_5 :

Les points $x = 1$ et $x = -1$ annulent le dénominateur de la dérivée de $f_5(x)$, donc la courbe représentative de f_5 admet deux demi-tangentes verticales en ces deux points d'équation respectives $x = 1$ et $x = -1$.

Le point $x = 0$ annule la dérivée de $f_5(x)$ donc la courbe représentative de f_5 admet une tangente horizontale en ce point d'équation :

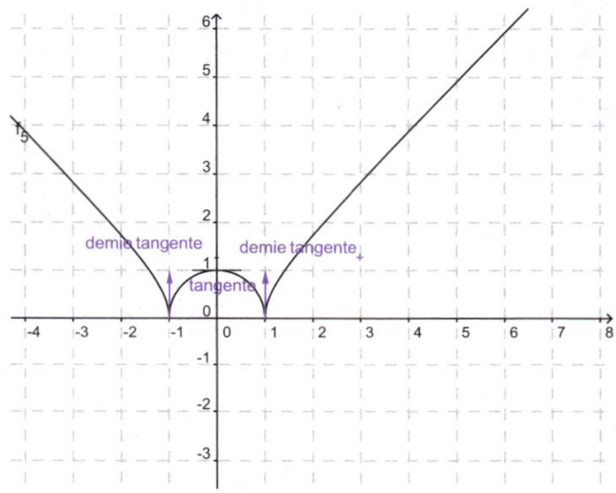

$y = f_5(0) = \sqrt{|0^2 - 1|} = \sqrt{|-1|} = \sqrt{1} = 1$

Elle est également symétrique par rapport à l'axe des ordonnées car elle est paire.

6. $f_6(x) = \sqrt{e^x}$

Ensemble de définition de f_6 :

f_6 est définie pour tout x tel que $e^x \geqslant 0$. Ce qui est toujours vrai. Donc $D_6 = \mathbb{R}$.

[ATTENTION]

f_6 étant une fonction racine, elle n'est en revanche pas dérivable au point qui annule le terme sous la racine. Ainsi f_6 est dérivable pour $e^x \neq 0$, soit pour $x \in \mathbb{R}$. L'ensemble de dérivabilité de f_6 est donc également $\mathbb{R}$.

Parité de f_6 :

$f_6(-x) = \sqrt{e^{-x}} \neq f_6(x) \neq -f_6(x)$

f_6 n'est donc ni une fonction paire ni une fonction impaire.

Limites aux bornes de l'ensemble de définition de f_6 :

En $+\infty$ et en $-\infty$, la limite de $f_6(x)$ est donnée par :

$\lim\limits_{x \to +\infty} \sqrt{e^x} = \lim\limits_{X \to +\infty} \sqrt{X} = +\infty$ et $\lim\limits_{x \to -\infty} \sqrt{e^x} = \sqrt{0} = 0$, ainsi :

$\lim\limits_{x \to +\infty} f_6(x) = +\infty$

et $\lim\limits_{x \to -\infty} f_6(x) = 0 \Rightarrow$ Asymptote horizontale d'équation $y = 0$.

Dérivée de f_6 :

f_6 est dérivable pour tout $x \in \mathbb{R}$ comme étant la composée de la fonction exponentielle par la fonction racine carrée.

[ATTENTION]

> f_6 est bien dérivable en tout point de $\mathbb{R}$, car le terme sous la racine carrée, e^x, ne s'annule jamais !

$$f_6'(x) = \frac{e^x}{2\sqrt{e^x}} \quad \forall x \in \mathbb{R}$$

Signe de $f_6'(x)$ et variations de f_6 :

Le signe de $f_6'(x)$ et le tableau de variations de f_6 sur $\mathbb{R}$ sont donnés par :

x	$-\infty$	$+\infty$
$f_6'(x)$	$+$	
f_6	0 ↗	$+\infty$

Courbe représentative de f_6 :

La limite en $-\infty$ de $f_6(x)$ est égale à 0. La courbe représentative de f_6 admet donc une asymptote horizontale d'équation $y = 0$.

7. $f_7(x) = \ln|x|$

Ensemble de définition de f_7 :

f_7 est définie pour tout x tel que $|x| > 0$. Or une valeur absolue est toujours positive ou nulle ainsi $|x| > 0 \Longleftrightarrow x \neq 0$. Donc $D_7 = \mathbb{R}^*$.

Parité de f_7 :

$f_7(-x) = \ln|-x| = \ln|x| = f_7(x)$

f_7 est donc une fonction paire.

Sa courbe représentative est donc symétrique par rapport à l'axe des ordonnées (O_y).

Limites aux bornes de l'ensemble de définition de f_7 :

En $+\infty$ et en $-\infty$, la limite de $f_7(x)$ est donnée par :

$\lim\limits_{x\to+\infty} \ln|x| = \lim\limits_{X\to+\infty} \ln X = +\infty$

Et : $\lim\limits_{x\to-\infty} \ln|x| = \lim\limits_{X\to+\infty} \ln X = +\infty$

Ainsi : $\lim\limits_{x\to+\infty} f_7(x) = +\infty$ et $\lim\limits_{x\to-\infty} f_7(x) = +\infty$

La limite à gauche et à droite de 0 est la même en raison de la valeur absolue :

$$\lim_{x\to0^+} \ln|x| = \lim_{x\to0^-} \ln|x| = \lim_{X\to0^+} \ln X = -\infty$$

Et ainsi : $\lim\limits_{x\to0} f_7(x) = -\infty \Longrightarrow$ Asymptote verticale d'équation $x = 0$.

Dérivée de f_7 :

f_7 est dérivable pour tout $x \in \mathbb{R}^*$ comme étant la composée de la fonction valeur absolue par la fonction logarithme népérien.

$$f_7'(x) = \frac{1}{x}\ \forall x > 0 \text{ et } f_7'(x) = \frac{-1}{-x} = \frac{1}{x}\ \forall x < 0$$

Donc pour tout $x \neq 0$: $f_7'(x) = \dfrac{1}{x}$

Signe de $f_7'(x)$ et variations de f_7 :

Le signe de $f_7'(x)$ et le tableau de variations de f_7 sur $\mathbb{R}$ sont donnés par :

x	$-\infty$		0		$+\infty$
$f_7'(x)$		$-$	‖	$+$	
f_7	$+\infty$	↘	$-\infty$ ‖ $-\infty$	↗	$+\infty$

Courbe représentative de f_7 :

La limite en 0 de $f_7(x)$ est égale à $-\infty$. La courbe représentative de f_7 admet donc une asymptote verticale d'équation $x = 0$.

Elle est aussi symétrique par rapport à l'axe des ordonnées car elle est paire.

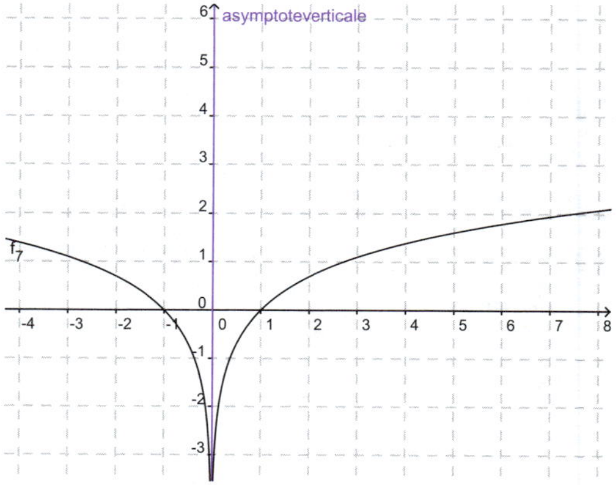

8. $f_8(x) = \tan(x) = \dfrac{\sin(x)}{\cos(x)}$

Ensemble de définition de f_8 :

f_8 est définie pour tout x tel que $\cos(x) \neq 0$. Soit pour $x \neq \dfrac{k\pi}{2}$ où $k \in \mathbb{Z}$

Périodicité et Parité de f_8 :

$$f_8(x+\pi) = \tan(x+\pi) = \frac{\sin(x+\pi)}{\cos(x+\pi)} = \frac{-\sin(x)}{-\cos(x)} = \tan(x) = f_8(x)$$

f_8 est donc périodique de période π

$$f_8(-x) = \tan(-x) = \frac{\sin(-x)}{\cos(-x)} = \frac{-\sin(x)}{\cos(x)} = -\tan(x) = -f_8(x)$$

f_8 est donc une fonction impaire.

Sa courbe représentative est donc symétrique par rapport à l'origine O(0 ; 0).

Vous pouvez donc étudiez cette fonction sur $\left[0\,;\,\dfrac{\pi}{2}\right[$ puis déduire ses variations sur $\left]-\dfrac{\pi}{2}\,;\,0\right]$ par symétrie par rapport à l'origine du repère.

[REMARQUE]

Afin de faire apparaître les limites en $+\infty$ et en $-\infty$ et de mettre en évidence dans le tableau de variations la symétrie centrale par rapport à l'origine, on décide d'étudier la fonction sur

$\left]-\frac{\pi}{2}\,;\,\frac{\pi}{2}\right[$. Mais vous pourriez tout à fait l'étudier sur $\left]0\,;\,\frac{\pi}{2}\right[$ puis en déduire les résultats sur $\left]-\frac{\pi}{2}\,;\,0\right[$ par symétrie !

Limites aux bornes de l'ensemble de définition de f_8 :

En $\frac{\pi}{2}$, la limite de $f_8(x)$ est donnée par :

$$\lim_{x\to\frac{\pi}{2}}\left(\frac{\sin(x)}{\cos(x)}\right)=\lim_{X\to 0^+}\left(\frac{1}{X}\right)=+\infty$$

En $-\frac{\pi}{2}$, la limite de $f_8(x)$ est donnée par :

$$\lim_{x\to-\frac{\pi}{2}}\left(\frac{\sin(x)}{\cos(x)}\right)=\lim_{X\to 0^+}\left(\frac{-1}{X}\right)=-\infty,$$

ainsi finalement :

$$\lim_{x\to\frac{\pi}{2}} f_8(x)=+\infty \Longrightarrow \text{Asymptote verticale d'équation } x=\frac{\pi}{2}$$

$$\lim_{x\to-\frac{\pi}{2}} f_8(x)=-\infty \Longrightarrow \text{Asymptote verticale d'équation } x=-\frac{\pi}{2}$$

Dérivée de f_8 :

f_8 est dérivable pour tout $x \in D_8$ comme étant une fonction tangente. Et la tangente est le quotient de la fonction sinus sur la fonction cosinus. En utilisant les formules de dérivation :

$$(\cos(u))'=-u'\sin(u) \text{ et } (\sin(u))'=u'\cos(u)$$

En particulier pour $u(x)=x$: $(\cos(x))'=-\sin(x)$ et $(\sin(x))'=\cos(x)$,

$$f_8'(x)=(\tan(x))'=\left(\frac{\sin x}{\cos x}\right)'=\frac{\cos x\times\cos x-(-\sin x)\times\sin x}{\cos^2 x}$$

$$=\frac{\cos^2 x+\sin^2 x}{\cos^2 x}$$

$$f_8'(x)=\frac{1}{\cos^2(x)}\ \forall\, x\neq k\pi,\ k\in\mathbb{Z}$$

Signe de $f_8'(x)$ et variations de f_8 :

Le signe de $f_8'(x)$ et le tableau de variations de f_8 sur $\mathbb{R}$ sont donnés par :

x	$-\frac{\pi}{2}$	0	$\frac{\pi}{2}$
$f_8'(x)$		$+$	
f_8	$-\infty$	0 ↗	$+\infty$

Courbe représentative de f_8 :

La courbe représentative de f_8 admet deux asymptotes verticales d'équation $x = -\frac{\pi}{2}$ et $x = \frac{\pi}{2}$

Elle est symétrique par rapport à l'origine du repère car elle est impaire.

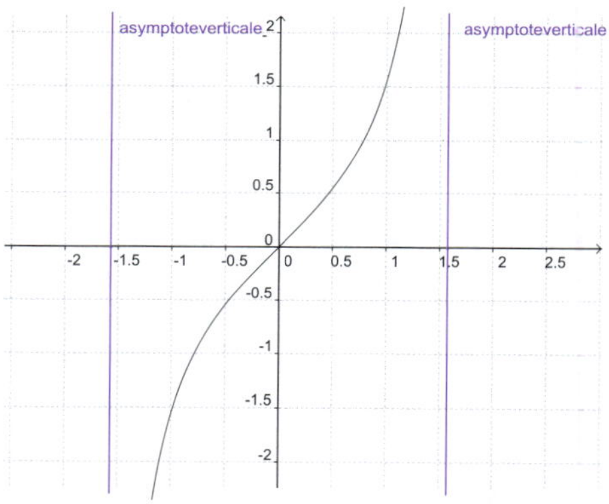

9. $f_9(x) = e^{\sqrt{x+1}}$

Ensemble de définition de f_9 :

f_9 est définie pour tout x tel que $x + 1 \geqslant 0$. Soit pour $x \geqslant -1$. $D_9 = [-1\ ;\ +\infty[$.

[ATTENTION]

f_9 ayant une fonction racine carrée dans son expression, $x \mapsto \sqrt{x+1}$, elle n'est pas dérivable au point qui annule le terme sous cette racine carrée. Ainsi f_9 est dérivable pour $x+1>0$ (et non pas pour $x+1 \geqslant 0$), soit pour $x>-1$. L'ensemble de dérivabilité de f_9 est donc $]-1\ ;\ +\infty[$.

Parité de f_9 :

$$f_9(-x) = \mathrm{e}^{\sqrt{-x+1}} \neq f_9(x) \neq -f_9(x)$$

f_9 n'est donc ni une fonction paire ni une fonction impaire.

Limites aux bornes de l'ensemble de définition de f_9 :

En $+\infty$, la limite de $f_9(x)$ est donnée par :

$$\lim_{x\to+\infty} \sqrt{x+1} = +\infty \text{ et } \lim_{X\to+\infty} \mathrm{e}^X = +\infty \text{ donc : } \lim_{x\to+\infty} f_9(x) = +\infty$$

Dérivée de f_9 :

f_9 est dérivable pour tout $x > -1$ comme étant la composée d'une fonction racine par la fonction exponentielle. En utilisant les formules de dérivation :

$$(\mathrm{e}^u)' = u'\mathrm{e}^u \text{ et } (\sqrt{u})' = \frac{u'}{2\sqrt{u}}$$

Vous obtenez : $f_9'(x) = \dfrac{1}{2\sqrt{x+1}} \times \mathrm{e}^{\sqrt{x+1}}\ \forall\, x > -1$

Signe de $f_9'(x)$ et variations de f_9 :

Une racine carrée est toujours positive ou nulle, vous en déduisez que le dénominateur de la dérivée de $f_9(x)$ est toujours positif sur $]-1\,;\,+\infty[$. De même une exponentielle est toujours strictement positive, ainsi le numérateur de la dérivée de $f_9(x)$ est toujours strictement positif. Ainsi $f_9'(x) > 0$ pour tout x de $]-1\,;\,+\infty[$.

Le signe de $f_9'(x)$ et le tableau de variations de f_9 sur $\mathbb{R}$ sont donnés par :

x	-1		$+\infty$
$f_9'(x)$	‖	$+$	
f_9	1	↗	$+\infty$

Courbe représentative de f_9 :
Le point $x = -1$ annule le dénominateur de la dérivée, ainsi la courbe représentative de f_9 admet une demi-tangente verticale en ce point d'équation $x = -1$.

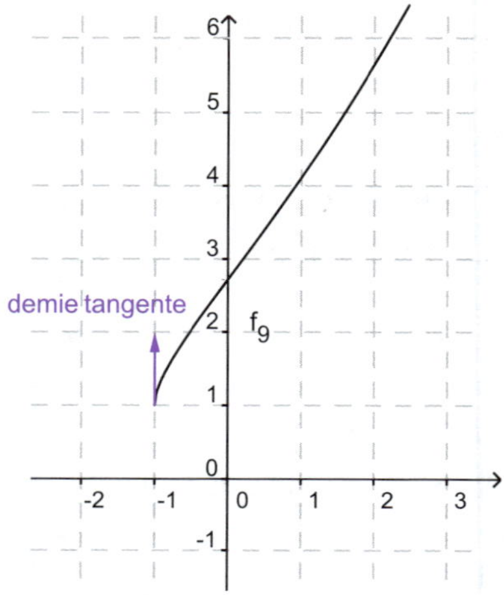

10. $f_{10}(x) = x^2 + 3x$

Ensemble de définition de f_{10} :
f_{10} est définie pour tout x de $\mathbb{R}$ car il s'agit d'un polynôme. $D_{10} = \mathbb{R}$.

Parité de f_{10} et axe de symétrie :

$$f_{10}(-x) = (-x)^2 + 3 \times (-x) = x^2 - 3x \neq f_{10}(x) \neq -f_{10}(x)$$

f_{10} n'est donc ni paire ni impaire. Elle admet toutefois un axe de symétrie d'équation $x = -\frac{3}{2}$ car $f\left(-\frac{3}{2} + x\right) = f\left(-\frac{3}{2} - x\right)$

Limites aux bornes de l'ensemble de définition de f_{10} :
En $+\infty$ et $-\infty$, la limite de f_{10} est donnée par la limite du terme de plus haut degré, soit x^2 et donc :

$$\lim_{x \to -\infty} f_{10}(x) = \lim_{x \to -\infty} x^2 = +\infty \text{ et } \lim_{x \to -\infty} f_{10}(x) = \lim_{x \to -\infty} x^2 = +\infty$$

$$\lim_{x \to +\infty} f_{10}(x) = +\infty$$

Dérivée de f_{10} :
f_{10} est dérivable pour tout $x \in \mathbb{R}$ comme étant une fonction polynôme et $f'_{10}(x) = 2x + 3$.

Signe de $f'_{10}(x)$ et variations de f_{10} :

Le signe de la dérivée de $f_{10}(x)$ et les variations de f_{10} sont donnés par :

x	$-\infty$		$-\frac{3}{2}$		$+\infty$
$f'_{10}(x)$		$-$	0	$+$	
f_{10}	$+\infty$	↘	$\frac{9}{4}$	↗	$+\infty$

Courbe représentative de f_{10} :

Le point $x = -\frac{3}{2}$ annule la dérivée de $f_{10}(x)$, donc la courbe représentative de f_{10} admet une tangente horizontale en ce point.

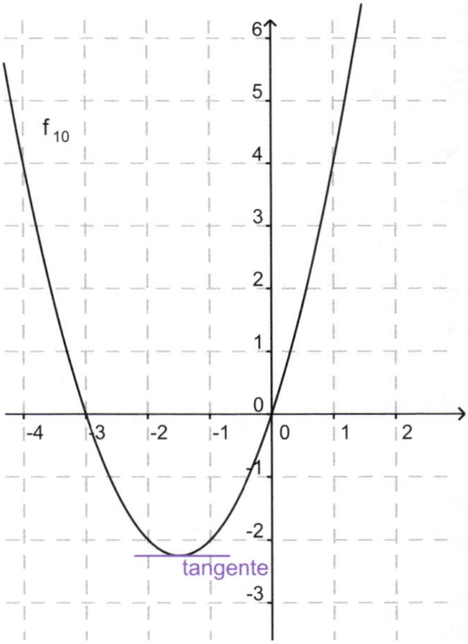

FICHE EXERCICES 20

Linéarisation des fonctions trigonométriques

1. Linéarisez les expressions suivantes

1. $\cos^2(x)$

2. $\sin^2(x)$

3. $\cos^3(x) + \sin^3(x)$

2. Vérifiez vos résultats

1. $\cos^2(x) = \dfrac{1 + \cos(2x)}{2}$ car :

$\cos(2x) = \cos^2(x) - \sin^2(x) = \cos^2(x) - (1 - \cos^2(x))$
$2\cos^2(x) - 1$

2. $\sin^2(x) = \dfrac{1 - \cos(2x)}{2}$ car :

$\cos(2x) = \cos^2(x) - \sin^2(x) = (1 - \sin^2(x)) - \sin^2(x))$
$= 1 - 2\sin^2(x)$

3. $\cos^3(x) + \sin^3(x) = \cos^2(x)\cos(x) + \sin^2(x)\sin(x)$

$$\cos^3(x) + \sin^3(x) = \frac{1 + \cos(2x)}{2} \times \cos(x) + \frac{1 - \cos(2x)}{2} \times \sin(x)$$

$\cos^3(x) + \sin^3(x) = \dfrac{1}{2}(\cos(x)\cos(2x) - \sin(x)\cos(2x) + 2)$ et en remarquant que $2x = \dfrac{3x + x}{2}$ et $x = \dfrac{3x - x}{2}$

$\cos^3(x) + \sin^3(x)$

$$= \frac{1}{2}\left(\cos\left(\frac{3x - x}{2}\right)\cos\left(\frac{3x + x}{2}\right) - \sin\left(\frac{3x - x}{2}\right)\cos\left(\frac{3x + x}{2}\right) + 2\right)$$

$$\cos^3(x) + \sin^3(x) = \frac{1}{2}\left(\frac{\cos(3x) + \cos(x)}{2} - \frac{\sin(3x) - \sin(x)}{2} + 2\right)$$

Mathématiques

[L'intégration]

FICHE COURS 21

[L'intégration]

Les primitives

Fonctions	Primitives
1	$x + \text{constante}$
a	$ax + \text{constante}$
x	$\frac{x^2}{2} + \text{constante}$
ax	$\frac{ax^2}{2} + \text{constante}$
x^2	$\frac{x^3}{3} + \text{constante}$
ax^2	$\frac{ax^3}{3} + \text{constante}$
x^n	$\frac{x^{n+1}}{n+1} + \text{constante}$
ax^n	$\frac{ax^{n+1}}{n+1} + \text{constante}$
$\frac{1}{x}$	$\ln\|x\| + \text{constante}$
$\frac{1}{x^2}$	$-\frac{1}{x} + \text{constante}$
$\frac{1}{x^n}$	$-\frac{1}{(n-1)x^{n-1}} + \text{constante}$

e^x	e^x + constante
e^{ax+b}	$\dfrac{e^{ax+b}}{a}$ + constante
$\cos(x)$	$\sin(x)$ + constante
$\sin(x)$	$-\cos(x)$ + constante
$\tan(x) = \dfrac{\sin(x)}{\cos(x)}$	$-\ln\lvert\cos(x)\rvert$ + constante
$\text{cotan}(x) = \dfrac{\cos(x)}{\sin(x)}$	$\ln\lvert\sin(x)\rvert$ + constante
$\dfrac{1}{2\sqrt{x}}$	$\sqrt{x}$ + constante
$u'(x)v(x) + u(x)v'(x)$	$u(x)v(x)$ + constante
$u'(x)e^{u(x)}$	$e^{u(x)}$ + constante
$\dfrac{u'(x)}{u(x)}$	$\ln\lvert u(x)\rvert$ + constante
$u'(x)u^n(x)$	$\dfrac{u^{n+1}(x)}{n+1}$ + constante
$u'(x)\cos(u(x))$	$\sin(u(x))$ + constante
$u'(x)\sin(u(x))$	$-\cos(u(x))$+ constante
$\dfrac{u'}{\sqrt{u}}$	$2\sqrt{u}$ + constante

Les intégrales

1. Je fais le point sur mes connaissances

1. Définition d'une intégrale

Soit f une fonction continue sur $[a,b]$.

$$I = \int_a^b f(x)\mathrm{d}x = F(b) - F(a) \text{ où } F \text{ est une primitive de } f$$

[REMARQUES]

Cette intégrale représente l'aire du domaine situé entre l'axe des abscisses et la courbe et délimité par les droites d'équation $x = a$ et $x = b$.
Vous devez toujours vérifier que f est bien ***continue*** sur l'intervalle défini par les bornes de l'intégrale avant de la calculer !

2. Propriétés

Relation de Chasles :

$\displaystyle\int_a^c f(x)\mathrm{d}x = \int_a^b f(x)\mathrm{d}x + \int_b^c f(x)\mathrm{d}x$ f continue sur $[a\,;c]$, $[a\,;b]$ et $[b\,;c]$

Croissance de l'intégrale :

$\forall x \in [a\,;b], f(x) \leqslant g(x) \Longrightarrow \displaystyle\int_a^b f(x)\mathrm{d}x \leqslant \int_a^b g(x)\mathrm{d}x$ f et g continues sur $[a\,;b]$

Parité et périodicité de f :

Si f est paire, alors	Si f est impaire, alors	Si f est périodique de période T, alors
$\displaystyle\int_{-a}^a f(x)\mathrm{d}x = 2\int_0^a f(x)\mathrm{d}x$	$\displaystyle\int_{-a}^a f(x)\mathrm{d}x = 0$	$\displaystyle\int_a^{a+T} f(x)\mathrm{d}x = \int_0^T f(x)\mathrm{d}x$

3. La moyenne d'une fonction

La moyenne d'une fonction sur un intervalle $[a,b]$ est le réel donné par :

$$M = \frac{1}{b-a}\int_a^b f(x)\mathrm{d}x$$

4. Le changement de variables

Lorsque l'expression d'une intégrale est compliquée, vous pouvez avoir recours au changement de variables. La méthode consiste à poser $u = h(x)$. Mais attention, vous ne devez pas oublier de modifier le « dx » et les bornes de l'intégrale. Vous écrivez :

$$u = h(x) \Longleftrightarrow x = h^{-1}(u) \Longleftrightarrow \mathrm{d}x = h^{-1'}(u)\mathrm{d}u$$

Puis pour les bornes :

- quand $x =$ borne inférieure, alors $u = h$ (borne inférieure) ;
- quand $x =$ borne supérieure, alors $u = h$ (borne supérieure).

Exemple

Soit $I = \int_0^1 (x+1)\mathrm{d}x$. On pose $u = x+1 \Longleftrightarrow x = u-1 \Longleftrightarrow$ $\mathrm{d}x = \mathrm{d}u$

Quand $x = 0$, $u = 1$ et quand $x = 1$, $u = 2$.

Ainsi $I = \int_1^2 u\mathrm{d}u = \left[\frac{u^2}{2}\right]_1^2 = \frac{2^2}{2} - \frac{1^2}{2} = \frac{4}{2} - \frac{1}{2} = 2 - \frac{1}{2} = \frac{3}{2}$

[REMARQUE]

Sans changement de variables, I se calcule également facilement :

$$I = \int_0^1 (x+1)\mathrm{d}x = \left[\frac{x^2}{2} + x\right]_0^1 = \frac{1}{2} + 1 - \frac{0}{2} - 0 = \frac{3}{2}$$

5. L'intégration par parties

L'intégration par parties est une méthode pour calculer une primitive ou une intégrale lorsque les formules usuelles ne vous permettent pas de le faire. Le procédé consiste à repérer un produit de deux fonctions au sein d'une intégrale. Ensuite, il vous suffit d'intégrer une des deux fonctions et de dériver l'autre. Enfin vous utilisez la formule suivante :

$$\int_a^b u(x) \times v'(x)\mathrm{d}x = [u(x)v(x)]_a^b - \int_a^b u'(x) \times v(x)\mathrm{d}x$$

[REMARQUE]

En général, il est plus judicieux d'intégrer des fonctions de type exponentielle ou les fonctions trigonométriques comme cosinus, sinus.

Exemple : comment calculer une primitive de ln x ?

Soit $I = \int_a^b \ln(x)\mathrm{d}x$, avec a et b strictement positifs. La fonction $x \mapsto \ln(x)$ est continue en tout point de $]0\,;+\infty[$.

Remarquez que $\ln x = 1 \times \ln x$, ainsi : $I = \int_a^b 1 \times \ln(x)\mathrm{d}x$

Vous choisissez ensuite la fonction à dériver et la fonction à intégrer. Il est évident ici que vous choisissez de dériver $u(x) = \ln x$ et d'intégrer $v'(x) = 1$:

$u(x) = \ln x$ donc $u'(x) = \frac{1}{x}$ en dérivant

$v'(x) = 1$ donc $v(x) = x$ en intégrant

$I = \int_a^b 1 \times \ln(x)\mathrm{d}x = [\ln(x) \times x]_a^b - \int_a^b \frac{1}{x} \times x\mathrm{d}x = [\ln(x) \times x]_a^b$
$- \int_a^b 1\mathrm{d}x = [\ln(x) \times x]_a^b - [x]_a^b$

[REMARQUE]

À cette étape vous déduisez qu'une primitive de ln x est x ln x – x

$$I = b\ln(b) - a\ln(a) - b + a(b\ln(b) - b) - (a\ln(a) - a)$$

2. Les mots clés

Aire :

Surface occupée par une forme géométrique.

Exemple

Soit la droite d'équation $y = -2x + 2$ délimitée par les droites d'équations $x = 0$ et $x = 1$.

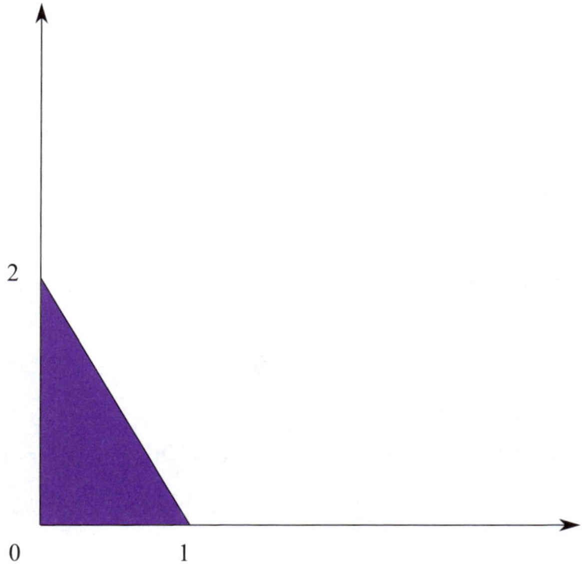

L'aire du triangle est égale à $\int_0^1 (-2x+2)\mathrm{d}x = [-x^2+2x]_0^1 = -1^2 + 2 = 1$ unité d'aire.

En appliquant la formule de l'aire d'un triangle, vous obtenez :

$A = \frac{b \times h}{2} = \frac{1 \times 2}{2} = 1$ unité d'aire.

Continuité :

(voir fiche 12).

Intégrale :

Il s'agit de l'aire située sous la courbe représentative d'une fonction f et située entre les droites d'équations $x =$ bornes de l'intégrale.

FICHE EXERCICES 23

Le calcul intégral

1. Calculez les intégrales suivantes

1. $I_1 = \displaystyle\int_0^1 \frac{e^x}{e^x + 1}dx$

2. $I_2 = \displaystyle\int_1^2 xe^x dx$

3. $I_3 = \displaystyle\int_0^1 xe^{x^2} dx$

4. $I_4 = \displaystyle\int_1^2 x \ln(x)dx$

5. $I_5 = \displaystyle\int_0^2 \frac{1}{1-x^2}dx$

2. Vérifiez vos résultats

1. I_1 est de la forme $\displaystyle\int \frac{u'}{u} = \ln|u|$ où $u(x) = e^x + 1$ et $u'(x) = e^x$.

Ainsi avec la formule : $I_1 = \displaystyle\int_0^1 \frac{e^x}{e^x+1}dx = \left[\ln\left|e^x+1\right|\right]_0^1 = \left[\ln\left(e^x+1\right)\right]_0^1$,
on peut enlever les valeurs absolues car $e^x + 1 > 0\ \forall x$ de $\mathbb{R}$.

$$I_1 = \ln(e^1 + 1) - \ln(e^0 + 1) = \ln(e + 1) - \ln(1 + 1) = \ln(e + 1) - \ln 2$$
$$= \ln\left(\frac{e+1}{2}\right)$$

2. I_2 doit se calculer à l'aide d'une intégration par parties, vous posez :

- $u(x) = x$ d'où $u'(x) = 1$ en dérivant ;
- $v'(x) = e^x$ d'où $v(x) = e^x$ en intégrant.

$$I_2 = [xe^x]_1^2 - \int_1^2 e^x dx = [xe^x]_1^2 - [e^x]_1^2 = 2e^2 - e - e^2 + e = e^2$$

3. Il est nécessaire de changer l'expression de I_3 afin de faire apparaître une primitive « connue » :

$$I_3 = \int_0^1 xe^{x^2}dx = \frac{1}{2}\int_0^1 2xe^{x^2}dx.$$

Il a fallu multiplier par 2 et diviser par 2 afin de faire apparaître une expression de la forme $u'\mathrm{e}^u$. Ainsi :

$$I_3 = \frac{1}{2}\int_0^1 2x\mathrm{e}^{x^2}\mathrm{d}x = \left[\frac{1}{2}\mathrm{e}^{x^2}\right]_0^1 = \frac{1}{2}\mathrm{e}^{1^2} - \frac{1}{2}\mathrm{e}^{0^2} = \frac{1}{2}\mathrm{e} - \frac{1}{2}$$

4. Dans ce cas il est clair que vous dérivez la fonction $\ln x$ et intégrez la fonction x. Vous posez ainsi :

- $u(x) = \ln x$ d'où $u'(x) = \dfrac{1}{x}$ en dérivant ;
- $v'(x) = x$ d'où $v(x) = \dfrac{x^2}{2}$ en intégrant.

$$I_4 = \left[\frac{x^2}{2}\times\ln(x)\right]_1^2 - \int_1^2 \frac{x^2}{2}\times\frac{1}{x}\mathrm{d}x = \left[\frac{x^2}{2}\times\ln(x)\right]_1^2 - \int_1^2 \frac{x}{2}\mathrm{d}x$$

$$= \left[\frac{x^2}{2}\times\ln(x)\right]_1^2 - \left[\frac{x^2}{4}\right]_1^2$$

$$I_4 = \frac{2^2}{2}\ln(2) - \frac{1^2}{2}\ln(1) - \frac{2^2}{4} + \frac{1^2}{4} = \frac{4}{2}\ln(2) - \frac{1}{2}\ln(1) - 1 + \frac{1}{4}$$

$$= 2\ln(2) - \frac{3}{4}$$

5. $I_5 = \displaystyle\int_0^2 \frac{1}{1-x^2}\mathrm{d}x = \int_0^2 \frac{1}{(1-x)(1+x)}\mathrm{d}x = \frac{1}{2}\int_0^2\left(\frac{1}{1-x}+\frac{1}{1+x}\right)\mathrm{d}x$

en remarquant que $\dfrac{1}{(1-x)(1+x)} = \dfrac{1}{2}\left(\dfrac{1}{1-x}+\dfrac{1}{1+x}\right)$

$$I_5 = \frac{1}{2} - [\ln|1-x| + \ln|1+x|]_0^2 = \frac{1}{2}(-\ln|-1| + \ln|3| + \ln|1| - \ln|1|)$$

$$I_5 = \frac{1}{2}(-\ln(1) + \ln(3) - \ln(1) - \ln(1)) = \frac{1}{2}\ln(3)$$

[ATTENTION]

N'oubliez pas les valeurs absolues quand vous obtenez une expression en ln dans la primitive !
Il est parfois nécessaire de modifier l'expression sous l'intégrale.

FICHE COURS 24

Les équations différentielles des 1er et 2nd ordre (Hors programme TS)

1. Je fais le point sur mes connaissances

1. Les équations différentielles du premier ordre

Les équations différentielles du 1er ordre sans second membre :

Elles se présentent sous la forme $y' - ay = 0$ où $a \in \mathbb{R}$.
Leur solution générale est donnée par : $y = Ke^{ax}$ où K et $a \in \mathbb{R}$.

Les équations différentielles du 1er ordre avec second membre :

- Le second membre est constant.

Elles se présentent sous la forme $y' - ay = b$ où $a, b \in \mathbb{R}$.

Leur solution générale est donnée par : $y = Ke^{ax} - \dfrac{b}{a}$ où K, a et $b \in \mathbb{R}$.

- Le second membre est une fonction $f(x)$.

Elles se présentent sous la forme $y' - ay = f(x)$ où $a, b \in \mathbb{R}$.
Pour résoudre une telle équation vous devez d'abord résoudre l'équation homogène sans second membre c'est-à-dire : $y' - ay = 0$, vous obtenez ainsi une solution homogène notée y_h.
Puis vous cherchez une solution particulière de l'équation en appliquant la méthode de la variation de la constante et vous obtenez une solution particulière y_p. La solution générale de l'équation est la somme des deux solutions : $y = y_h + y_p$.

[REMARQUE]

Cette méthode permet également de démontrer le résultat lorsque le second membre est constant.

2. Les équations différentielles du second ordre

Les équations différentielles du 2nd ordre sans second membre :

Elles se présentent sous la forme $ay'' + by' + cy = 0$ où $a \in \mathbb{R}$.

Vous devez déterminer les solutions de l'équation caractéristique : $ar^2 + br + c = 0$. Pour cela vous calculez son discriminant $\Delta = b^2 - 4ac$.

Δ	racines	expression de $y(x)$
$\Delta > 0$	$r_1 = \dfrac{-b-\sqrt{\Delta}}{2a}$ et $r_2 = \dfrac{-b+\sqrt{\Delta}}{2a}$	$y(x) = Ae^{r_1 x} + Be^{r_2 x}$ où A et $B \in \mathbb{R}$
$\Delta = 0$	$r_0 = \dfrac{-b}{2a}$	$y(x) = (A + Bx)e^{r_0 x}$ où A et $B \in \mathbb{R}$
$\Delta < 0$	$r_1 = \dfrac{-b-i\sqrt{-\Delta}}{2a}$ et $r_2 = \dfrac{-b+i\sqrt{-\Delta}}{2a}$	$y(x) = Ae^{r_1 x} + Be^{r_2 x}$ où A et $B \in \mathbb{C}$

Les équations différentielles du 2nd ordre avec second membre :

Elles se présentent sous la forme $ay'' + by' + cy = f(x)$ où a,b et $c \in \mathbb{R}$. Leur résolution n'est pas évoquée dans ce livre.

2. Les mots clés

Coefficients :
(voir fiche 3).

Discriminant :
(voir fiche 3).

Équation du second degré :
Équation de la forme $ax^2 + bx + c = 0$

Notations :
En physique, vous notez les dérivées premières $\dfrac{\mathrm{d}x}{\mathrm{d}t}$ et les dérivées secondes $\dfrac{\mathrm{d}^2x}{\mathrm{d}t^2}$ ce qui est équivalent respectivement à $x'(t)$ et $x''(t)$. Vous serez également amené à utiliser ces notations en mathématiques dans l'étude de fonctions de plusieurs variables.

Racine :
(voir fiche 3).

Variation de la constante :

Il s'agit d'une technique consistant à considérer la constante comme une fonction de x : vous posez $K = K(x)$. Vous calculez ainsi $K'(x)$ (et $K''(x)$ dans le cas d'une équation du 2nd ordre) et vous remplacez y, y', et y'' dans l'équation différentielle. Vous obtenez une équation différentielle en « $K(x)$ » relativement simple. Vous résolvez ensuite l'équation en intégrant une fois (dans le cas du 1er ordre) ou deux fois dans le cas d'une équation du 2nd ordre.

Exemple : démonstration du résultat de l'équation du 1er ordre avec second membre constant

$y' - ay = b$

Vous résolvez l'équation homogène sans second membre $y' - ay = 0$. Vous obtenez rapidement $y_h = K\mathrm{e}^{ax}$.

Vous posez : $y_p = K(x)\mathrm{e}^{ax}$. Vous déduisez que $y'(x) = K'(x)\mathrm{e}^{ax} + aK(x)\mathrm{e}^{ax}$ en dérivant. Puis vous remplacez y et y' dans l'équation différentielle :

$$\begin{aligned} y' - ay = b &\iff K'(x)\mathrm{e}^{ax} + aK(x)\mathrm{e}^{ax} - aK(x)\mathrm{e}^{ax} = 0 \\ &\iff K'(x)\mathrm{e}^{ax} = b. \end{aligned}$$

$\iff K'(x) = be^{-ax} \iff K(x) = -\dfrac{b}{a}\mathrm{e}^{-ax}$. Et une solution particulière de l'équation différentielle est $y_p = -\dfrac{b}{a}\mathrm{e}^{-ax}\mathrm{e}^{ax} = -\dfrac{b}{a}$.

Finalement l'équation générale est $y = y_h + y_p$

$$y(x) = K\mathrm{e}^{ax} - \frac{b}{a}$$

Les équations différentielles

FICHE EXERCICES 25

1. Résolvez les équations suivantes

1. $y' - 5y = 0$

2. $2y' + 4y = 2$

3. $y' - 2y = e^{2x}$

4. $y'' + y' - 2y = 0$

5. $y'' - 2y' + y = 0$

2. Vérifiez vos résultats

1. En appliquant la formule $y(x) = Ke^{5x}$ où $K \in \mathbb{R}$.

2. Vous pouvez simplifier l'équation par 2 : $2y' + 4y = 2 \Longleftrightarrow y' + 2y = 1$

En appliquant la formule $y(x) = Ke^{-2x} - \dfrac{1}{2}$ où $K \in \mathbb{R}$.

3. Vous résolvez d'abord l'équation homogène sans second membre : $y' - 2y = 0 \Longleftrightarrow y_h(x) = Ke^{2x}$. Puis vous appliquez la méthode de la variation de la constante : $y_p(x) = K(x)e^{2x}$ et $y'_p(x) = K'(x)e^{2x} + 2K(x)e^{2x}$.

L'équation devient : $K'(x)e^{2x} + 2K(x)e^{2x} - 2K(x)e^{2x} = e^{2x} \Longleftrightarrow K'(x)e^{2x} = e^{2x} \Longleftrightarrow K'(x) = 1 \Longleftrightarrow K(x) = x$.

Finalement $y_p(x) = xe^{2x}$. La solution générale de l'équation est donc : $y(x) = Ke^{2x} + xe^{2x}$, où $K \in \mathbb{R}$.

4. L'équation caractéristique de l'équation différentielle est $r^2 + r - 2 = 0$. $\Delta = 1 + 8 = 9$. Le polynôme caractéristique admet donc deux racines réelles : $r_1 = \dfrac{-1-3}{2} = -2$ et $r_2 = \dfrac{-1+3}{2} = 1$.

La solution générale de l'équation est donc $y(x) = Ae^{-2x} + Be^{x}$ où A et B sont des réels.

5. Vous résolvez d'abord l'équation homogène sans second membre : $y'' - 2y' + y = 0$.

L'équation caractéristique est $r^2 - 2r + 1 = 0$. $\Delta = 4 - 4 = 0$. Le polynôme caractéristique admet donc une racine réelle double : $r_0 = \dfrac{2}{2} = 1$.

La solution générale s'écrit donc $y(x) = (A + Bx)\mathrm{e}^x$ où A et B sont des réels.

Mathématiques

[Les suites]

FICHE COURS 26

Les suites arithmétiques et géométriques

1. Je fais le point sur mes connaissances

1. Les suites arithmétiques et géométriques

	suite arithmétique		suite géométrique	
1er terme	U_0	U_1	V_0	V_1
raison	r	r	q	q
expression	$U_n = U_0 + nr$	$U_n = U_1 + (n-1)r$	$V_n = V_0 q^n$	$V_n = V_1 q^{n-1}$

2. La somme de suites arithmétique et géométrique

	suite arithmétique	suite géométrique
formule générale	$S_n\ (1^{er}\text{terme} + \text{dernier terme}) \times \dfrac{\text{nb termes}}{2}$	$S_n = 1^{er}\text{terme} \times \dfrac{1 - q^{\text{nb termes}}}{1 - q}$
formule pour n entier naturel	$S_n = \sum_{k=0}^{n} U_k$	$S_n = \sum_{k=0}^{n} V_k$
	$S_n = (U_0 + U_n) \times \dfrac{n+1}{2}$	$S_n = V_0 \times \dfrac{1 - q^{n+1}}{1 - q}$

3. Comportement en $+\infty$

	suite arithmétique		suite géométrique	
	$r < 0$	$r > 0$	$\lvert q \rvert < 1$	$q > 1$
limite de la suite $n \to +\infty$	$-\infty$	$+\infty$	0	$+\infty$
limite de la somme $n \to +\infty$	$-\infty$	$+\infty$	$\dfrac{V_0}{1-q}$	$+\infty$

2. Les mots clés

Limite :

La limite d'une suite est la valeur autour de laquelle elle va s'approcher de plus en plus sans jamais l'atteindre.

Premier terme :

Il s'agit du premier terme de la suite. Il est essentiel pour la détermination de l'expression de la suite en fonction de n et pour le calcul de sa somme.

Raison :

Il s'agit du pas constant (dans le cas d'une suite arithmétique) ou du coefficient multiplicateur constant (dans le cas d'une suite géométrique). Elle est essentielle pour la détermination de l'expression de la suite en fonction de n et pour le calcul de sa somme.

Somme :

(voir fiche 5).

Suite arithmétique :

Il s'agit d'une séquence de termes qui ont pour particularité d'avoir le même écart entre deux termes consécutifs : il s'agit de la raison. Pour démontrer qu'une suite est arithmétique, on prouve que $U_{n+1} - U_n =$ constante = raison.

Suite géométrique :

Il s'agit d'une séquence de termes qui ont pour particularité d'être multiplié par le même coefficient multiplicateur à chaque étape : il s'agit de la raison. Pour démontrer qu'une suite est géométrique, on prouve que $\frac{V_{n+1}}{V_n}$ = constante = raison.

Le comportement d'une suite

1. Je fais le point sur mes connaissances

1. Sens de variations d'une suite

- Une suite (U_n) est croissante si et seulement si $U_{n+1} - U_n > 0$ ou si et seulement si $\frac{U_{n+1}}{U_n} > 1$.
- Une suite (U_n) est décroissante si et seulement si $U_{n+1} - U_n < 0$ ou si et seulement si $\frac{U_{n+1}}{U_n} < 1$.
- Une suite (U_n) est constante si et seulement si $U_{n+1} - U_n = 0$ ou si et seulement si $\frac{U_{n+1}}{U_n} = 1$.

2. Suites majorées, suites bornées

- Une suite (U_n) est majorée si et seulement si il existe un réel M tel que $U_n \leqslant M$.
- Une suite (U_n) est minorée si et seulement si il existe un réel m tel que $U_n \geqslant m$.
- Une suite (U_n) est bornée si et seulement si elle est à la fois majorée et minorée.

3. Convergence

- Une suite croissante et majorée est convergente.
- Une suite décroissante et minorée est convergente.
- Une suite monotone et bornée est convergente.

2. Les mots clés

Convergence :

Une suite est convergente si et seulement si sa limite est finie, c'est-à-dire si et seulement si sa limite est un réel ($\neq$ + et $-\infty$).

Divergence :

Une suite est divergente si et seulement si sa limite est égale à $+$ ou $-\infty$.

[ATTENTION]

Une suite qui n'a pas de limite n'est pas divergente. On dit simplement qu'elle n'a pas de limite.

Limite :

(voir fiches 11 et 26).

Monotonie :

Une suite est dite monotone si et seulement si elle est strictement décroissante ou strictement croissante.

Suite alternée :

Il s'agit d'une suite qui prend alternativement deux valeurs.

Exemple

$U_n = (-1)^n$ est égale à -1 si n est impair et à 1 si n est pair.

Cette suite n'a donc pas de limite.

FICHE COURS 28

Les suites récurrentes

1. Je fais le point sur mes connaissances

1. Le raisonnement par récurrence

Le raisonnement par récurrence consiste à démontrer une propriété pour tout entier $n \geqslant a$ où a est un entier fixé. C'est un raisonnement construit en 3 étapes :

- Initialisation : vous démontrez la propriété pour la valeur la plus petite de n. Soit pour $n = a$. (a est un entier donné dans l'énoncé, en général $a = 0$ ou 1 ou parfois 2).
- Vous supposez vraie la propriété pour un certain entier n, vous la démontrez au rang $n + 1$.
- Conclusion : vous avez démontré la propriété au rang $n + 1$ en la supposant vraie pour un certain entier n, vous concluez que la propriété est donc vraie pour tout $n \geqslant a$ d'après le principe de récurrence.

2. Les suites telles que $U_{n+1} = f(U_n)$

$$\begin{cases} U_{n+1} = f\left(U_n\right) \\ U_0 \end{cases}$$

Si f est croissante alors la suite est monotone.

Si f est décroissante alors vous devez considérer deux sous-suites extraites... Vous verrez cela en prépa, patience !

3. Les suites arithmético-géométriques

$U_{n+1} = aU_n + b$ où a et b sont des réels.

En général, dans les exercices, on vous demande de prouver que la suite V_n définie par $V_n = U_n - \alpha$ est géométrique de raison a avec α réel quelconque. Dans le cas où on ne vous donne aucune indication sur α, vous procédez à la recherche des points fixes de la fonction qui à α associe $a\alpha + b$. Vous obtenez donc $\alpha = \dfrac{b}{1-a}$.

Vous déduisez l'expression de V_n en fonction de n à partir de la formule d'une suite géométrique avec son premier terme et sa raison, puis celle de $U_n = V_n + \alpha$ (à partir de la relation $V_n = U_n - \alpha$).
Pour le sens de variations de U_n, il vous suffit de calculer la différence $U_{n+1} - U_n$ et de déterminer son signe. Vous pouvez également procéder comme dans le cas général en utilisant les variations de la fonction f.

[REMARQUE]

Lorsque $a = 1$ vous êtes en présence d'une suite arithmétique de raison b, en effet : $U_{n+1} = U_n + b$.
Lorsque $b = 0$ et a non nul, vous êtes en présence d'une suite géométrique de raison a : $U_{n+1} = aU_n$

4. Les suites récurrentes d'ordre 2 (hors programme TS)

$$\begin{cases} U_{n+2} = & aU_{n+1} + bU_n \\ & U_1 \\ & U_0 \end{cases}$$

Pour déterminer l'expression de U_n, vous devez vous appuyer sur l'équation caractéristique : $x^2 = ax + b \Longleftrightarrow x^2 - ax - b = 0$. Son discriminant est $\Delta = a^2 + 4b$. On distingue :

Δ	racines	expression de U_n
$\Delta > 0$	$r_1 = \dfrac{a - \sqrt{\Delta}}{2}$ et $r_2 = \dfrac{a + \sqrt{\Delta}}{2}$	$U_n = \lambda r_1^n + \mu r_2^n$
$\Delta = 0$	$r_0 = \dfrac{a}{2}$	$U_n = (\lambda + \mu n) r_0^n$
$\Delta < 0$	$r_1 = \rho e^{i\theta}$ et $r_1 = \rho e^{-i\theta}$	$U_n = \rho^n(\lambda \cos(n\theta) + \mu \sin(n\theta))$

[REMARQUE]

Vous déterminez les constantes λ et μ avec les conditions initiales (valeurs de U_0 et U_1).

Exemple

$$\begin{cases} U_{n+2} = 2U_{n+1} + 3U_n \\ U_1 = 1 \\ U_0 = 0 \end{cases}$$

L'équation caractéristique est donnée par : $x^2 - 2x - 3 = 0$. Son discriminant est $\Delta = (-2)^2 - 4 \times 1 \times (-3) = 4 + 12 = 16 > 0$. Donc le polynôme caractéristique admet deux racines réelles :

$$r_1 = \frac{2 - \sqrt{16}}{2} = \frac{2-4}{2} = \frac{-2}{2} = -1 \text{ et } r_2 = \frac{2 + \sqrt{16}}{2} = \frac{2+4}{2} = \frac{6}{2} = 3$$

La suite (U_n) a donc pour expression : $U_n = \lambda(-1)^n + \mu(3)^n$.

Pour déterminer λ et μ, vous utilisez les conditions initiales :

$$\begin{cases} U_0 = 0 \\ U_1 = 1 \end{cases} \Longleftrightarrow \begin{cases} \lambda + \mu = 0 \\ -\lambda + 3\mu = 1 \end{cases} \Longleftrightarrow \begin{cases} \mu = -\lambda \\ -\lambda - 3\lambda = 1 \end{cases} \Longleftrightarrow \begin{cases} \mu = \dfrac{1}{4} \\ \lambda = -\dfrac{1}{4} \end{cases}$$

Finalement : $U_n = -\frac{1}{4}(-1)^n + \frac{1}{4}(3)^n$.

2. Les mots clés

Point invariant ou point fixe :

Ce sont les points qui vérifient $f(x) = x$.

Limite d'une suite définie par récurrence :

Elle vérifie, dans le cas où $U_{n+1} = f(U_n)$, la condition $f(l) = l$.

Les suites

FICHE EXERCICES 29

1. Étudiez les suites suivantes (variations, limites)

1. $U_n = x^n, n \in \mathbb{N}^*, |x| < 1$

2. $S_n = \sum_{k=0}^{n} \left(\frac{1}{2}\right)^k$

3. (U_n) est définie par $\begin{cases} U_{n+1} = \sqrt{U_n} \\ U_0 = 2 \end{cases}$

Indication : pour les variations, démontrez d'abord que $\forall n \in \mathbb{N}$, $U_n > 1$.

4. $U_n = \left(1 + \frac{1}{n}\right)^n$

5. (U_n) est définie par :

$$\begin{cases} U_{n+1} = 2U_n - 4 \\ U_0 = 1 \end{cases}$$

2. Vérifiez vos résultats

1. Variations de la suite :

$\frac{U_{n+1}}{U_n} = \frac{x^{n+1}}{x^n} = x < 1$ donc la suite (U_n) est décroissante.

$\lim_{n \to +\infty} U_n = \lim_{n \to +\infty} x^n = 0$ car $|x| < 1$. Ainsi la suite converge vers 0.

[REMARQUE]

Vous reconnaissez l'expression d'une suite géométrique de raison x et de premier terme $U_1 = x$ et non U_0 car $n \in \mathbb{N}^*$ donc n est non nul !
Avec des suites à puissances, préférez le quotient des termes pour déterminer les variations.

2. Variation de la suite : $S_{n+1} - S_n = \sum_{k=0}^{n+1} \left(\frac{1}{2}\right)^k - \sum_{k=0}^{n} \left(\frac{1}{2}\right)^k = \left(\frac{1}{2}\right)^{n+1} > 0$

donc la suite (S_n) est croissante.

Il s'agit de la somme des $(n+1)$ premiers termes de la suite géométrique de raison $\frac{1}{2}$ et de 1er terme $U_0 = \left(\frac{1}{2}\right)^0 = 1$. Avec la formule de la somme :

$$S_n = \sum_{k=0}^{n} \left(\frac{1}{2}\right)^k = 1 \times \frac{1 - \left(\frac{1}{2}\right)^{n+1}}{1 - \frac{1}{2}} = 2 \times \left(1 - \left(\frac{1}{2}\right)^{n+1}\right)$$

Et donc : $\lim\limits_{n \to +\infty} S_n = \lim\limits_{n \to +\infty} 2 \times \left(1 - \left(\frac{1}{2}\right)^{n+1}\right) = 2$ Et la suite converge vers 2.

3. Vous êtes en présence d'une suite définie par une relation de récurrence avec pour fonction $f(x) = \sqrt{x}$. Vous déterminez les points fixes de f :

$f(x) = x \iff \sqrt{x} = x \iff x = x^2 \iff x - x^2 = 0 \iff x(x-1) = 0 \iff x = 0$ ou $x = 1$ puis ses variations:

$f'(x) = \dfrac{1}{2\sqrt{x}} > 0$ donc f est strictement croissante et (U_n) est monotone.

Montrons par récurrence sur $n \in \mathbb{N}$ que $U_n > 1$:

- $U_0 = 2 > 1$ donc la propriété est vraie au rang $n = 0$.
- Vous supposez que la propriété est vraie au rang n, c'est-à-dire que $U_n > 1$ puis vous montrez qu'elle est vraie au rang $n+1$:
  $U_{n+1} = \sqrt{U_n} > \sqrt{1} = 1$ car $U_n > 1$ par hypothèse de récurrence. Donc la propriété est vraie au rang $n+1$.
- Par le principe de récurrence, la propriété est vraie pour tout n et donc : $\forall n, U_n > 1$.
  $U_{n+1} - U_n = \sqrt{U_n} - U_n < 0$ car $\forall n, U_n > 1$ donc (U_n) est décroissante.

Les points fixes de f étant 0 et 1, la limite de la suite est égale à l'un ou l'autre. Comme la suite (U_n) est décroissante et minorée par 1, vous obtenez que $\lim\limits_{n \to +\infty} U_n = 1$

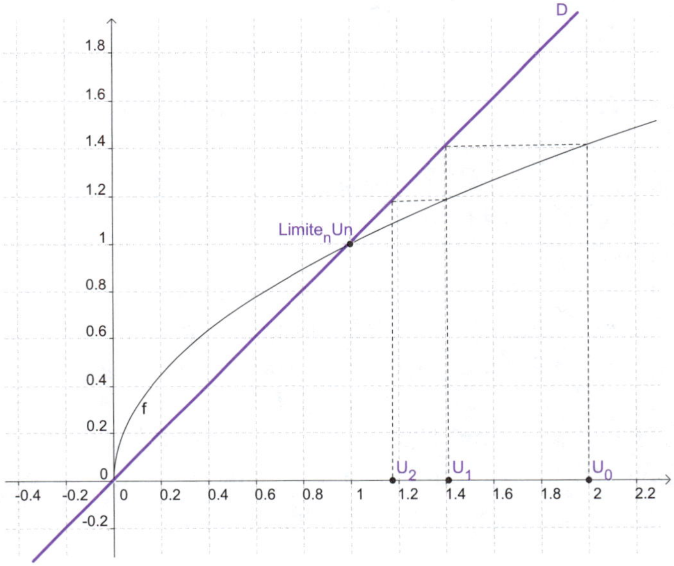

4. Variations de la suite : vous comparez le quotient $\dfrac{U_{n+1}}{U_n}$ à 1 pour $n > 1$:

$$\frac{U_{n+1}}{U_n} = \frac{\left(1+\dfrac{1}{n+1}\right)^{n+1}}{\left(1+\dfrac{1}{n}\right)^{n}} = \frac{\left(\dfrac{n+2}{n+1}\right)^{n+1}}{\left(\dfrac{n+1}{n}\right)^{n}} > 1,$$

donc la suite est croissante.

Vous devez passer l'expression de la suite à l'exponentielle afin de déterminer sa limite :

$$\lim_{n\to+\infty} U_n = \lim_{n\to+\infty}\left(1+\frac{1}{n}\right)^n = \lim_{n\to+\infty} \mathrm{e}^{n\ln\left(1+\frac{1}{n}\right)} = \mathrm{e}^1 = \mathrm{e}$$

5. Les points invariants de la fonction $f(x) = 2x - 4$ sont donnés par : $f(x) = x \iff 2x - 4 = x \iff x = 4 \Longrightarrow f$ admet un unique point fixe $x = 4$.

Vous étudiez ensuite la suite $V_n = U_n - 4$ en démontrant qu'il s'agit d'une suite géométrique de raison 2 et de premier terme $V_0 = -2$:

$$\frac{V_{n+1}}{V_n} = \frac{U_{n+1} - 4}{U_n - 4} = \frac{2U_n - 4 - 4}{U_n - 4} = \frac{2U_n - 8}{U_n - 4} = \frac{2(U_n - 4)}{U_n - 4} = 2$$

(V_n) est géométrique de raison 2 et de premier terme $V_0 = 2U_0 - 4 = 2 \times 1 - 4 = -2$.

Donc $V_n = (-2) \times 2^n$. Or $V_n = U_n - 4 \Longleftrightarrow U_n = V_n + 4$.

Soit : $U_n = (-2) \times 2^n + 4$.

Variations de (U_n) :

$U_{n-1} - U_n = 2U_n - 4 - U_n = U_n - 4 < 0$ car $\forall n,\ U_n < 4$

(Pour démontrer que $U_n < 4$, vous utilisez le raisonnement par récurrence : $U_0 = 2 < 4$, vraie pour $n = 0$. Vous supposez que $U_n < 4$, vous démontrez que $U_{n+1} < 4$: $U_{n+1} = 2\,U_n - 4 < 2 \times 4 - 4$ par hypothèse de récurrence, soit $U_{n+1} < 4$ et la propriété est vraie au rang $n + 1$. Donc $U_{n+1} < 4$ pour tout entier naturel n.)

$\lim\limits_{x \to +\infty} U_n = -\infty$ et la suite (U_n) est divergente.

Mathématiques

[Les nombres complexes]

FICHE COURS 30

Qu'est-ce qu'un nombre complexe ?

1. Je fais le point sur mes connaissances

1. Introduction

Les nombres complexes, appartenant à l'ensemble $\mathbb{C}$, constituent un élargissement de l'ensemble des nombres réels, noté $\mathbb{R}$. Ils ont été créés dans le but de résoudre les équations du type $x^2 = -1$.

On pose alors $i^2 = -1$.

Les équations du second degré ont en fait deux solutions complexes lorsque le discriminant Δ est négatif.

Soit l'équation $ax^2 + bx + c = 0$ et $\Delta = b^2 - 4ac$ son discriminant (où a, b et c sont des réels).

[ATTENTION]

En prépa, les coefficients *a*, *b* et *c* pourront être complexes !

Si $\Delta < 0$, alors il y a deux solutions complexes conjuguées :

$$x_1 = \frac{-b - i\sqrt{|\Delta|}}{2a} \quad \text{et} \quad x_2 = \frac{-b + i\sqrt{|\Delta|}}{2a}$$

[REMARQUE]

Il est parfois noté $-\Delta$ à la place de $|\Delta|$ sous la racine. Les deux écritures sont équivalentes étant donné que Δ est < 0.

2. Quelle est la structure d'un complexe ?

- Un nombre complexe est en général noté z et s'écrit :

$$z = a + ib$$

où a et b sont des réels.

- a est la partie réelle de z, notée $\Re\text{e}(z) = a$;
- b est la partie imaginaire de z, notée $\Im\text{m}(z) = b$;

- Le module d'un nombre complexe est noté $|z|$ et s'exprime sous la forme :

$$|z| = \sqrt{a^2 + b^2}$$

3. Les différentes écritures d'un nombre complexe

Forme algébrique :
Un nombre complexe est en général noté z et s'écrit :

$$z = a + \mathrm{i}b$$

où a et b sont des réels.

Forme trigonométrique et argument de z :

$$z = |z| \times \left(\frac{a}{|z|} + \frac{\mathrm{i}b}{|z|}\right) = \sqrt{a^2 + b^2} \times \left(\frac{a}{\sqrt{a^2 + b^2}} + \frac{\mathrm{i}b}{\sqrt{a^2 + b^2}}\right)$$

Vous remarquez en général que :

$$\begin{cases} \dfrac{a}{\sqrt{a^2 + b^2}} = \cos(\theta) \\ \dfrac{\mathrm{i}b}{\sqrt{a^2 + b^2}} = \sin(\theta) \end{cases}$$

Finalement :

$$z = |z| \times (\cos(\theta) + \mathrm{i}\sin(\theta)) = \sqrt{a^2 + b^2} \times (\cos(\theta) + \mathrm{i}\sin(\theta))$$

[ATTENTION]

θ est UN argument de z et non l'argument de z !

Forme exponentielle :

À partir de la forme trigonométrique, vous déduisez l'expression de l'écriture exponentielle :

$$z = |z| \times \mathrm{e}^{\mathrm{i}\theta} = \sqrt{a^2 + b^2} \times \mathrm{e}^{\mathrm{i}\theta}$$

Récapitulatif des différentes écritures :

Algébrique	Trigonométrique	Exponentielle
$z = a + ib$	$z = \|z\| \times (\cos(\theta) + \mathrm{i}\sin(\theta))$	$z = \|z\| \times e^{i\theta}$

4. Quelques formules et propriétés à connaître

- Sommes de deux complexes

  Soit z et z' deux complexes tels que $z = a + \mathrm{i}b$ et $z' = a' + \mathrm{i}b'$, alors :

$$z + z' = a + \mathrm{i}b + a' + \mathrm{i}b' = (a + a') + \mathrm{i} \times (b + b')$$

- Conjugué :

  Soit z et z' deux complexes tels $z' \neq 0$ et $\overline{z'} \neq 0$.

$$\overline{\overline{z}} = z$$
$$\overline{z \times z'} = \overline{z} \times \overline{z'}$$
$$\overline{\left(\frac{z}{z'}\right)} = \frac{\overline{z}}{\overline{z'}}$$

- Le module d'un nombre complexe z est égal au module de son conjugué :

$$|z| = |\overline{z}|$$

- Le module du produit de deux nombres complexes z et z' est égal au produit des modules de z et z' :

$$\left|z \times z'\right| = |z| \times |z'|$$

- Le produit de z par son conjugué $\overline{z}$ est égal au module de z élevé au carré : $z \times \overline{z} = (a + \mathrm{i}b) \times (a - \mathrm{i}b) = a^2 - (\mathrm{i}b)^2 = a^2 - \mathrm{i}^2 b^2$ et finalement :

$$z\overline{z} = a^2 + b^2 = |z|^2$$

[ATTENTION]

$\mathrm{i}^2 = -1$

- Vous devez, en général, ne pas avoir de nombre complexe au dénominateur d'un quotient. La technique consiste à multiplier « en haut et en bas » par le conjugué du nombre complexe situé au dénominateur :

$$\frac{1}{z} = \frac{1}{a + ib} = \frac{1 \times (a - ib)}{(a + ib)(a - ib)} = \frac{a - ib}{a^2 + b^2} = \frac{\overline{z}}{|z|^2}$$

Ainsi : $\frac{1}{z} = \frac{\overline{z}}{|z|^2} \Longleftrightarrow z\overline{z} = |z|^2$ (qui est le résultat de la formule précédente).

- Le module de z^n est égal au module de z élevé à la puissance n :

$$|z^n| = |z|^n, \forall n \in \mathbb{N}$$

- Inégalité triangulaire :
  Soient z et z' deux nombres complexes, le module de la somme de ces deux complexes est inférieur ou égal à la somme de leur module.

$$\left|z + z'\right| \leqslant |z| + |z'|$$

- Argument :

$$\arg(z \times z') = \arg(z) + \arg(z')[2\pi]$$
$$\arg\left(\frac{z}{z'}\right) = \arg(z) - \arg(z')[2\pi], z' \neq 0$$
$$\arg\left(\frac{1}{z}\right) = -\arg(z)[2\pi], z \neq 0$$

[REMARQUE]

Le complexe $z = 0$ n'a pas d'argument
L'argument d'un réel est égal à $k\pi$, $k \in \mathbb{Z}$
En particulier :
- Si le réel est strictement positif, son argument est nul $[2\pi]$
- Si le réel est strictement négatif, son argument est égal à π $[2\pi]$

L'argument d'un imaginaire pur est égal à $\frac{(2k+1)\pi}{2}$, $k \in \mathbb{Z}$.

5. Racines $n^{\text{ième}}$ de l'unité (hors programme TS)

- On appelle racine $n^{\text{ième}}$ de l'unité toute solution complexe de l'équation : $z^n = 1$.
- Les racines $n^{\text{ième}}$ de l'unité s'écrivent également sous la forme exponentielle et trigonométrique : les solutions de l'équation $z^n = 1$ sont données par :

$$e^{\frac{2ik\pi}{n}} = \cos\left(\frac{2k\pi}{n}\right) + i \times \sin\left(\frac{2k\pi}{n}\right), n \in \mathbb{N}^*, k \in \{0,1,2,\ldots,n-1\}$$

[REMARQUE]

À partir de la forme exponentielle, vous déduisez les expressions trigonométriques puis algébriques des racines *n*-ièmes de l'unité. Il est impératif de bien connaître la valeur des cosinus et sinus des différents angles. Revoyez donc bien le cercle trigonométrique ainsi que les différentes formules de trigonométrie !

Exemples

Les solutions de l'équation $z = 1$ sont ($n = 1$ et $k = \{0\}$) :

$$S = \left\{e^{\frac{2i\times0\times\pi}{1}}\right\} = \left\{e^0\right\} = \{\cos(0) + i\times\sin(0)\} = \{1 + i\times0\} = \{1\}$$

Les solutions de l'équation $z^2 = 1$ sont ($n = 2$ et $k = \{0; 1\}$) :

$$S = \left\{e^{\frac{2i\times0\times\pi}{2}} ; e^{\frac{2i\times1\times\pi}{2}}\right\} = \left\{e^0 ; e^{i\pi}\right\}.$$

$$S = \{\cos(0) + i\times\sin(0); \cos(i\pi) + i\times\sin(i\pi)\}$$

$$S = \{1 + i\times0; -1 + i\times0\} = \{1; -1\} = \{-1; 1\}$$

Les solutions de l'équation $z^3 = 1$ sont ($n = 3$ et $k = \{0 ; 1 ; 2\}$) :

$$S = \left\{e^{\frac{2i\times0\times\pi}{3}} ; e^{\frac{2i\times1\times\pi}{3}} ; e^{\frac{2i\times2\times\pi}{3}}\right\} = \left\{e^0 ; e^{\frac{2i\pi}{3}} ; e^{\frac{4i\pi}{3}}\right\}$$

$$S = \left\{\cos(0)+i\times\sin(0); \cos\left(\frac{2i\pi}{3}\right)+i\times\sin\left(\frac{2i\pi}{3}\right) ; \cos\left(\frac{4i\pi}{3}\right) +i\times\sin\left(\frac{4i\pi}{3}\right)\right\}$$

$$S = \left\{1 + i\times0 ; -\frac{1}{2} + i\times\frac{\sqrt{3}}{2} ; -\frac{1}{2} - i\times\frac{\sqrt{3}}{2}\right\}$$

$$= \left\{1 ; \frac{-1+i\sqrt{3}}{2} ; \frac{-1-i\sqrt{3}}{2}\right\}$$

2. Les mots clés

Affixe :

L'affixe d'un point M de coordonnées $(a\,;b)$ est le nombre complexe $z = a + \mathrm{i}b$. On ne parle plus de coordonnées mais d'affixe.

L'affixe du vecteur $\overrightarrow{AB}$ est donnée par $z_{\overrightarrow{AB}} = z_B - z_A$ où z_A (respectivement z_B) est l'affixe de A (respectivement de B).

Argument :

Un argument θ du nombre complexe z signifie que θ est l'angle formé par l'axe des abscisses et le vecteur $\overrightarrow{OM}$ d'affixe z. On note ainsi $\theta = \left(\vec{i}\,;\overrightarrow{OM}\right)$ où $\vec{i}$ est le vecteur unitaire de l'axe des abscisses.

Conjugué :

Soit le nombre complexe $z = a + \mathrm{i}b$. Le conjugué de z, noté $\overline{z}$ est donné par : $\overline{z} = a - \mathrm{i}b$.

Formule d'Euler :

Le mathématicien Leonhard Euler a élaboré la formule :

$$\mathrm{e}^{\mathrm{i}x} = \cos(x) + \mathrm{i} \times \sin(x)$$

Vous en déduisez les formules d'Euler :

$$\cos(x) = \frac{\mathrm{e}^{\mathrm{i}x} + \mathrm{e}^{-\mathrm{i}x}}{2} \text{ et } \sin(x) = \frac{\mathrm{e}^{\mathrm{i}x} - \mathrm{e}^{-\mathrm{i}x}}{2\mathrm{i}}$$

Formule de De Moivre :

Le mathématicien Abraham De Moivre a élaboré la formule :

$$(\cos(x) + \mathrm{i} \times \sin(x))^n = \cos(nx) + \mathrm{i} \times \sin(nx) \Longleftrightarrow \left(\mathrm{e}^{\mathrm{i}x}\right)^n = \mathrm{e}^{\mathrm{i}nx}$$

Imaginaire pur :

Un imaginaire pur est un nombre complexe dont la partie réelle est nulle. Soit $z = a + \mathrm{i}b$, z est un imaginaire pur si et seulement $a = 0$. Un tel nombre s'écrit sous la forme $z = \mathrm{i}b$ où b est un réel non nul.

[REMARQUE]

L'argument d'un imaginaire pur est $\frac{(2k+1)\pi}{2}$ où $k \in \mathbb{Z}$.

Module :

Le module d'un nombre complexe $z = a + ib$ est noté $|z|$ et est donné par la formule : $|z| = \sqrt{a^2 + b^2}$.

Partie imaginaire :

La partie imaginaire d'un nombre complexe z, notée $\mathrm{Im}(z)$ est le terme multiplié par i dans l'expression de z. Si $z = a + ib$, sa partie imaginaire est donnée par $\mathrm{Im}(z) = b$.

Partie réelle :

La partie réelle d'un nombre complexe z, notée $\mathrm{Re}(z)$ est le terme qui n'est pas multiplié par i dans l'expression de z. Si $z = a + \mathrm{i}b$, sa partie réelle est donnée par $\mathrm{Re}(z) = a$.

Racine $n^{\text{ième}}$ de l'unité (hors programme TS) :

On appelle racine $n^{\text{ième}}$ de l'unité toute solution complexe de l'équation $z^n = 1$. L'ensemble S des racines $n^{\text{ièmes}}$ de l'unité est donné par :

$$S = \left\{ \mathrm{e}^{\frac{2ik\pi}{n}}, n \in \mathbb{N}^*, k \in \{0\,;1;\ldots\,;n-1\} \right\}$$

Réel :

Un réel est un nombre complexe dont la partie imaginaire est nulle. Soit $z = a + \mathrm{i}b$, z est un réel si et seulement $b = 0$. Un tel nombre s'écrit sous la forme $z = a$ où a est un réel.

[REMARQUE]

L'argument d'un réel est $k\pi$ où $k \in \mathbb{Z}$.

Représentation graphique :

Le plan complexe peut être assimilé à un repère orthonormé direct où l'axe des abscisses représente l'ensemble des réels et l'axe des ordonnées l'ensemble des imaginaires purs.

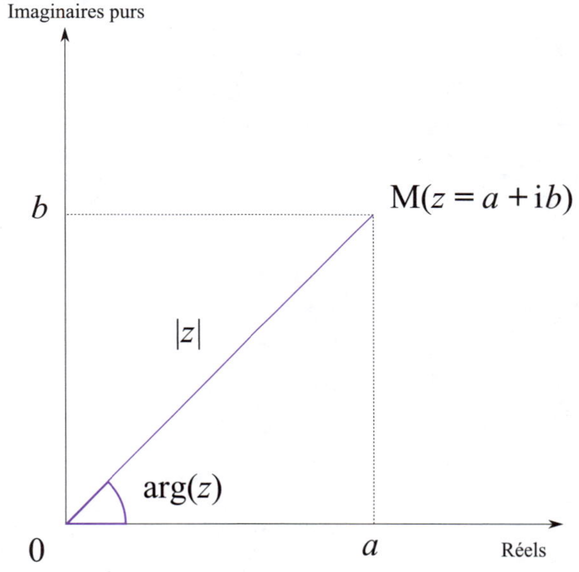

[Qu'est-ce qu'un nombre complexe ?]

[À RETENIR]

	Formules
Nombre complexe	$z = a + \mathrm{i}b$
Partie réelle	$\mathrm{Re}(z) = a$
Partie imaginaire	$\mathrm{Im}(z) = b$
Conjugué	$\overline{z} = a - \mathrm{i}b$
Module	$\lvert z \rvert = \sqrt{a^2 + b^2}$
Argument	$\begin{cases} \theta = \arccos\left(\dfrac{a}{\sqrt{a^2+b^2}}\right) \\ \theta = \arcsin\left(\dfrac{b}{\sqrt{a^2+b^2}}\right) \end{cases}$
Formules d'Euler	$\cos(x) = \dfrac{\mathrm{e}^{\mathrm{i}x} + \mathrm{e}^{-\mathrm{i}x)}}{2}$ et $\sin(x) = \dfrac{\mathrm{e}^{\mathrm{i}x} - \mathrm{e}^{-\mathrm{i}x}}{2\mathrm{i}}$
Formules de Moivre	$\left(\cos(x) + \mathrm{i} \times \sin(x)\right)^n = \cos(nx) + \mathrm{i} \times \sin(nx)$
Racine(s) $n^{\text{ième}}$ de l'unité	Solution(s) complexe(s) de l'équation $z^n = 1$ $S = \left\{\mathrm{e}^{\frac{2ik\pi}{n}},\ n \in \mathbb{N}^*,\ k \in \{0; 1; ...; n-1\}\right\}$

Les nombres complexes

FICHE EXERCICES 31

1. Entraînez-vous

Déterminez le module et un argument des nombres complexes suivants. Donnez également une expression de leurs formes trigonométrique et exponentielle.

1. $z = 1 + \mathrm{i}$

2. $z = 1 + \mathrm{i}\sqrt{3}$

3. $z = 1 - \mathrm{i}\sqrt{3}$

4. $z = \mathrm{i}$

5. $z = -1$

6. $z = -\sqrt{3} + \mathrm{i}$

7. $z = -\dfrac{1}{2} + \dfrac{\mathrm{i}}{2}$

8. $z = -1 - \mathrm{i}$

9. $z = 2$

10. $z = \sqrt{3} + \mathrm{i}$

2. Vérifiez vos résultats

1. $z = 1 + \mathrm{i}$

$$|z| = \sqrt{1^2 + 1^2} = \sqrt{2}$$

Le module de z est égal à $\sqrt{2}$

$$\begin{aligned} z &= |z| \times \left(\frac{1}{|z|} + \mathrm{i} \times \frac{1}{|z|}\right) = \sqrt{2} \times \left(\frac{1}{\sqrt{2}} + \mathrm{i} \times \frac{1}{\sqrt{2}}\right) \\ &= \sqrt{2} \times \left(\frac{\sqrt{2}}{2} + \mathrm{i} \times \frac{\sqrt{2}}{2}\right) \end{aligned}$$

Vous reconnaissez facilement que :

$$\left\{ \begin{array}{l} \dfrac{\sqrt{2}}{2} = \cos\left(\dfrac{\pi}{4}\right)[2\pi] \\ \dfrac{\sqrt{2}}{2} = \sin\left(\dfrac{\pi}{4}\right)[2\pi] \end{array} \right.$$

Ainsi la forme trigonométrique de z est :

$$z = \sqrt{2} \times \left(\cos\left(\frac{\pi}{4}\right) + \mathrm{i} \times \sin\left(\frac{\pi}{4}\right)\right)$$

Et sa forme exponentielle est : $z = \sqrt{2} \times \mathrm{e}^{\frac{\mathrm{i}\pi}{4}}$

Ainsi **un** argument de z est $\frac{\pi}{4}$ modulo 2π.

2. $z = 1 + \mathrm{i}\sqrt{3}$

$$|z| = \sqrt{1^2 + \left(\sqrt{3}\right)^2} = \sqrt{4} = 2$$

Le module de z est égal à 2

$$z = |z| \times \left(\frac{1}{|z|} + \mathrm{i} \times \frac{\sqrt{3}}{|z|}\right) = 2 \times \left(\frac{1}{2} + \mathrm{i} \times \frac{\sqrt{3}}{2}\right)$$

Vous reconnaissez facilement que :

$$\begin{cases} \frac{1}{2} = \cos\left(\frac{\pi}{3}\right)[2\pi] \\ \frac{\sqrt{3}}{2} = \sin\left(\frac{\pi}{3}\right)[2\pi] \end{cases}$$

Ainsi la forme trigonométrique de z est :

$$z = 2 \times \left(\cos\left(\frac{\pi}{3}\right) + \mathrm{i} \times \sin\left(\frac{\pi}{3}\right)\right)$$

Et sa forme exponentielle est : $z = 2 \times \mathrm{e}^{\frac{\mathrm{i}\pi}{3}}$

Ainsi **un** argument de z est $\frac{\pi}{3}$ modulo 2π.

3. $z = 1 - \mathrm{i}\sqrt{3}$

$$|z| = \sqrt{1^2 + \left(-\sqrt{3}\right)^2} = \sqrt{1+3} = \sqrt{4} = 2$$

Le module de z est égal à 2.

$$z=|z|\times\left(\frac{1}{|z|}+\mathrm{i}\times\frac{1}{|z|}\right)=2\times\left(\frac{1}{2}-\mathrm{i}\times\frac{\sqrt{3}}{2}\right)=2\times\left(\frac{1}{2}+\mathrm{i}\times\frac{-\sqrt{3}}{2}\right)$$

Vous reconnaissez facilement que :

$$\begin{cases} \dfrac{1}{2}=\cos\left(-\dfrac{\pi}{3}\right)[2\pi] \\ -\dfrac{\sqrt{3}}{2}=\sin\left(-\dfrac{\pi}{3}\right)[2\pi] \end{cases}$$

Ainsi la forme trigonométrique de z est :

$$z=2\times\left(\cos\left(-\frac{\pi}{3}\right)+\mathrm{i}\times\sin\left(-\frac{\pi}{3}\right)\right)$$

Et sa forme exponentielle est : $z=2\times e^{-\frac{\mathrm{i}\pi}{3}}$

Ainsi **un** argument de z est $-\dfrac{\pi}{3}$ modulo 2π.

4. $z=i=0+\mathrm{i}$

$$|z|=\sqrt{0^2+1^2}=\sqrt{1}=1$$

Le module de z est égal à 1

$$z=|z|\times\left(\frac{1}{|z|}+\mathrm{i}\times\frac{1}{|z|}\right)=1\times\left(\frac{0}{1}+\mathrm{i}\times\frac{1}{1}\right)=1\times(0+\mathrm{i}\times 1)$$

Vous reconnaissez facilement que :

$$\begin{cases} 0=\cos\left(\dfrac{\pi}{2}\right)[2\pi] \\ 1=\sin\left(\dfrac{\pi}{2}\right)[2\pi] \end{cases}$$

Ainsi la forme trigonométrique de z est :

$$z=1\times\left(\cos\left(\frac{\pi}{2}\right)+\mathrm{i}\times\sin\left(\frac{\pi}{2}\right)\right)=\cos\left(\frac{\pi}{2}\right)+\mathrm{i}\times\sin\left(\frac{\pi}{2}\right)$$

Et sa forme exponentielle est : $z=1\times e^{\frac{\mathrm{i}\pi}{2}}=e^{\mathrm{i}\frac{\pi}{2}}$

Ainsi **un** argument de z est $\frac{\pi}{2}$ modulo 2π.

5. $z = -1 = -1 + 0 \times \mathrm{i}$

$$|z| = \sqrt{(-1)^2 + 0^2} = \sqrt{1} = 1$$

Le module de z est égal à 1

$$z = |z| \times \left(\frac{-1}{|z|} + \mathrm{i} \times \frac{0}{|z|}\right) = 1 \times \left(\frac{-1}{1} + \mathrm{i} \times \frac{0}{1}\right) = 1 \times (-1 + \mathrm{i} \times 0)$$

Vous reconnaissez facilement que :

$$\begin{cases} -1 = \cos(\pi)[2\pi] \\ 0 = \sin(\pi)[2\pi] \end{cases}$$

Ainsi la forme trigonométrique de z est :

$$z = 1 \times (\cos(\pi) + \mathrm{i} \times \sin(\pi)) = \cos(\pi) + \mathrm{i} \times \sin(\pi)$$

Et sa forme exponentielle est : $z = 1 \times \mathrm{e}^{\mathrm{i}\pi} = \mathrm{e}^{\mathrm{i}\pi}$
Ainsi **un** argument de z est π modulo 2π.

6. $z = -\sqrt{3} + \mathrm{i}$

$$|z| = \sqrt{((-\sqrt{3})^2 + 1^2} = \sqrt{3+1} = \sqrt{4} = 2$$

Le module de z est égal à 2

$$z = |z| \times \left(\frac{1}{|z|} + \mathrm{i} \times \frac{1}{|z|}\right) = 2 \times \left(\frac{-\sqrt{3}}{2} + \mathrm{i} \times \frac{1}{2}\right)$$

Vous reconnaissez facilement que :

$$\begin{cases} -\frac{\sqrt{3}}{2} = \cos\left(\frac{5\pi}{6}\right)[2\pi] \\ \frac{1}{2} = \sin\left(\frac{5\pi}{6}\right)[2\pi] \end{cases}$$

Ainsi la forme trigonométrique de z est :

$$z = 2 \times \left(\cos\left(\frac{5\pi}{6}\right) + \mathrm{i} \times \sin\left(\frac{5\pi}{6}\right)\right)$$

Et sa forme exponentielle est : $z = 2 \times e^{\mathrm{i}\frac{5\pi}{6}}$

Ainsi **un** argument de z est $\frac{5\pi}{6}$ modulo 2π.

7. $z = -\frac{1}{2} + \frac{i}{2} = -\frac{1}{2} + \frac{1}{2}i$

$$|z| = \sqrt{\left(-\frac{1}{2}\right)^2 + \left(\frac{1}{2}\right)^2} = \sqrt{\frac{1}{4} + \frac{1}{4}} = \sqrt{\frac{2}{4}} = \frac{\sqrt{2}}{2}$$

Le module de z est égal à $\frac{\sqrt{2}}{2}$

$$\begin{aligned} z &= |z| \times \left(\frac{-\frac{1}{2}}{|z|} + \mathrm{i} \times \frac{\frac{1}{2}}{|z|}\right) = \frac{\sqrt{2}}{2} \times \left(\frac{-\frac{1}{2}}{\frac{\sqrt{2}}{2}} + \mathrm{i} \times \frac{\frac{1}{2}}{\frac{\sqrt{2}}{2}}\right) \\ &= \frac{\sqrt{2}}{2} \times \left(-\frac{1}{2} \times \frac{2}{\sqrt{2}} + \mathrm{i} \times \frac{1}{2} \times \frac{2}{\sqrt{2}}\right) \end{aligned}$$

$$z = \frac{\sqrt{2}}{2} \times \left(-\frac{1}{\sqrt{2}} + \mathrm{i} \times \frac{1}{\sqrt{2}}\right) = \frac{\sqrt{2}}{2} \times \left(\frac{-\sqrt{2}}{2} + \mathrm{i} \times \frac{\sqrt{2}}{2}\right)$$

Vous reconnaissez facilement que :

$$\begin{cases} -\frac{\sqrt{2}}{2} = \cos\left(\frac{3\pi}{4}\right)[2\pi] \\ \frac{\sqrt{2}}{2} = \sin\left(\frac{3\pi}{4}\right)[2\pi] \end{cases}$$

Ainsi la forme trigonométrique de z est :

$$z = \frac{\sqrt{2}}{2} \times \left(\cos\left(\frac{3\pi}{4}\right) + \mathrm{i} \times \sin\left(\frac{3\pi}{4}\right)\right)$$

Et sa forme exponentielle est : $z = \dfrac{\sqrt{2}}{2} \times e^{i\frac{3\pi}{4}}$

Ainsi **un** argument de z est $\dfrac{3\pi}{4}$ modulo 2π.

8. $z = -1 - i$

$$|z| = \sqrt{(-1)^2 + (-1)^2} = \sqrt{1+1} = \sqrt{2}$$

Le module de z est égal à $\sqrt{2}$

$$\begin{aligned} z &= |z| \times \left(\frac{-1}{|z|} - i \times \frac{1}{|z|}\right) = \sqrt{2} \times \left(\frac{-1}{\sqrt{2}} - i \times \frac{1}{\sqrt{2}}\right) \\ &= \sqrt{2} \times \left(\frac{-\sqrt{2}}{2} + i \times \frac{-\sqrt{2}}{2}\right) \end{aligned}$$

Vous reconnaissez facilement que :

$$\begin{cases} -\dfrac{\sqrt{2}}{2} = \cos\left(-\dfrac{3\pi}{4}\right)[2\pi] \\ -\dfrac{\sqrt{2}}{2} = \sin\left(-\dfrac{3\pi}{4}\right)[2\pi] \end{cases}$$

Ainsi la forme trigonométrique de z est :

$$z = \sqrt{2} \times \left(\cos\left(-\frac{3\pi}{4}\right) + i \times \sin\left(-\frac{3\pi}{4}\right)\right)$$

Et sa forme exponentielle est : $z = \sqrt{2} \times e^{-\frac{3\pi}{4}}$

Ainsi un argument de z est $-\dfrac{3\pi}{4}$ modulo 2π.

9. $z = 2 = 2 + i \times 0$

$$|z| = \sqrt{(2)^2 + (0)^2} = \sqrt{4+0} = \sqrt{4} = 2$$

Le module de z est égal à 2

$$z = |z| \times \left(\frac{2}{|z|} + i \times \frac{0}{|z|}\right) = 2 \times \left(\frac{2}{2} + i \times \frac{0}{2}\right) = 2 \times (1 \times + i \times 0)$$

Vous reconnaissez facilement que :

$$\begin{cases} 1 = \cos(2\pi)[2\pi] \\ 0 = \sin(2\pi)[2\pi] \end{cases}$$

Ainsi la forme trigonométrique de z est :

$$z = 2 \times (\cos(2\pi) + \mathrm{i} \times \sin(2\pi))$$

Et sa forme exponentielle est : $z = 2 \times \mathrm{e}^{2\mathrm{i}\pi}$
Ainsi **un** argument de z est 2π modulo 2π.

10. $z = \sqrt{3} + \mathrm{i}$

$$|z| = \sqrt{\left(\sqrt{3}\right)^2 + 1^2} = \sqrt{3+1} = \sqrt{4} = 2$$

Le module de z est égal à 2

$$z = |z| \times \left(\frac{1}{|z|} + \mathrm{i} \times \frac{1}{|z|}\right) = 2 \times \left(\frac{\sqrt{3}}{2} + \mathrm{i} \times \frac{1}{2}\right)$$

Vous reconnaissez facilement que :

$$\begin{cases} \dfrac{\sqrt{3}}{2} = \cos\left(\dfrac{\pi}{6}\right)[2\pi] \\ \dfrac{1}{2} = \sin\left(\dfrac{\pi}{6}\right)[2\pi] \end{cases}$$

Ainsi la forme trigonométrique de z est :

$$z = 2 \times \left(\cos\left(\frac{\pi}{6}\right) + \mathrm{i} \times \sin\left(\frac{\pi}{6}\right)\right)$$

Et sa forme exponentielle est : $z = 2 \times \mathrm{e}^{\mathrm{i}\frac{\pi}{6}}$
Ainsi **un** argument de z est $\frac{\pi}{6}$ modulo 2π.

Comment calculer la racine carrée d'un nombre complexe ? (Hors programme TS)

1. Méthode

Soit $z = a + \mathrm{i}b$. On cherche à calculer sa racine carrée : $\sqrt{z} = \sqrt{a + \mathrm{i}b}$.
La méthode consiste à poser $Z = \sqrt{z} = \sqrt{a + \mathrm{i}b} = A + \mathrm{i}B$,
où A = partie réelle de la racine carrée de z et B = partie imaginaire de la racine carrée de z.

$$\begin{aligned}
Z = \sqrt{z} &\iff z = Z^2 \\
&\iff z = (A + \mathrm{i}B) \times (A + \mathrm{i}B) = (A + \mathrm{i}B)^2 \\
&\iff z = A^2 + 2\mathrm{i}AB + \mathrm{i}^2B^2 = A^2 + 2\mathrm{i}AB - B^2 \\
&\iff a + \mathrm{i}b = A^2 - B^2 + 2\mathrm{i}AB
\end{aligned}$$

Vous déduisez, par identification des parties réelles et imaginaires, un premier système d'équations d'inconnues A et B :

$$\begin{cases} a = A^2 - B^2 \\ b = 2AB \end{cases}$$

De plus :

$$\begin{aligned}
Z &= \sqrt{z} \iff z = Z^2 \\
|z| &= |Z^2| = |Z|^2 = |A + \mathrm{i}B|^2 = \left(\sqrt{A^2 + B^2}\right)^2 = A^2 + B^2
\end{aligned}$$

Vous déduisez une dernière relation : $\sqrt{a^2 + b^2} = A^2 + B^2$.
Finalement vous obtenez un système de trois équations à deux inconnues A et B :

$$\begin{cases} A^2 - B^2 = a \\ 2AB = b \\ A^2 + B^2 = \sqrt{a^2 + b^2} \end{cases}$$

Exemple

Déterminez la racine carrée du nombre complexe $z = 4 + 3i$.

Vous écrivez les conditions du système évoqué précédemment :

$$\begin{cases} A^2 - B^2 = 4 \\ 2AB = 3 \\ A^2 + B^2 = \sqrt{4^2 + 3^2} \end{cases} \Longleftrightarrow \begin{cases} A^2 - B^2 = 4 \\ AB = \dfrac{3}{2} \\ A^2 + B^2 = \sqrt{25} \end{cases}$$

$$\Longleftrightarrow \begin{cases} A^2 - B^2 = 4 \\ AB = \dfrac{3}{2} \\ A^2 + B^2 = 5 \end{cases} \Longleftrightarrow \begin{cases} 2A^2 = 9 \\ AB = \dfrac{3}{2} \\ A^2 + B^2 = 5 \end{cases} \Longleftrightarrow \begin{cases} A^2 = \dfrac{9}{2} \\ AB = \dfrac{3}{2} \\ A^2 + B^2 = 5 \end{cases}$$

$$\Longleftrightarrow \begin{cases} A^2 = \dfrac{9}{2} \\ AB = \dfrac{3}{2} \\ A^2 + B^2 = 5 \end{cases} \Longleftrightarrow \begin{cases} A^2 = \dfrac{9}{2} \\ AB = \dfrac{3}{2} \\ B^2 = 5 - \dfrac{9}{2} \end{cases} \Longleftrightarrow \begin{cases} A^2 = \dfrac{9}{2} \\ AB = \dfrac{3}{2} \\ B^2 = \dfrac{1}{2} \end{cases}$$

Finalement :

$$\begin{cases} A = \pm\sqrt{\dfrac{9}{2}} \\ AB = \dfrac{3}{2} \\ B = \pm\sqrt{\dfrac{1}{2}} \end{cases} \Longleftrightarrow \begin{cases} A = \pm\dfrac{3}{\sqrt{2}} \\ AB = \dfrac{3}{2} \\ B = \pm\dfrac{\sqrt{1}}{\sqrt{2}} \end{cases} \Longleftrightarrow \begin{cases} A = \pm\dfrac{3\sqrt{2}}{2} \\ AB = \dfrac{3}{2} \\ B = \pm\dfrac{\sqrt{2}}{2} \end{cases}$$

Or la seconde équation implique que A et B doivent être de même signes étant donné que leur produit $A \times B$ est positif $\left(A \times B = \dfrac{3}{2}\right)$.

$$\begin{cases} A = \dfrac{3\sqrt{2}}{2} \\ B = \dfrac{\sqrt{2}}{2} \end{cases} \text{ ou } \begin{cases} A = -\dfrac{3\sqrt{2}}{2} \\ B = -\dfrac{\sqrt{2}}{2} \end{cases}$$

Ainsi : $\sqrt{4+3i} = \frac{3\sqrt{2}}{2} + \frac{\sqrt{2}}{2}i$ ou $\sqrt{4+3i} = -\frac{3\sqrt{2}}{2} - \frac{\sqrt{2}}{2}i$

Vous pouvez vérifier votre résultat en calculant Z^2 :

$Z^2 = (A + iB)^2 = A^2 - B^2 + 2iAB$

$Z^2 = \left(\frac{3\sqrt{2}}{2}\right)^2 - \left(\frac{\sqrt{2}}{2}\right)^2 + 2i \times \frac{3\sqrt{2}}{2} \times \frac{\sqrt{2}}{2}$

$Z^2 = \frac{9}{2} - \frac{1}{2} + 2i \times \frac{3}{2} = \frac{8}{2} + 3i = 4 + 3i$

Vous obtenez donc bien le complexe z. Vous pouvez procéder de la même manière pour vérifier le cas où A et B sont tous les deux négatifs.

FICHE COURS 33

Les nombres complexes et la géométrie

1. Je fais le point sur mes connaissances

1. L'interprétation géométrique du module

Le module du nombre complexe $z = a + ib$ représente la norme du vecteur $\overrightarrow{OM}$ d'affixe z. Ainsi :

$$OM = \|\overrightarrow{OM}\| = \sqrt{a^2 + b^2} = |z|$$

3. L'interprétation géométrique de l'argument

Un argument du nombre complexe $z = a + ib$ représente l'angle que forme avec l'axe des abscisses le vecteur $\overrightarrow{OM}$ d'affixe z. Ainsi :

$$\arg(z) = \left(\vec{i}, \overrightarrow{OM}\right)$$

3. Quelques propriétés importantes sur les arguments et la géométrie

- $\left(\overrightarrow{AB}, \overrightarrow{CD}\right) = \arg\left(\dfrac{z_D - z_C}{z_B - z_A}\right)$
- Deux vecteurs $\vec{u}$ et $\vec{v}$ d'affixes respectives z_u et z_v sont orthogonaux si et seulement si $(\vec{u}, \vec{v}) = \arg\left(\dfrac{z_v}{z_u}\right) = \dfrac{\pi}{2}[\pi]$
- Deux vecteurs $\vec{u}$ et $\vec{v}$ d'affixes respectives z_u et z_v sont colinéaires si et seulement si $(\vec{u}, \vec{v}) = \arg\left(\dfrac{z_v}{z_u}\right) = 0[\pi]$

[REMARQUE]

Deux vecteurs colinéaires ont toujours la même direction mais pas forcément le même sens : ils sont soit de sens identiques, soit de sens opposés.

$(\vec{u}, \vec{v}) = \arg\left(\frac{z_v}{z_u}\right) = 0[2\pi]$ si et seulement si $\vec{u}$ et $\vec{v}$ ont le même sens et la même direction.

$(\vec{u}, \vec{v}) = \arg\left(\frac{z_v}{z_u}\right) = \pi[2\pi]$ si et seulement si $\vec{u}$ et $\vec{v}$ ont un sens opposé et la même direction.

4. Quelques propriétés sur les affixes

- La partie réelle de l'affixe d'un point représente son abscisse.
- La partie imaginaire de l'affixe d'un point représente son ordonnée.
- L'affixe d'un vecteur $\overrightarrow{AB}$ est donnée par $z_{\overrightarrow{AB}} = z_B - z_A$.
- La norme d'un vecteur $\overrightarrow{AB}$ est donnée par $\|\overrightarrow{AB}\| = \left|z_{\overrightarrow{AB}}\right| = |z_B - z_A|$.

5. Les lieux géométriques

- L'ensemble des points M d'affixe z vérifiant $|z - z_A| = |z - z_B|$ est l'ensemble des points M tels que $AM = BM$, soit la médiatrice du segment $[AB]$.

[REMARQUE]

Tout point de la médiatrice d'un segment est équidistant des extrémités de ce segment.

- L'ensemble des points M d'affixe z tels que $\left(\overrightarrow{AM}\,;\,\overrightarrow{AB}\right) = \frac{\pi}{2}[\pi]$ est l'ensemble des points M tels que les droites (AM) et (AB) soient perpendiculaires, soit la perpendiculaire à (AB) passant par A.
- L'ensemble des points M d'affixe z tels que $\left(\overrightarrow{AM}\,;\,\overrightarrow{BM}\right) = \frac{\pi}{2}[\pi]$ est l'ensemble des points M tels que les droites (AM) et (BM) soient perpendiculaires, soit le cercle de diamètre [AB].

[REMARQUE]

[AB] représente l'hypoténuse du triangle ABM rectangle en M.

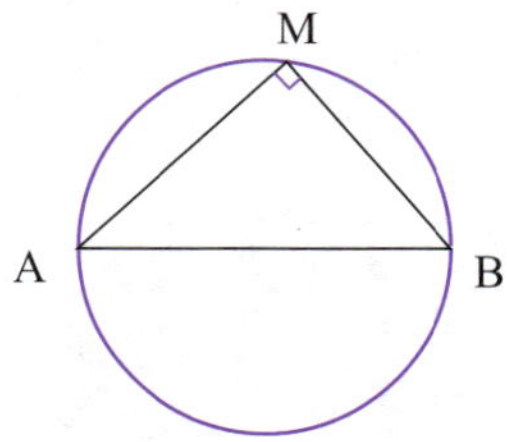

- L'ensemble des points vérifiant $|z|^2 = a^2$ où a réel non nul est un cercle de centre 0 (origine du repère) et de rayon a.
- Plus généralement l'ensemble des points vérifiant $|z - z_A|^2 = a^2$ est un cercle de centre le point A d'affixe z_A et de rayon a.

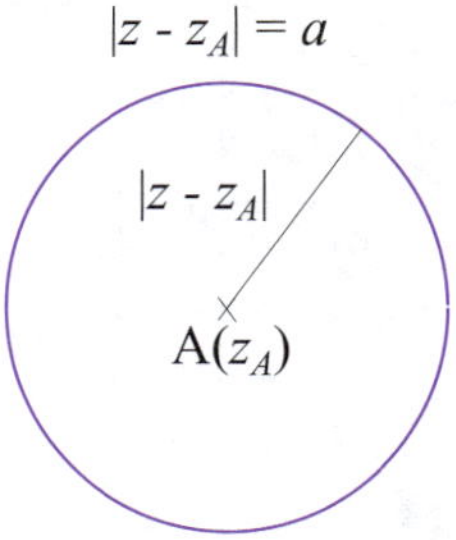

[REMARQUE]

Lorsque la constante *a* est nulle, les ensembles sont des points. Le premier est le point O d'affixe 0 (origine du repère) et le second est le point A d'affixe z_A.

- L'ensemble des points vérifiant $|z|^2 \leqslant a^2$ où a réel non nul est un disque de centre 0 (origine du repère) et de rayon a.

L'ensemble des points vérifiant $|z - z_A|^2 \leqslant a^2$ où a réel non nul est un disque de centre A d'affixe z_A et de rayon a.

$|z - z_A| <$ ou $= a$

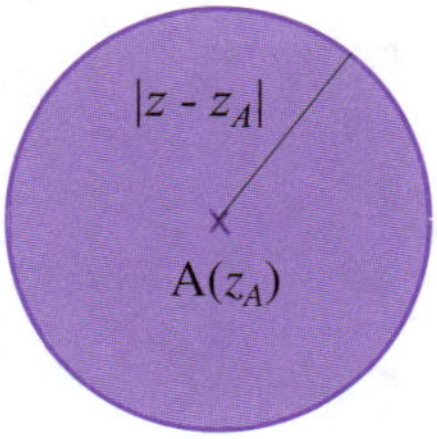

6. Les transformations géométriques (hors programme TS)

	Écriture complexe
Translation de vecteur $\vec{u}$ d'affixe u	$z' = z + u$
Homothétie de centre Ω d'affixe ω et de rapport k	$z' - \omega = k(z - \omega)$
Rotation de centre Ω d'affixe ω et d'angle θ	$z' - \omega = \mathrm{e}^{i\theta} \times (z - \omega)$
Similitude directe de rapport $|a|$	$z' = az + b$

2. Les mots clés

Direction :

La direction d'un vecteur $\overrightarrow{AB}$ est celle de la droite (AB) portant ce même vecteur.

Homothétie :

On appelle homothétie de centre Ω d'affixe ω et de rapport k la transformation du plan qui à tout point M d'affixe z associe le point M' d'affixe z' et : $\overrightarrow{\Omega M'} = k \times \overrightarrow{\Omega M}$.

Norme :

La norme d'un vecteur est le module de son affixe.

$\|\overrightarrow{AB}\| = |z_{\overrightarrow{AB}}| = |z_B - z_A|$

Rotation :

On appelle rotation de centre Ω d'affixe ω et d'angle θ la transformation du plan qui a tout point M d'affixe z associe le point M' d'affixe z' et :

$$\begin{cases} \Omega M' = \Omega M \\ \left(\overrightarrow{\Omega M}; \overrightarrow{\Omega M'}\right) = \theta \end{cases}$$

Sens :

Le sens d'un vecteur $\overrightarrow{AB}$ est celui allant de A vers B.

Transformation du plan :

Une transformation du plan est une fonction bijective qui à tout point M d'affixe z associe le point M' d'affixe z'. Les translations, les homothéties, les rotations et les similitudes sont des transformations du plan.

Translation :

On appelle translation de vecteur $\vec{u}$ d'affixe u la transformation du plan qui a tout point M d'affixe z associe le point M' d'affixe z' tel que : $\overrightarrow{MM'} = \vec{u}$.

Vecteur :

Un vecteur $\overrightarrow{AB}$ d'affixe $z_{\overrightarrow{AB}}$ ou de coordonnées $\left(x_{\overrightarrow{AB}} ; y_{\overrightarrow{AB}}\right)$ est caractérisé par trois propriétés :

- sa direction : celle de la droite (AB) ;
- son sens : allant de A vers B ;
- sa norme : $\|\overrightarrow{AB}\| = \sqrt{x^2_{\overrightarrow{AB}} + y^2_{\overrightarrow{AB}}} = |z_{\overrightarrow{AB}}| = |z_B - z_A|$.

[REMARQUE]

$z_{\overrightarrow{AB}} = x_{\overrightarrow{AB}} + i \times y_{\overrightarrow{AB}}$

Vecteurs colinéaires :

Deux vecteurs $\vec{u}$ et $\vec{v}$ sont colinéaires si et seulement si il existe un réel k tel que $\vec{v} = k\vec{u}$. Dans ce cas leurs directions sont parallèles. En termes d'affixes de vecteurs, cela se traduit par : $z_{\vec{u}} = k \times z_{\vec{v}}$.

Vecteur nul :

Le vecteur nul, noté $\vec{0}$ est un unique vecteur. Il a pour affixe 0 et $\|\vec{0}\| = 0$.

Vecteurs orthogonaux :

Deux vecteurs $\vec{u}$ et $\vec{v}$ sont orthogonaux si et seulement si leurs directions sont perpendiculaires. On a alors $(\vec{u}, \vec{v}) = \frac{\pi}{2} [\pi]$.

FICHE EXERCICES 34

Les nombres complexes et la géométrie

1. Entraînez-vous

1. Soient les points A, B, C et D ayant pour affixes respectives :
$z_A = -1 + 2i$, $z_B = 3 + 2i$, $z_C = 3 - 2i$, $z_D = -1 - 2i$

a. Déterminez la longueur des côtés du quadrilatère ABCD ainsi qu'une mesure de l'angle $\left(\overrightarrow{DC} ; \overrightarrow{DA}\right)$. En déduire la nature de ce quadrilatère.

b. Déterminez également une mesure de l'angle $\left(\overrightarrow{AB} ; \overrightarrow{AC}\right)$.

2. Soient les points A et B d'affixes respectives $z_A = 2 - 3i$ et $z_B = -1 + i$ et f la transformation donnée par : $z' = f(z) = \dfrac{z - 2 + 3i}{z + 1 - i}$, $z \neq z_B$

a. Que représente le module de z'. Déterminez l'ensemble des points M M d'affixe z tels que $|z'| = 1$.

b. Que représente un argument de z'. Déterminez l'ensemble des points M d'affixe z tels que z' soit un réel, puis z' soit un imaginaire pur.

2. Vérifiez vos résultats

1.

a. Longueur des côtés du quadrilatère ABCD et mesure de l'angle $\left(\overrightarrow{DC} ; \overrightarrow{DA}\right)$.

Longueur des côtés de ABCD :

$AB = |z_B - z_A| = |3 + 2i - (-1 + 2i)| = |3 + 1 + 2i - 2i| = |4| = 4$
$BC = |z_B - z_C| = |3 + 2i - (3 - 2i)| = |3 - 3 + 2i + 2i| = |4i| = 4$
$CD = |z_D - z_C| = |-1 - 2i - (3 - 2i)| = |-1 - 3 - 2i + 2i| = |-4| = 4$
$DA = |z_A - z_D| = |-1 + 2i - (-1 - 2i)| = |-1 + 1 + 2i + 2i| = |4i| = 4$

Mesure de $\left(\overrightarrow{DC}\,;\overrightarrow{DA}\right)$:

$$\left(\overrightarrow{DC}\,;\overrightarrow{DA}\right) = \arg\left(\frac{z_A - z_D}{z_C - z_D}\right) = \arg\left(\frac{-1+2i-(-1-2i)}{3-2i-(-1-2i)}\right)$$

$$\left(\overrightarrow{DC}\,;\overrightarrow{DA}\right) = \arg\left(\frac{-1+1+2i+2i}{3+1-2i+2i}\right) = \arg\left(\frac{4i}{4}\right) = \arg(i)$$

$$|i| = \sqrt{1^2} = \sqrt{1} = 1$$

$$i = 1 \times \left(\frac{0}{1} + i\frac{1}{1}\right) = 1 \times (0+i) = \left(\cos\left(\frac{\pi}{2}\right) + i\sin\left(\frac{\pi}{2}\right)\right)$$

Un argument de i est donc $\frac{\pi}{2}$ et donc une mesure de l'angle $\left(\overrightarrow{DC}\,;\overrightarrow{DA}\right)$.

Vous en déduisez que les vecteurs $\left(\overrightarrow{DC};\overrightarrow{DA}\right)$ sont orthogonaux. De plus comme DA = DC, le quadrilatère est un carré.

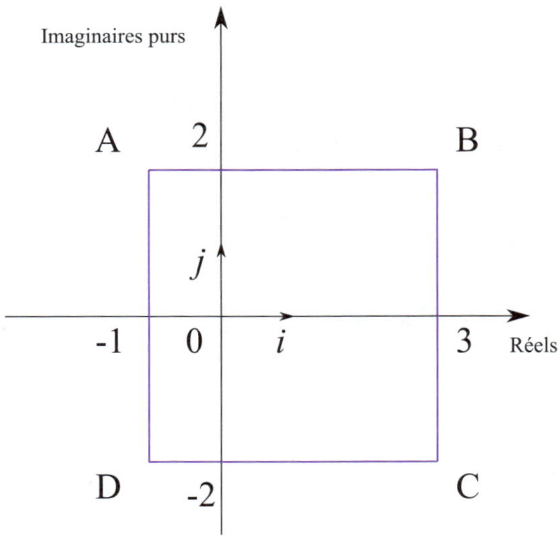

b. Mesure de l'angle $\left(\overrightarrow{AB}\,;\overrightarrow{AC}\right)$.

$$\left(\overrightarrow{AB}\,;\overrightarrow{AC}\right) = \arg\left(\frac{z_C - z_A}{z_B - z_A}\right) = \arg\left(\frac{3 - 2i - (-1 + 2i)}{3 + 2i - (-1 + 2i)}\right)$$

$$\left(\overrightarrow{AB}\,;\overrightarrow{AC}\right) = \arg\left(\frac{3 + 1 - 2i - 2i}{3 + 1 + 2i - 2i}\right) = \arg\left(\frac{4 - 4i}{4}\right) = \arg(1 - i)$$

$$|1 - i| = \sqrt{1^2 + (1)^2} = \sqrt{1 + 1} = \sqrt{2}$$

$$1 - i = \sqrt{2} \times \left(\frac{1}{\sqrt{2}} - i\frac{1}{\sqrt{2}}\right) = \sqrt{2} \times \left(\frac{\sqrt{2}}{2} - i\frac{\sqrt{2}}{2}\right)$$

$$1 - i = \sqrt{2}\left(\cos\left(-\frac{\pi}{4}\right) + i\sin\left(-\frac{\pi}{4}\right)\right)$$

Un argument de $1 - i$ est donc $-\dfrac{\pi}{4}$ et donc une mesure de l'angle $\left(\overrightarrow{AB}\,;\overrightarrow{AC}\right)$.

2.

a. Le module de z' représente le quotient de la longueur MA sur la longueur MB :

$$|z'| = \left|\frac{z - 2 + 3i}{z + 1 - i}\right| = \frac{|z - (2 - 3i)|}{|z - (-1 + i)|} = \frac{|z - z_A|}{|z - z_B|} = \frac{AM}{BM}$$

$$|z'| = 1 \iff \frac{AM}{BM} = 1 \iff MA = MB$$

Or l'ensemble des points tels que MA = MB est la médiatrice du segment [AB]. En effet M est équidistant de A et B si et seulement s'il appartient à la médiatrice du segment [AB]. Ainsi l'ensemble des points M tels que $|z'| = 1$ est la médiatrice de [AB].

b. Un argument de z' est une mesure de l'angle $\left(\overrightarrow{BM};\overrightarrow{AM}\right)$ et est donné par : $\arg(z') = \arg\left(\dfrac{z - z_A}{z - z_B}\right) = \left(\overrightarrow{BM};\overrightarrow{AM}\right)$.

z' est un réel si et seulement si $\left(\overrightarrow{BM};\overrightarrow{AM}\right) = 0[\pi]$, c'est-à-dire si et seulement si les points A, B et M sont alignés. L'ensemble des points M tels z' soit un réel est donc la droite (AB).

z' est un imaginaire pur si et seulement si $\left(\overrightarrow{BM};\overrightarrow{AM}\right) = \dfrac{\pi}{2}[\pi]$, c'est-à-dire si et seulement si les droites (AM) et (BM) sont perpendiculaires, soit si et seulement M décrit le cercle de diamètre [AB] privé du point B (car le dénominateur soit être non nul, donc $z \neq z_B$) et du point A (car $z' = 0$ dans le cas où $z = z_A$).

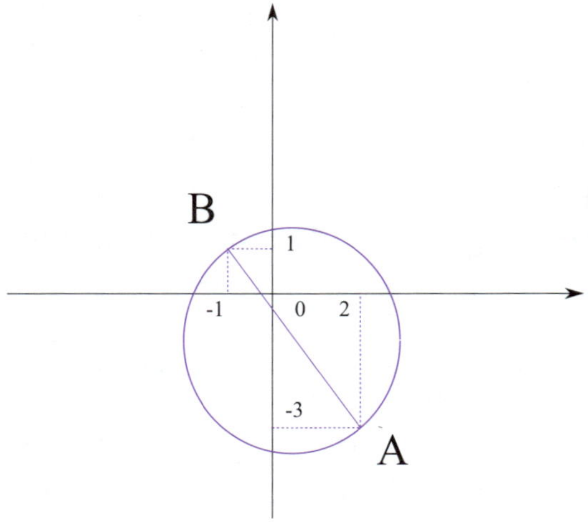

Les transformations géométriques (Hors programme TS)

1. Déterminez la transformation associée à l'écriture complexe

1. $z' = z + 2$

2. $z' - 1 = 2 \times (z - 1)$

3. $z' = 2z$

4. $z' = z$

5. $z' + 1 + \mathrm{i} = \mathrm{e}^{\frac{\mathrm{i}\pi}{3}}(z + 1 + \mathrm{i})$

6. $z' = \mathrm{i}z$

7. $z' - \mathrm{i} = \mathrm{e}^{-\frac{i\pi}{4}}(z - \mathrm{i})$

8. $z' = \mathrm{i}z + 2 - \mathrm{i}$

9. $z' = 0$

10. $z' = 2z - 4 + \mathrm{i}$

2. Vérifiez vos résultats

1. $z' = z + 2$

Vous reconnaissez la translation de vecteur $\vec{u}$ d'affixe 2.

2. $z' - 1 = 2 \times (z - 1)$

Vous reconnaissez l'homothétie de centre Ω d'affixe 1 et de rapport $k = 2$.

3. $z' = 2z$

Vous reconnaissez l'homothétie de centre O d'affixe 0 et de rapport k $k = 2$.

4. $z' = z$

Vous reconnaissez l'homothétie de centre O d'affixe 0 et de rapport $k = 1$ ou bien la translation de vecteur nul ou bien encore la rotation de centre O d'affixe 0 et d'angle 0. Il s'agit donc de l'identité car l'élément d'arrivée est identique à l'élément de départ.

5. $z' + 1 + \mathrm{i} = \mathrm{e}^{\frac{\mathrm{i}\pi}{3}}(z + 1 + \mathrm{i})$

Vous reconnaissez la rotation de centre Ω d'affixe $-(1 + \mathrm{i}) = -1 - \mathrm{i}$ et d'angle $\frac{\pi}{3}$.

6. $z' = \mathrm{i}z$

Vous devez modifier l'expression afin de vous ramener à une relation connue. $z' = \mathrm{i}z = \mathrm{e}^{\frac{i\pi}{2}} \times z$.

Vous reconnaissez l'écriture complexe d'une rotation de centre O d'affixe 0 et d'angle $\frac{\pi}{2}$.

7. $z' - \mathrm{i} = \mathrm{e}^{-\frac{i\pi}{4}}(z - \mathrm{i})$

Vous reconnaissez l'écriture complexe d'une rotation de centre Ω d'affixe i et d'angle $-\frac{\pi}{4}$.

8. $z' = \mathrm{i}z + 2 - \mathrm{i}$

Vous devez réécrire cette expression sous une autre forme afin de faire apparaître une relation connue. Pour cela vous devez tout d'abord déterminer les points invariants par cette transformation. En remplaçant z' par z :

$$z = \mathrm{i}z + 2 - \mathrm{i} \iff z - \mathrm{i}z = 2 - \mathrm{i} \iff z(1 - \mathrm{i}) = 2 - \mathrm{i}$$

$$\iff z = \frac{2 - \mathrm{i}}{1 - \mathrm{i}} = \frac{(2 - \mathrm{i})(1 + \mathrm{i})}{(1 - \mathrm{i})(1 + \mathrm{i})} = \frac{2 + 2\mathrm{i} - \mathrm{i} - \mathrm{i}^2}{1 - \mathrm{i}^2} = \frac{2 + \mathrm{i} + 1}{1 + 1}$$

$$\iff z = \frac{3 + \mathrm{i}}{2} = \frac{3}{2} + \frac{1}{2}\mathrm{i}$$

Ainsi le point d'affixe $\frac{3}{2} + \frac{1}{2}\mathrm{i}$ est invariant par la transformation dont l'écriture est $z' = iz + 2 - i$.

Vous déterminez maintenant l'expression de $z' - \left(\frac{3}{2} + \frac{1}{2}\mathrm{i}\right)$ à partir de celle de $z' = iz + 2 - i$:

$$\begin{aligned} z' - \left(\frac{3}{2} + \frac{1}{2}\mathrm{i}\right) &= \mathrm{i}z + 2 - \mathrm{i} - \left(\frac{3}{2} + \frac{1}{2}\mathrm{i}\right) \\ &= \mathrm{i}z + 2 - \mathrm{i} - \frac{3}{2} - \frac{1}{2}\mathrm{i} = \mathrm{i}z + \frac{1}{2} - \frac{3}{2}\mathrm{i} \end{aligned}$$

$$\begin{aligned} z' - \left(\frac{3}{2} + \frac{1}{2}\mathrm{i}\right) &= \mathrm{i}\left(z + \frac{1}{2\mathrm{i}} - \frac{3}{2}\right) \\ &= \mathrm{i}\left(z + \frac{\mathrm{i}}{2\mathrm{i}^2} - \frac{3}{2}\right) = \mathrm{i}\left(z - \frac{\mathrm{i}}{2} - \frac{3}{2}\right) \end{aligned}$$

$$z' - \left(\frac{3}{2} + \frac{1}{2}\mathrm{i}\right) = \mathrm{i}\left(z - \left(\frac{3}{2} + \frac{1}{2}\mathrm{i}\right)\right) = \mathrm{e}^{\mathrm{i}\frac{\pi}{2}}\left(z - \left(\frac{3}{2} + \frac{1}{2}\mathrm{i}\right)\right)$$

Vous reconnaissez l'écriture complexe de la rotation de centre Ω d'affixe $\frac{3}{2} + \frac{1}{2}\mathrm{i}$ et d'angle $\frac{\pi}{2}$

9. $z' = 0$

Cette transformation associe à tout point z le point d'affixe 0, qui est l'origine O du repère.

10. $z' = 2z - 4 + \mathrm{i}$

Vous devez réécrire cette expression sous une autre forme afin de faire apparaître une relation connue. Pour cela vous devez tout d'abord déterminer les points invariants par cette transformation. En remplaçant z' par z :

$$\begin{aligned} z = 2z - 4 + \mathrm{i} &\iff z - 2z = -4 + \mathrm{i} \iff -z = -4 + \mathrm{i} \\ &\iff z = 4 - \mathrm{i} \end{aligned}$$

Ainsi le point d'affixe $4 - \mathrm{i}$ est invariant par la transformation dont l'écriture est $z' = 2z - 4 + \mathrm{i}$.

Vous déterminez maintenant l'expression de $z' - (4 - \mathrm{i})$ à partir de celle de $z' = 2z - 4 + \mathrm{i}$.

$$\begin{aligned} z' - (4 - \mathrm{i}) &= 2z - 4 + \mathrm{i} - (4 - \mathrm{i}) = 2z - 4 + \mathrm{i} - 4 + \mathrm{i} \\ &= 2z - 8 + 2\mathrm{i} = 2(z - (4 - \mathrm{i})) \end{aligned}$$

Vous reconnaissez l'écriture complexe de l'homothétie de centre Ω d'affixe $4 - \mathrm{i}$ et de rapport $k = 2$.

Mathématiques

[Les matrices]

FICHE COURS 36

Les espaces vectoriels (Hors programme TS)

1. Je fais le point sur mes connaissances

1. Qu'est-ce qu'un espace vectoriel ?

Un espace vectoriel ou un sous espace vectoriel est un ensemble vérifiant les propriétés suivantes :

- E est non vide ;
- E est stable par addition : pour tous x et y de E, $x + y \in E$;
- E est stable par la multiplication par un scalaire : pour tout x de E et $\lambda \in \mathbb{R}$, $\lambda x \in E$.

2. Les mots clés

Élément :
Composant d'un ensemble.

Ensemble vide :
Un ensemble ne contenant aucun élément est vide. On le note $\varnothing$.

Stabilité par addition :
Un ensemble est dit stable par addition si la somme de deux de ses éléments lui appartient également.

Stabilité par multiplication par un scalaire :
Un ensemble est dit stable par multiplication par un scalaire si le produit par un réel de l'un de ses éléments lui appartient également.

Les matrices (Enseignement de spécialité TS)

1. Je fais le point sur mes connaissances

1. Format d'une matrice

Une matrice A composée de n lignes et de p colonnes a un format $n \times p$.

$$A = \begin{pmatrix} a_{11} & \cdots & a_{1p} \\ \cdots & a_{ij} & \cdots \\ a_{n1} & \cdots & a_{np} \end{pmatrix} \text{ est une matrice de format } n \times p.$$

On dit qu'elle appartient à l'ensemble des matrices à n lignes et p colonnes que l'on note $M_{n,p}(\mathbb{R})$.

2. Matrices particulières

- Lorsque la matrice a le même nombre de lignes que de colonnes, elle est carrée d'ordre n.
- La matrice carrée d'ordre n composée de 1 sur la diagonale et de zéros partout ailleurs est la matrice identité d'ordre n notée I_n.
- Une matrice à une seule ligne et une seule colonne est un réel.
- Une matrice à une seule ligne et p colonnes est une matrice ligne.
- Une matrice à une seule colonne et à n lignes est une matrice colonne (un vecteur à n coordonnées est une matrice colonne (vecteur de $\mathbb{R}^n$)).

3. Opération de matrices

Addition ou soustraction :

La somme de deux matrices n'est possible que si elles sont de même format.

$$\begin{pmatrix} a & b \\ c & d \end{pmatrix} + \begin{pmatrix} e & f \\ g & h \end{pmatrix} = \begin{pmatrix} a+e & b+f \\ c+g & d+h \end{pmatrix}$$

[ATTENTION]

A + B = B + A : l'addition est aussi commutative avec les matrices. L'élément neutre pour l'addition est la matrice nulle car pour toute matrice A de $M_{n;p}(\mathbb{R})$, 0 + A = A + 0 = A.

Multiplication :

- La multiplication par un réel d'une matrice donne une matrice dont les coefficients sont multipliés par ce réel :

$$\lambda \times \begin{pmatrix} a & b \\ c & d \end{pmatrix} = \begin{pmatrix} \lambda a & \lambda b \\ \lambda c & \lambda d \end{pmatrix}, \lambda \in \mathbb{R}$$

- La multiplication de deux matrices A et B matrices n'est possible que si le nombre de colonnes de A est égale au nombre de lignes de B.

$$\underbrace{\begin{pmatrix} a & b \\ c & d \end{pmatrix}}_{A} \times \underbrace{\begin{pmatrix} e & f & g \\ h & i & j \end{pmatrix}}_{B} = \underbrace{\begin{pmatrix} ae+bh & af+bi & ag+bj \\ ce+dh & cf+di & cg+dj \end{pmatrix}}_{A\times B}$$

[REMARQUE]

Le produit BA est impossible car le nombre de colonnes de B (3) est différent du nombre de lignes de A (2).

[UN CONSEIL]

Disposez la seconde matrice légèrement plus haut que la première afin de mieux distinguer les multiplications à effectuer.

[ATTENTION]

$AB \neq BA$: le produit n'est pas commutatif avec les matrices !
Très peu de cas de commutativité du produit :
- produit par la matrice identité : $A \times I_n = I_n \times A = A$;
- produit de A par une matrice A élevée à une certaine puissance :
$A \times A^n = A^n \times A = A^{n+1}$.

Il peut arriver que $AB = BA$, mais cela est lié au hasard du calcul !
L'élément neutre pour la multiplication par un scalaire est 1 car pour toute matrice A de $M_{n,p}(\mathbb{R})$, $1 \times A = A \times 1 = A$.
L'élément neutre par la multiplication de deux matrices est la matrice identité I car $I \times A \times A \times I = A$

4. Transposée d'une matrice

La transposée d'une matrice A est la matrice, notée A^T, dont les lignes sont les colonnes de A et les colonnes sont les lignes de A.

$$\text{Si } A = \begin{pmatrix} a & b & c \\ d & e & f \end{pmatrix} \text{ alors la transposée de } A \text{ est } A^T = \begin{pmatrix} a & d \\ b & e \\ c & f \end{pmatrix}$$

[PROPRIETES]

$(A + B)^T = A^T + B^T$
$(AB)^T = B^T A^T$

[REMARQUE]

Dans le cas d'une matrice carrée, les termes diagonaux restent inchangés lors du passage à la transposée.

5. Trace d'une matrice carrée

La trace d'une matrice carrée est la somme de ses termes diagonaux.
Si $A = \begin{pmatrix} a & b \\ c & d \end{pmatrix}$, alors $\text{trace}(A) = a + d$.

[PROPRIETES]

Trace $(A + B)$ = Trace (A) + Trace (B)
Trace $(\lambda \times A) = \lambda \times$ Trace (A)
Trace (AB) = Trace (BA) où AB est le produit de la matrice A par la matrice B et BA le produit de la matrice B par la matrice A.
Trace (A^T) = Trace (A)

6. Déterminant d'une matrice carrée

Déterminant d'une matrice 2×2 :

Soit A une matrice carrée d'ordre 2 telle que : $A = \begin{pmatrix} a & b \\ c & d \end{pmatrix}$ alors le déterminant de A s'écrit : $\det(A) = \begin{vmatrix} a & b \\ c & d \end{vmatrix} = ad - bc$.

Déterminant d'une matrice 3×3 :

Soit A une matrice carrée d'ordre 3 telle que : $A = \begin{pmatrix} a & b & c \\ d & e & f \\ g & h & i \end{pmatrix}$ alors le déterminant de A s'écrit en développant par exemple par rapport à la première colonne :

$$\det(A) = \begin{vmatrix} a & b & c \\ d & e & f \\ g & h & i \end{vmatrix} = a \begin{vmatrix} e & f \\ h & i \end{vmatrix} - d \begin{vmatrix} b & c \\ h & i \end{vmatrix} + g \begin{vmatrix} b & c \\ e & f \end{vmatrix}$$

[ATTENTION]

N'oubliez pas le signe moins devant le deuxième coefficient !

[REMARQUE]

Vous pouvez aussi développer par rapport à la 2e ou 3e colonne. Choisissez la plus simple (avec des zéros ou des uns si possible) !

Déterminant de matrices particulières :

	Déterminant
Matrice identité	1
Matrice nulle	0
Matrice diagonale	produit des termes diagonaux

7. Inverse d'une matrice carrée

Pourquoi inverser une matrice ?

Inverser une matrice est très utile dans le cas de système linéaires (voir fiche 2). Pour résoudre un système de la forme $AX = b$, il vous suffit d'écrire que cela est équivalent à $X = A^{-1}b$ où X et b sont des vecteurs de $\mathbb{R}^n$ et A une matrice carrée d'ordre n. Vous devez donc maîtriser la méthode inverse d'une matrice pour pouvoir résoudre des systèmes avec cette technique.

Comment savoir si une matrice est inversible ou non ?

- Si $\det(A) \neq 0$ alors la matrice A est inversible.
- Si $\det(A) = 0$ alors la matrice est dite singulière ou non inversible.
- Si $\text{trace}(A) \neq 0$ alors A est inversible.
- Si $AB = BA = I_n$, alors A est inversible et $A^{-1} = B$.
- Si les pivots de Gauss de A sont non tous nuls, alors A est inversible.

Inverse d'une matrice 2×2 :

$$A^{-1} = \frac{1}{ad - bc} \times \begin{pmatrix} d & -b \\ -c & a \end{pmatrix} = \frac{1}{\det(A)} \times \begin{pmatrix} d & -b \\ -c & a \end{pmatrix}$$

où $\det(A) \neq 0$

Inverse d'une matrice carrée d'ordre n :

Malheureusement, il n'existe pas de formule pour les matrices carrées d'ordres supérieurs à 2 ! Vous devez utiliser la méthode du pivot de Gauss pour déterminer l'inverse d'une matrice.

Voici la méthode à partir d'un cas concret :

On considère la matrice A à inverser. $A = \begin{pmatrix} 1 & 2 & 1 \\ 1 & -1 & 0 \\ -1 & 2 & 0 \end{pmatrix}$

Tout d'abord vous devez vérifier que A est bien inversible : $\det(A) = \begin{vmatrix} 1 & 2 & 1 \\ 1 & -1 & 0 \\ -1 & 2 & 0 \end{vmatrix} = 1 \times \begin{vmatrix} 1 & -1 \\ -1 & 2 \end{vmatrix} = 2 - 1 = 1 \neq 0$ donc A inversible.

Le principe consiste à écrire dans deux colonnes les matrices A (à inverser) et la matrice I (identité). Puis, par une succession d'opérations sur les lignes de ces deux matrices, faire apparaître la matrice identité à la place de A et la matrice A^{-1} à la place de la matrice identité.

$A = \begin{pmatrix} 1 & 2 & 1 \\ 1 & -1 & 0 \\ -1 & 2 & 0 \end{pmatrix}$	$I = \begin{pmatrix} 1 & 0 & 0 \\ 0 & 1 & 0 \\ 0 & 0 & 1 \end{pmatrix}$

Tout d'abord occupez-vous de faire apparaître des zéros dans la première colonne de la matrice A. Pour cela vous fixez la première ligne (vous n'y touchez pas pour le moment) puis vous modifiez les lignes 2 et 3 en fonction de la ligne 1 (1ère colonne / 1ère ligne). Une fois que vous obtenez les zéros souhaités dans la colonne, vous reportez les calculs dans la matrice identité.

$$L_2 \to L_1 - L_2 \text{ et } L_3 \to L_1 + L_3$$

$\begin{pmatrix} 1 & 2 & 1 \\ 0 & 3 & 1 \\ 0 & 4 & 1 \end{pmatrix}$	$\begin{pmatrix} 1 & 0 & 0 \\ 1 & -1 & 0 \\ 1 & 0 & 1 \end{pmatrix}$

Vous devez ensuite faire apparaître des zéros dans la deuxième colonne. Pour cela vous fixez la 2e ligne et vous travaillez avec la ligne 3 pour la modifier en fonction de la ligne 2 (2e colonne / 2e ligne). De même qu'à l'étape précédente, vous reportez ensuite dans la matrice identité.

$$L_3 \to 4L_2 - 3L_3$$

$\begin{pmatrix} 1 & 2 & 1 \\ 0 & 3 & 1 \\ 0 & 0 & 1 \end{pmatrix}$	$\begin{pmatrix} 1 & 0 & 0 \\ 1 & -1 & 0 \\ 1 & -4 & -3 \end{pmatrix}$

À cette étape, vous êtes en présence d'une matrice triangulaire supérieure dont les termes diagonaux sont non nuls. Il s'agit de la réduite de Gauss de la matrice A et ses termes diagonaux sont appelés pivots de Gauss. Vous remarquez que ces trois pivots sont non nuls, la matrice A est donc bien inversible. Les calculs sont relativement simples par la suite, vous devez faire apparaître des zéros sur la 3e colonne, puis dans la 2e et vous serez en présence d'une matrice diagonale.

$$L_1 \to L_1 - L_3 \text{ et } L_2 \to L_2 - L_3$$

$\begin{pmatrix} 1 & 2 & 0 \\ 0 & 3 & 0 \\ 0 & 0 & 1 \end{pmatrix}$	$\begin{pmatrix} 0 & 4 & 3 \\ 0 & 3 & 3 \\ 1 & -4 & -3 \end{pmatrix}$

☞

Vous n'avez plus qu'à faire apparaître un zéro dans la 2e colonne de la 1ère ligne pour avoir une matrice diagonale. $L_1 \rightarrow 3L_1 - 2L_2$	
$\begin{pmatrix} 3 & 0 & 0 \\ 0 & 3 & 0 \\ 0 & 0 & 1 \end{pmatrix}$	$\begin{pmatrix} 0 & 6 & 3 \\ 0 & 3 & 3 \\ 1 & -4 & -3 \end{pmatrix}$
Enfin pour obtenir des « 1 » sur la diagonale, vous divisez les lignes 1 et 2 par 3 $L_1 \rightarrow L_1 \div 3$, $L_2 \rightarrow L_2 \div 3$ et $L_3 \rightarrow L_3$	
$\begin{pmatrix} 1 & 0 & 0 \\ 0 & 1 & 0 \\ 0 & 0 & 1 \end{pmatrix}$	$A^{-1} \begin{pmatrix} 0 & 2 & 1 \\ 0 & 1 & 1 \\ 1 & -4 & -3 \end{pmatrix}$

Vous pouvez vérifier vos calculs en effectuant le produit $A \times A^{-1}$ ou de $A^{-1} \times A$. Dans les deux cas vous devez retrouver la matrice identité.

8. Puissance d'une matrice carrée

Matrices nilpotente	J	À partir d'un certain rang $n > 0$, $J^n = 0$
Matrice Identité	I	$I^n = I$
Matrices diagonales	$D = \begin{pmatrix} a & 0 & 0 \\ 0 & b & 0 \\ 0 & 0 & c \end{pmatrix}$	$D = \begin{pmatrix} a^n & 0 & 0 \\ 0 & b^n & 0 \\ 0 & 0 & c^n \end{pmatrix}$
Matrices avec des coefficients identiques	A dont les coefficients sont tous égaux à p	$A^n = p^{n-1} \times A$
Binôme de Newton	$A = J + B$	$A^n = (J+B)^n = \sum_{k=0}^{n} \binom{n}{k} J^k B^{n-k}$

2. Les mots clés

Déterminant d'une matrice :
Il permet de déterminer si une matrice est inversible ou non.

Élément neutre pour une opération :
Il s'agit d'un élément tel que l'opération ne change pas l'élément de départ.

Format d'une matrice :
Le format d'une matrice désigne son nombre de lignes et de colonnes.

Matrice inversible :
Matrice A dont on peut calculer l'inverse A^{-1} et telle que $AA^{-1} = A^{-1}A = I_n$.

Matrice nilpotente d'ordre n :
Matrice A telle qu'à partir d'un certain n, $A^n = 0$.

Matrice nulle :
Matrice dont les coefficients sont tous nuls.

Matrice singulière :
Matrice non inversible.

Matrice transposée :
Matrice dont les lignes et les colonnes ont été permutées.

Trace d'une matrice carrée :
Somme des termes diagonaux.

Les matrices carrées

1. Vérifiez que vous avez compris

1. Calculez le produit $A \times B$ puis $B \times A$ lorsque cela est possible où

$$A = \begin{pmatrix} 1 & 5 \\ 4 & 2 \end{pmatrix} \text{ et } B = \begin{pmatrix} 0 & 5 & 8 \\ 1 & 2 & 7 \end{pmatrix}$$

2. Déterminez l'inverse de $C = \begin{pmatrix} 3 & 1 \\ 0 & 2 \end{pmatrix}$ si cela est possible.

3. Calculez le déterminant de la matrice $D = \begin{pmatrix} 1 & 2 & 3 \\ 0 & 7 & 4 \\ 9 & 5 & 2 \end{pmatrix}$. D est-elle inversible ? Singulière ?

4. Soit $E = \begin{pmatrix} 2 & 1 & 0 \\ 0 & 1 & 2 \\ 0 & 0 & 1 \end{pmatrix}$. Calculez l'inverse de E.

5. Soit $F = \begin{pmatrix} 0 & 3 & 2 \\ 0 & 0 & 5 \\ 0 & 0 & 0 \end{pmatrix}$. Calculez F^2, puis F^3. Comment appelle-t-on une telle matrice ?

2. Vérifiez vos résultats

1. Le produit AB est possible car le nombre de lignes de B (2) est égal au nombre de colonnes de A (2). Ainsi :

$$A \times B = \begin{pmatrix} 1 & 5 \\ 4 & 2 \end{pmatrix} \times \begin{pmatrix} 0 & 5 & 8 \\ 1 & 2 & 7 \end{pmatrix}$$

$$= \begin{pmatrix} 1 \times 0 + 5 \times 1 & 1 \times 5 + 5 \times 2 & 1 \times 8 + 5 \times 7 \\ 4 \times 0 + 2 \times 1 & 4 \times 5 + 2 \times 2 & 4 \times 8 + 2 \times 7 \end{pmatrix}$$

$$A \times B = \begin{pmatrix} 5 & 15 & 43 \\ 2 & 24 & 46 \end{pmatrix}$$

En revanche le produit BA est impossible car le nombre de lignes de A (2) est différent du nombre de colonnes de B (3)

2. $\det(C) = 3 \times 2 - 0 \times 1 = 6 - 0 = 6 \neq 0$. Donc C est inversible et

$$C^{-1} = \frac{1}{\det(C)} \times \begin{pmatrix} 2 & -1 \\ 0 & 3 \end{pmatrix} = \frac{1}{6} \times \begin{pmatrix} 2 & -1 \\ 0 & 3 \end{pmatrix} = \begin{pmatrix} \frac{1}{3} & \frac{-1}{6} \\ 0 & \frac{1}{2} \end{pmatrix}$$

3. $\det(D) = 1 \times \begin{vmatrix} 7 & 4 \\ 5 & 2 \end{vmatrix} - 0 \times \begin{vmatrix} 2 & 3 \\ 5 & 2 \end{vmatrix} + 9 \times \begin{vmatrix} 2 & 3 \\ 7 & 4 \end{vmatrix} = 14 - 20 - 0$
$+ 9 \times (8 - 21) = -123$

$\det D \neq 0$ donc D est inversible (non singulière).

4. Soit $E = \begin{pmatrix} 2 & 1 & 0 \\ 0 & 1 & 2 \\ 0 & 0 & 1 \end{pmatrix}$. E est déjà sous la forme de la réduite de Gauss.

Ses pivots (termes diagonaux de la réduite de Gauss d'une matrice) sont non tous nuls, donc E est bien inversible.

$E = \begin{pmatrix} 2 & 1 & 0 \\ 0 & 1 & 2 \\ 0 & 0 & 1 \end{pmatrix}$	$I = \begin{pmatrix} 1 & 0 & 0 \\ 0 & 1 & 0 \\ 0 & 0 & 1 \end{pmatrix}$
$L_2 \to L_2 - 2L_3$	
$\begin{pmatrix} 2 & 1 & 0 \\ 0 & 1 & 0 \\ 0 & 0 & 1 \end{pmatrix}$	$\begin{pmatrix} 1 & 0 & 0 \\ 0 & 1 & -2 \\ 0 & 0 & 1 \end{pmatrix}$
$L_1 \to L_1 - L_2$	
$\begin{pmatrix} 2 & 0 & 0 \\ 0 & 1 & 0 \\ 0 & 0 & 1 \end{pmatrix}$	$\begin{pmatrix} 1 & -1 & 2 \\ 0 & 1 & -2 \\ 0 & 0 & 1 \end{pmatrix}$

☞

☞

$L1 \rightarrow \frac{1}{2} \times L1$	
$\begin{pmatrix} 1 & 0 & 0 \\ 0 & 1 & 0 \\ 0 & 0 & 1 \end{pmatrix}$	$\begin{pmatrix} \frac{1}{2} & -\frac{1}{2} & 1 \\ 0 & 1 & -2 \\ 0 & 0 & 1 \end{pmatrix}$

5. F est nilpotente d'ordre 3 car à partir de $n = 3$, $F^n =$ matrice nulle.

$$F^2 = \begin{pmatrix} 0 & 3 & 2 \\ 0 & 0 & 5 \\ 0 & 0 & 0 \end{pmatrix} \times \begin{pmatrix} 0 & 3 & 2 \\ 0 & 0 & 5 \\ 0 & 0 & 0 \end{pmatrix} = \begin{pmatrix} 0 & 0 & 15 \\ 0 & 0 & 0 \\ 0 & 0 & 0 \end{pmatrix}$$

$$F^3 = \begin{pmatrix} 0 & 3 & 2 \\ 0 & 0 & 5 \\ 0 & 0 & 0 \end{pmatrix} \times \begin{pmatrix} 0 & 0 & 15 \\ 0 & 0 & 0 \\ 0 & 0 & 0 \end{pmatrix} = \begin{pmatrix} 0 & 0 & 0 \\ 0 & 0 & 0 \\ 0 & 0 & 0 \end{pmatrix}$$

Mathématiques

[Les probabilités et les statistiques]

Les statistiques descriptives – bases

1. Je fais le point sur mes connaissances

1. Le caractère statistique

Type de caractère	Qualitatif		Quantitatif	
	Nominal	**Ordinal**	**Discret**	**Continu**
Définition	Noms communs sans ordre particulier.	Noms avec un certain ordre.	Numérique avec que des nombres entiers.	Numérique avec des intervalles ou des nombres décimaux.
Exemples	Catégorie socio-professionnelle	Grand, moyen, petit, 1er	Nombre d'enfants d'un ménage	Salaires des employés d'un secteur

2. Les indicateurs statistiques de tendance centrale

	Cas discret	Cas continu
Moyenne arithmétique	$m = \frac{1}{n}\sum_{i=1}^{n} n_i x_i$	$m = \frac{1}{n}\sum_{i=1}^{n} n_i c_i$ c_i = centre de la classe i
Médiane	Classez dans un premier temps les valeurs par ordre croissant, Puis : • Si n impair : $n = 2p + 1$, alors la médiane est la valeur du milieu, soit la $(p+1)^e$ valeur.	Dans le cas continu la médiane se calcule par *interpolation linéaire* : • Vous devez calculer les fréquences cumulées croissantes.

☞

☞

Médiane	• Si n pair : $n = 2p$, la médiane est la moyenne arithmétique des deux valeurs du milieu, soit la moyenne arithmétique de la p^e et de la $(p+1)^e$ valeur.	• Vous devez sélectionner la première classe $[a_i\ ;\ b_i[$ dont la fréquence cumulée croissante dépasse 50 % ou 0,5. • Vous appliquez la formule d'*interpolation linéaire* : $Me = a_i + (b_i - a_i) \times \frac{0{,}5 - F_{i-1}}{f_i}$ f_i est la fréquence de la première classe pour laquelle les fréquences cumulées dépassent 50 % ou 0,5 (classe contenant la médiane) et F_{i-1} est la fréquence cumulée de la classe précédente.

3. Les indicateurs de dispersion

	Cas discret	Cas continu
Variance	$V = \frac{1}{n}\sum_{i=1}^{n} n_i (x_i)^2 - m^2$	$V = \frac{1}{n}\sum_{i=1}^{n} n_i (c_i)^2 - m^2$
Écart-type	$\sigma = \sqrt{V} = \sqrt{\frac{1}{n}\sum_{i=1}^{n} n_i (x_i)^2 - m^2}$	$\sigma = \sqrt{V} = \sqrt{\frac{1}{n}\sum_{i=1}^{n} n_i (c_i)^2 - m^2}$

2. Les mots clés

Distribution symétrique :

Distribution pour laquelle la médiane est égale à la moyenne arithmétique.

Médiane :

La médiane est la donnée numérique pour laquelle il y a autant de valeurs inférieures que de valeurs supérieures.

Moyenne :

La moyenne arithmétique m est la somme des valeurs de tous les x_i affectés de leur coefficient éventuel n_i divisée par le nombre total d'individus.

FICHE COURS 40

[Les probabilités et les statistiques]

Le dénombrement

1. Je fais le point sur mes connaissances

1. Les tirages avec ou sans remise

Tirage de p éléments parmi n	Avec remise (indépendance)	Sans remise (dépendance)
Avec ordre	n^p	$A_n^p = \dfrac{n!}{(n-p)!}$
Sans ordre	n^p	$C_n^p = \binom{n}{p} = \dfrac{n!}{p!(n-p)!}$

2. Les anagrammes

Il existe des cas où il y aura k exemplaires d'une lettre, puis l d'une autre, puis m d'une autre, etc. Par exemple le mot ABRACADABRA a 5 exemplaires de la lettre A, 2 exemplaires de la lettre B et 2 exemplaires de la lettre R. Il a donc $\dfrac{11!}{5! \times 2! \times 2!} = \dfrac{11!}{480} = 83160$ anagrammes.

Mot de n lettres	Lettres toutes différentes	k exemplaires d'une lettre et les autres toutes différentes	k exemplaires d'une lettre, l d'une autre et les autres toutes différentes
Nombre d'anagrammes	$n!$	$\dfrac{n!}{k!}$	$\dfrac{n!}{k! \times l!}$
Exemples	MAI $3! = 6$	NON $\dfrac{3!}{2!} = \dfrac{6}{2} = 3$	THEATRE $\dfrac{7!}{2! \times 2!} = \dfrac{5040}{4} = 1260$

2. Les mots clés

Anagramme :

L'anagramme d'un mot est un autre mot composé exactement des mêmes lettres mais disposées dans un ordre différent.

Cartes à jouer :

Un jeu de 32 cartes comprend 8 hauteurs (7, 8, 9, 10, Valet, Dame, Roi et As) composées de 4 couleurs (pique, carreau, cœur et trèfle).

Un jeu de 52 cartes comprend 13 hauteurs (2, 3, 4, 5, 6, 7, 8, 9, 10, Valet, Dame, Roi et As) composées de 4 couleurs (pique, carreau, cœur et trèfle).

Dé équilibré :

Il s'agit d'un dé qui n'est pas truqué. Chaque face a une probabilité de $\frac{1}{6}$ d'apparaître.

Dé pipé :

Il s'agit d'un dé truqué. Chaque face a donc une probabilité différente d'apparaître.

Tirage avec remise :

Un tirage avec remise consiste à choisir un élément (une carte ou une boule ou etc.) puis de le remettre dans l'ensemble de tous les éléments (un jeu de cartes ou une urne par exemple). Puis de re-choisir un élément en le remettant dans l'ensemble de tous les éléments, et ainsi de suite.

Tirage sans remise :

Un tirage sans remise consiste à choisir un élément (une carte ou une boule ou etc.) sans le remettre dans l'ensemble contenant tous les éléments (un jeu de cartes ou une urne par exemple), puis de re-choisir un élément parmi les éléments restants sans le remettre dans l'ensemble contenant ces éléments, et ainsi de suite.

FICHE COURS 41

[Les probabilités et les statistiques]

Les probabilités conditionnelles

1. Je fais le point sur mes connaissances

1. Les différentes formules

	Probabilités
Complémentaire	$P(\overline{A}) = 1 - P(A)$
Réunion	$P(A \cup B) = P(A) + P(B) - P(A \cap B)$
Probabilités totales	$P(A) = P(A \cap B) + P(A \cap \overline{B})$
Intersection	$P(A\|B) = P_B(A) = \dfrac{P(A \cap B)}{P(B)}$ $P(A \cap B) = P(B) \times P_B(A) = P(A) \times P_A(B)$
Système complet d'événements	La somme de toutes les probabilités = 1 Si A, B et C forment un système complet d'événements alors : $P(A) + P(B) + P(C) = 1$

2. Les arbres de probabilités

Exemple

Scient A l'événement : « réviser son examen » et B l'événement : « avoir son examen ». $P(A) = 0{,}65$ et $P(\overline{A}) = 0{,}35$

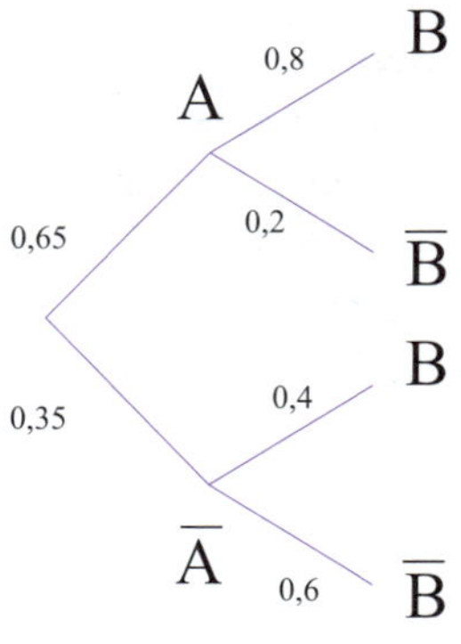

La probabilité que l'élève ait son examen alors qu'il a révisé est de 80 % et la probabilité qu'il ait son examen alors qu'il n'a pas révisé est de 40 %. Quelle est la probabilité de B ? Que vaut $P_B(A)$?

$P_A(B) = 80\,\% = 0{,}8$ et $P_{\overline{A}}(B) = 40\,\% = 0{,}4$.

On déduit que : $P(B \cap A) = P_A(B) \times P(A) = 0{,}8 \times 0{,}65 = 0{,}52$

et que $P(B \cap \overline{A}) = P_{\overline{A}}(B) \times P(\overline{A}) = 0{,}4 \times 0{,}35 = 0{,}14$

$P(B) = P(B \cap A) + P(B \cap \overline{A}) = 0{,}52 + 0{,}14 = 0{,}66$ (formule des probabilités totales)

$P_B(A) = \dfrac{P(B \cap A)}{P(B)} = \dfrac{0{,}52}{0{,}66} = \dfrac{26}{33} \cong 0{,}8$ (formule d'intersection)

2. Les mots clés

Événement :

Ensemble de résultats d'une épreuve aléatoire.

Ensemble vide :

Ensemble ne contenant aucun élément. Il est noté $\varnothing$. Sa probabilité est nulle.

Événement certain (univers) :

Ensemble de toutes les possibilités. Il est noté Ω. Sa probabilité vaut 1.

Événements incompatibles :

Deux événements sont dits incompatibles si leur intersection est égale à l'ensemble vide.

Exemple

$A = \{1, 2, 3\}$ et $B = \{0, 4\}$, alors $A \cap B = \varnothing$

Intersection de deux événements :

L'intersection de deux événements est égale à l'ensemble de leurs éléments communs. $A \cap B$ se lit « A et B » ou « A inter B » et $A \cap B =$ {éléments appartenant à la fois à A et à B}.

Exemple

$A = \{1, 2, 3\}$ et $B = \{0, 1, 2, 5, 7\}$, alors $A \cap B = \{1, 2\}$

Probabilité :

Nombre compris entre 0 et 1 qui évalue le caractère possible d'un événement.

Union de deux événements :

L'union de deux événements est égale à l'ensemble de tous leurs éléments. $A \cup B$ se lit « A ou B » ou « A union B » et $A \cup B =$ {éléments appartenant à A + éléments appartenant à B}.

Exemple

$A = \{1, 2, 3\}$ et $B = \{0, 1, 2, 5, 7\}$, alors $A \cup B = \{0, 1, 2, 3, 5, 7\}$

[Les probabilités et les statistiques]

Les principales lois discrètes

1. Je fais le point sur mes connaissances

1. La loi uniforme discrète

Sa loi sur $\mathbb{N}$ est donnée par :

X	**1**	**2**	**...**	n
Probabilités	$\frac{1}{n}$	$\frac{1}{n}$	...	$\frac{1}{n}$

$$E(X) = \frac{n+1}{2} \text{ et } V(X) = \frac{n^2-1}{12}$$

L'application la plus connue de cette loi est le lancé d'un dé équilibré à 6 faces numérotées de 1 à 6.
Dans le cas du lancer d'un dé non pipé à six faces numérotées de 1 à 6

X	**1**	**2**	**3**	**4**	**5**	**6**
Probabilités	$\frac{1}{6}$	$\frac{1}{6}$	$\frac{1}{6}$	$\frac{1}{6}$	$\frac{1}{6}$	$\frac{1}{6}$

$$E(X) = \frac{6+1}{2} = \frac{7}{2} \text{ et } V(X) = \frac{6^2-1}{12} = \frac{35}{12}$$

2. La loi de Bernoulli de paramètre p

La loi de Bernoulli est caractérisée par la présence d'un échec et d'un succès.

X_i	0	1
Probabilités	$1-p$	p

3. La loi Binomiale de paramètres n et p

La répétition de n variables aléatoires indépendantes de Bernoulli de paramètre p donne une loi Binomiale de paramètres n (nombre de répétitions) et p (probabilité du succès).

	Notations et résultats
X le nombre de succès	$X = \sum_{i=1}^{n} X_i$
Probabilité d'avoir exactement k succès	$P(X = k) = \binom{n}{k} p^k (1-p)^{n-k}$
Probabilité de n'avoir aucun succès	$P(X = 0) = \binom{n}{0} p^0 (1-p)^{n-0} = (1-p)^n$
Probabilité d'avoir exactement 1 succès	$P(X = 1) = \binom{n}{1} p^1 (1-p)^{n-1} = np(1-p)^{n-1}$
Probabilité d'avoir au moins 1 succès	$P(X \geqslant 1) = 1 - P(X < 1) = 1 - P(X = 0)$
Probabilité d'avoir au plus 1 succès	$P(X \leqslant 1) = P(X = 0) + P(X = 1)$

4. La loi Géométrique de paramètre p (hors programme TS)

La loi géométrique est caractérisée par la répétition de l'épreuve aléatoire jusqu'au premier succès. Si $X \sim G(p)$, où X = nombre de fois qu'il faut répéter l'épreuve aléatoire pour avoir le premier succès, $P(X = k)$ = probabilité qu'il faille k répétitions pour avoir le premier succès.

$$P(X = k) = (1-p)^{k-1} \times p$$

5. La loi de Poisson de paramètre λ (hors programme TS)

La loi de Poisson intervient dans les événements rares. Elle a également pour caractéristique d'avoir une moyenne toujours égale à sa variance. $E(X) = V(X) = \lambda$.

2. Les mots clés

Dépendance :

Se dit de variables qui sont liées entre elles. Par exemple dans le cas d'un tirage sans remise, les résultats seront dépendants.

Espérance :

Il s'agit de la moyenne ou encore du nombre attendu.

Fonction de répartition :

La fonction de répartition est la probabilité donnée par $F(x) = P(X \leqslant x)$. Il s'agit des probabilités cumulées croissantes.

Indépendance :

Se dit de variables qui ne sont pas liées entre elles. Par exemple, dans un tirage avec remise les résultats seront indépendants.

Probabilité :

Nombre compris entre 0 et 1. La probabilité d'un événement sûr et certain est 1 et la probabilité d'un événement impossible est nulle.

Variable aléatoire discrète :

Application définie sur $\mathbb{N}$. Les lois concernant ces variables ne sont appliquées qu'avec des nombres entiers.

Variable centrée :

Variable dont l'espérance est nulle.

Variable réduite :

Variable dont la variance est égale à un.

[Les probabilités et les statistiques]

Les loi de Bernoulli et Binomiale

FICHE EXERCICES 43

1. Vérifiez que vous avez compris

Dans une certaine classe de Terminale, chaque élève a une probabilité de 90 % d'être reçu au baccalauréat. Les résultats des 30 élèves sont indépendants. Déterminez les probabilités suivantes :

1. Probabilité qu'aucun élève n'ait son baccalauréat.

2. Probabilité qu'exactement un élève ait son baccalauréat.

3. Probabilité qu'au moins un élève ait son baccalauréat.

4. Probabilité qu'au plus un élève ait son baccalauréat.

5. Probabilité que tous les élèves aient leur baccalauréat.

2. Vérifiez vos résultats

Soit $X =$ nombre de réussites au baccalauréat dans la classe de Terminale comportant 30 élèves : $X = \sum_{i=1}^{30} X_i$. Les X_i sont indépendants et suivent la loi de Bernoulli de paramètre 0,9 et X suit la loi binomiale de paramètres 30 et 0,9.

La probabilité que k élèves réussissent au baccalauréat est :

$$P(X = k) = \binom{30}{k} 0{,}9^k (1 - 0{,}9)^{30-k} = \binom{30}{k} 0{,}9^k (0{,}1)^{30-k}$$

1. La probabilité qu'aucun élève n'ait son baccalauréat est :

$$P(X = 0) = \binom{30}{0} 0{,}9^0 (0{,}1)^{30-0} = 1 \times 1 \times (0{,}1)^{30} = 0{,}1^{30} \approx 0$$

2. La probabilité qu'exactement un élève ait son baccalauréat est :

$$P(X = 1) = \binom{30}{1} 0{,}9^1 (0{,}1)^{30-1} = 30 \times 0{,}9 \times (0{,}1)^{29}$$
$$= 27 \times 0{,}1^{29} \approx 0$$

3. La probabilité qu'au moins un élève ait son baccalauréat est :

$$P(X \geqslant 1) = 1 - P(X < 1) = 1 - P(X = 0) \text{ or } P(X = 0) = 0,1^{30}$$

Donc $P(X \geqslant 1) = 1 - 0,1^{30} \approx 1 - 0 = 1$.

4. La probabilité qu'au plus un élève ait son baccalauréat est :

$$P(X \leqslant 1) = P(X = 0) + P(X = 1) = 0,1^{30} + 27 \times 0,1^{29}$$
$$\approx 0 + 0 \approx 0$$

5. La probabilité que tous les élèves aient leur baccalauréat est de :

$$P(X = 30) = \binom{30}{30} 0,9^{30}(0,1)^{30-30} = 1 \times 0,9^{30} \times 1$$
$$= 0,9^{30} \approx 0,0424$$

[ATTENTION]

Précisez bien que les variables sont indépendantes car sinon votre raisonnement est faux. En effet si les variables de Bernoulli ne sont pas indépendantes, X ne suit plus une loi Binomiale mais une loi Hypergéométrique (qui n'est pas à votre programme en Terminale, rassurez-vous !), ce qui n'est pas du tout la même chose !

[REMARQUE]

La loi Géométrique et la loi de Poisson ne sont pas au programme de Terminale. C'est pourquoi, elles ne sont que citées dans l'ouvrage et qu'il n'y pas d'application les concernant. Leurs références pourront vous être néanmoins utiles dans certains exercices mais elles ne sont pas à connaître en Terminale.

[Les probabilités et les statistiques]

Les lois continues

FICHE COURS 44

1. Je fais le point sur mes connaissances

1. La loi uniforme continue sur $[a\ ;\ b]$

Elle est définie par sa densité et sa fonction de répartition :

$$f(x) = \begin{cases} \dfrac{1}{b-a} \text{ si } x \in [a, b] \\ 0 \text{ sinon} \end{cases}$$

et

$$P(X \leqslant x) = F(x) = \begin{cases} 1 \text{ si } x > b \\ \dfrac{x-a}{b-a} \text{ si } x \in [a, b] \\ 0 \text{ sinon} \end{cases}.$$

Son espérance est $\dfrac{a+b}{2}$ et sa variance $\dfrac{b^2-a^2}{12}$.

2. La loi exponentielle de paramètre λ

Elle est définie par sa densité et sa fonction de répartition :

$$f(x) = \begin{cases} \lambda e^{-\lambda x},\ x \geqslant 0 \\ 0 \text{ sinon} \end{cases}$$

et

$$P(X \leqslant x) = F(x) = \begin{cases} 1 - e^{-\lambda x},\ x \geqslant 0 \\ 0 \text{ sinon} \end{cases}$$

Son espérance est $\dfrac{1}{\lambda}$ et sa variance $\dfrac{1}{\lambda^2}$.

3. La loi Normale

La loi Normale a pour densité : $\dfrac{1}{\sigma\sqrt{2\pi}} e^{-\frac{(x-m)^2}{2\sigma^2}}$ si $x \in \mathbb{R}$.

On note X suit la loi $\mathrm{N}(m\ ;\ \sigma)$. $\mathrm{E}(X) = m$ et $V(X) = \sigma^2$.

4. La loi Normale centrée réduite $\mathrm{N}(0,1)$

La loi Normale a pour densité : $\dfrac{1}{\sqrt{2\pi}}e^{-\frac{x^2}{2^2}}$ si $x \in \mathbb{R}$. On note $X \sim \mathrm{N}(0\,;\,1)$. $\mathrm{E}(X) = 0$ et $V(X) = 1$. Cette loi est très utilisée pour la lecture des tables.

Propriétés :

- si $X \sim N(m, \sigma)$ alors $\dfrac{X-m}{\sigma} \sim N(0, 1)$;
- si $X \sim N(0, 1)$, alors $F(-x) = 1 - F(x)$ où $F(x) = P(X \leqslant x)$;
- si $X \sim N(0, 1)$, $P(X \geqslant x) = P(X \leqslant -x)$;
- si $X \sim N(0, 1)$, $P(X \leqslant 0) = P(X \geqslant 0) = 0{,}5$.

2. Les mots clés

Densité de probabilité :

Il s'agit d'une fonction définie sur $\mathbb{R}$ ayant trois propriétés :

- f est continue presque partout ;
- $\forall x \in \mathbb{R}, f(x) \geqslant 0$;
- $\int_{-\infty}^{+\infty} f(x)\mathrm{d}x = 1$.

Fonction de répartition :

Il s'agit de la fonction définie par : $F(x) = \int_{-\infty}^{x} f(t)\mathrm{d}t$:

- F est strictement croissante sur $\mathbb{R}$;
- $\lim\limits_{x\to-\infty} F(x) = 0$ et $\lim\limits_{x\to+\infty} F(x) = 1$.

Variable aléatoire continue :

Une variable aléatoire continue est une application définie sur $\mathbb{R}$.

Variable centrée réduite :

Variable dont l'espérance est nulle (centrée) et la variance vaut 1 (réduite).

Le point sur les lois discrètes et continues

1. Les règles de calcul E(X) et V(X)

	Espérance	Variance
X et Y non indépendantes	$E(a) = a,\ a \in \mathbb{R}$ $E(aX + b) = aE(X) + b$ $E(X + Y) = E(X) + E(Y)$ $E(X - Y) = E(X) - E(Y)$	$V(a) = 0$, a constante réelle $V(aX + b) = a^2V(X)$ $V(X+Y) = V(X)+V(Y) + 2\text{cov}(X,Y)$ $V(X-Y) = V(X)+V(Y) - 2\text{cov}(X,Y)$
X et Y indépendantes	$E(aX + b) = aE(X) + b$ $E(X + Y) = E(X) + E(Y)$ $E(X - Y) = E(X) - E(Y)$	$V(aX + b) = a^2V(X)$ $V(X + Y) = V(X) + V(Y)$ $V(X - Y) = V(X) + V(Y)$

La covariance est donnée par la formule : $\text{cov}(X,Y) = E(XY) - E(X)E(Y)$.

X et Y indépendantes $\Longrightarrow \text{cov}(X,Y) = 0$ mais la réciproque est fausse ! (Cette notion n'est pas détaillée davantage dans cet ouvrage.)

2. Le cas discret et le cas continu

	Lois discrètes	Lois continues
X(Ω)	Entiers	Réels
Probabilités	$P(X = k)$	$f(x) =$ densité
Fonction de répartition $P(X \leq x)$	$F(x) = \sum_{k=-\infty}^{x} P(X = k)$	$F(x) = \int_{-\infty}^{x} f(t)\mathrm{d}t$
Espérance	$E(X) = \sum_{k=-\infty}^{+\infty} kP(X = k)$	$E(X) = \int_{-\infty}^{+\infty} xf(x)\mathrm{d}x$

☞

☞

	Lois discrètes	Lois continues
Variance	$V(X)=\sum_{k=-\infty}^{+\infty} k^2 P(X=k)-(E(X))^2$ $V(X)=E(X^2)-(E(X))^2$	$V(X)=\int_{-\infty}^{+\infty} x^2 f(x)\mathrm{d}x-(E(X))^2$ $V(X)=E(X^2)-(E(X))^2$
Écart type	$\sigma=\sqrt{V(X)}$	$\sigma=\sqrt{V(X)}$

3. Les principales lois discrètes

Lois	***P(X = k)***	**E(X)**	**Var(X)**	**σ(X)**
Uniforme discrète $n \in \mathbb{N}^*$	$\frac{1}{n}$	$\frac{n+1}{2}$	$\frac{n^2-1}{12}$	$\sqrt{\frac{n^2-1}{12}}$
Bernoulli B(*p*)	0 ou 1	p	$p(1-p)$	$\sqrt{p(1-p)}$
Binomiale B(*n* ; *p*)	$\binom{n}{k}p^k(1-p)^n$	np	$np(1-p)$	$\sqrt{np(1-p)}$
Géométrique G(p)	$(1-p)^{k-1}\times p$	$\frac{1}{p}$	$\frac{1-p}{p^2}$	$\sqrt{\frac{1-p}{p^2}}$
Poisson P(λ)	$e^{-\lambda}\times\frac{\lambda^k}{k!}$	λ	λ	$\sqrt{\lambda}$

4. Les lois continues

	$f(x)$	$F(x)$	E(X)	Var(X)	σ(X)
uniforme continue sur [*a*, *b*] U[*a*, *b*]	$\begin{cases} \frac{1}{b-a} \text{ si } x \in [a,\, b] \\ 0 \text{ sinon} \end{cases}$	$\begin{cases} 1 \text{ si } x > b \\ \frac{x-a}{b-a} \text{ si } x \in [a,\, b] \\ 0 \text{ sinon} \end{cases}$	$\frac{a+b}{2}$	$\frac{b^2-a^2}{12}$	$\sqrt{\frac{b^2-a^2}{12}}$
Expo-nentielle E(λ)	$\begin{cases} \lambda e^{-\lambda x} \text{ si } \geqslant 0 \\ 0 \text{ sinon} \end{cases}$	$\begin{cases} 1 - e^{-\lambda x} \text{ si } \geqslant 0 \\ 0 \text{ sinon} \end{cases}$	$\frac{1}{\lambda}$	$\frac{1}{\lambda^2}$	$\frac{1}{\lambda}$
N(0 ; 1)	$\frac{1}{\sqrt{2\pi}} e^{-\frac{x^2}{2}}$	$\frac{1}{\sqrt{2\pi}} \int_{-\infty}^{+\infty} e^{-\frac{x^2}{2}} dx$	0	1	1
N(*m*, σ)	$\frac{1}{\sigma\sqrt{2\pi}} e^{-\frac{(x-m)^2}{2\sigma^2}}$	$\int_{-\infty}^{+\infty} f(x)dx$	m	σ^2	σ

5. Intégrales et probabilités (hors programme TS)

Comment calculer $x \displaystyle\int_{-\infty}^{+\infty} e^{-u^2}$?

Il vous suffit d'utiliser la 3e propriété d'une densité : $\displaystyle\int_{-\infty}^{+\infty} f(x)dx = 1$.

$$\int_{-\infty}^{+\infty} \frac{1}{\sqrt{2\pi}} e^{-\frac{x^2}{2}} dx = 1 \Leftrightarrow \int_{-\infty}^{+\infty} e^{-\frac{x^2}{2}} dx = \sqrt{2\pi}$$

En effectuant le changement de variables :

$$u = \frac{x}{\sqrt{2}} \Leftrightarrow x = \sqrt{2}u \Leftrightarrow dx = \sqrt{2}du$$

[ATTENTION]

Ne pas oublier les bornes :
Quand x tend vers $+\infty$, u tend également vers $+\infty$
Quand x tend vers $-\infty$, u tend également vers $-\infty$

Vous obtenez finalement :

$$\int_{-\infty}^{+\infty} e^{-\frac{x^2}{2}} dx = \sqrt{2\pi} \Leftrightarrow \int_{-\infty}^{+\infty} e^{-u^2} \times \sqrt{2} du = \sqrt{2\pi}$$

et finalement en divisant par $\sqrt{2}$ de chaque côté de l'égalité :

$$\int_{-\infty}^{+\infty} e^{-u^2} du = \sqrt{\pi}$$

6. Les probabilités sous forme d'inégalités

Il est important de connaître les différentes expressions de probabilités sous forme d'inégalités en fonction de la fonction de répartition de la variable aléatoire X, $F(a) = P(X \leqslant a)$:

Cas Discret	Cas Continu
$P(X > a) = 1 - P(X \leqslant a)$	$P(X > a) = 1 - P(X \leqslant a)$
$P(X \geqslant a) = 1 - P(X \leqslant a - 1)$	$P(X \geqslant a) = 1 - P(X \leqslant a)$
$P(X < a) = P(X \leqslant a - 1)$	$P(X < a) = P(X \leqslant a)$
$P(a < X < b) = P(X \leqslant b - 1) - P(X \leqslant a)$	$P(a < X < b) = P(a \leqslant X < b) =$
$P(a \leqslant X < b) = P(X \leqslant b - 1) - P(X \leqslant a - 1)$	$P(a < X \leqslant b) = P(a \leqslant X \leqslant b) =$
$P(a < X \leqslant b) = P(X \leqslant b) - P(X \leqslant a)$	$P(X \leqslant b) - P(X \leqslant a)$
$P(a \leqslant X \leqslant b) = P(X \leqslant b) - P(X \leqslant a - 1)$	

[ATTENTION]

Dans le cas de nombres entiers, $x < n \Leftrightarrow x \leqslant n - 1$

Exemple

$x < 3 \Longleftrightarrow x \leqslant 2$

Mathématiques

[L'arithmétique]

FICHE COURS 46

Le point sur les notions en arithmétique

1. Je fais le point sur mes connaissances

1. La division euclidienne et congruence

- Soit $n \in \mathbb{N}$ et $p \geqslant 2$, $\exists\, !q \in \mathbb{Z}$ et $\exists\, !r$ tels que $n = pq + r$ où $r \in [0, p-1]$.
- Si $r = 0$, alors n est divisible par p.
- Soient n, m et p des entiers relatifs, n est congru à m, si et seulement si $n - m$ est divisible par p. On note $n \equiv m[p]$.

2. PGCD et nombres premiers entre eux

- L'algorithme d'Euclide permet de déterminer le PGCD de deux nombres.

> **Exemple calcul du PGCD de 2433 et de 45**
>
> 2 433 = 54 × 45 + 3
>
> 45 = 15 × 3 + 0 donc PGCD(2433, 45) = 3 (dernier reste non nul)

- Egalité de Bézout : $\forall x$ et $y \in \mathbb{N}$, $\exists\, n$ et $m \in \mathbb{N}$ tels que $nx + my = 1$.
- x et y sont premiers entre eux si et seulement si PGCD$(x, y) = 1$ ou si et seulement si $\exists\, n$ et $m \in \mathbb{N}$ tels que $nx + my = 1$.

> **Exemple**
>
> 35 = 2 × 17 + 1
>
> 17 = 1 × 17 + 0 donc PGCD(35,17) = 1 et 35 et 17 sont premiers entre eux.

[À RETENIR]

PPCM[1]$(x, y) \times$ PGCD$(x, y) = x \times y$

1. Voir définition PPCM, (Plus Petit Commun Multiplicateur), dans les mots clés de cette fiche.

2. Les mots clés

Congruence :

Deux entiers relatifs n et m sont congrus modulo p si et seulement si ils ont le même reste dans la division euclidienne par n ou bien encore si et seulement leur différence $n - m$ est divisible par p.

Division Euclidienne ou division entière :

Elle permet de décomposer un entier n en $n = pq + r$ où n est le dividende, p le diviseur, q le quotient et r le reste. Elle permet également de déterminer le PGCD de deux nombres entiers.

Nombres premiers

Un nombre premier est un nombre ayant pour seuls diviseurs 1 et lui-même. Comment montrer qu'un nombre n est premier ?

- Soient p et q deux nombres positifs. Si $n = pq$, n est premier si et seulement si $p = 1$ ou $q = 1$.
- Tous les entiers compris entre 1 et $n - 1$ sont premiers avec n.

[REMARQUE]

Il existe une infinité de nombres premiers.

PGCD :

Plus Grand Commun Diviseur. PGCD(a, b) est le plus grand nombre entier qui divise simultanément a et b. Il se détermine à l'aide de l'algorithme d'Euclide qui consiste en une succession de divisions euclidiennes à partir du reste précédent.

PPCM :

Plus Petit Commun Multiplicateur. PPCM(a, b) est le plus petit entier multiple des deux nombres a et b.

L'arithmétique

1. Vérifiez que vous avez compris

1. Calculer le PGCD de 1542 et de 337.

2. 605 et 550 sont-ils premiers entre eux ?

3. Déterminez le PGCD de 187 et de 289.

4. Déterminez le PPCM de 12 et 32.

5. Calculez le PPCM de 795 et de 1002.

2. Vérifiez vos résultats

1. PGCD de 1542 et de 337.

$1542 = 4 \times 337 + 194$

$337 = 1 \times 194 + 143$

$194 = 1 \times 143 + 51$

$143 = 2 \times 51 + 41$

$51 = 1 \times 41 + 10$

$41 = 4 \times 10 + 1$

PGCD(1542, 337) = 1 donc 1542 et 337 sont premiers entre eux.

2. PGCD de 605 et de 550.

$605 = 1 \times 550 + 55$

$550 = 10 \times 55 + 0$

PGCD(605, 550) = 55 et ces deux nombres ne sont pas premiers entre eux.

3. PGCD de 289 et 187.

$289 = 1 \times 187 + 102$

$187 = 1 \times 102 + 85$

$102 = 1 \times 85 + 17$

$85 = 5 \times 17 + 0$

PGCD(289, 187) = 17. Ces deux nombres ne sont pas premiers entre eux.

4. PGCD de 12 et 32.

$32 = 2 \times 12 + 8$
$12 = 1 \times 8 + 4$
$8 = 2 \times 4 + 0$

PGCD(12, 32) = 4 et ces deux nombres ne sont pas premiers entre eux.
Pour déterminer le PPCM, vous pouvez utiliser la relation :

$$\text{PPCM}(x, y) \times \text{PGCD}(x, y) = x \times y$$

$\Longleftrightarrow$ PPCM(32, 12) $\times$ 4 = 12 $\times$ 32
$\Longleftrightarrow$ PPCM(32, 12) = 12 $\times$ 32 $\div$ 4
$\Longleftrightarrow$ PPCM(32, 12) = 96

5. PGCD de 1002 et de 795

$1002 = 1 \times 795 + 207$
$795 = 3 \times 207 + 174$
$207 = 1 \times 174 + 33$
$174 = 5 \times 33 + 9$
$33 = 3 \times 9 + 6$
$9 = 1 \times 6 + 3$
$6 = 2 \times 3 + 0$

PGCD(1 002, 795) = 3. Ces deux nombres ne sont pas premiers entre eux.

$$\text{PPCM}(x, y) \times \text{PGCD}(x, y) = x \times y$$

$\Longleftrightarrow$ PPCM(1 002, 795) $\times$ 3 = 1 002 $\times$ 795
$\Longleftrightarrow$ PPCM(1 002, 795) = 1 002 $\times$ 795 $\div$ 3
$\Longleftrightarrow$ PPCM(1 002, 795) = 265 530

Physique

Outils mathématiques indispensables à la physique]

FICHE COURS 48

Le point sur les conversions

1. Je fais le point sur mes connaissances

1. Les conversions de distances, poids et volumes

Pour convertir des unités de longueurs, il vous suffit de vous aider du tableau suivant en remplissant un tableau de la forme :

km	hm	dam	m	dm	cm	mm
milliers	centaines	dizaines	unités	dixièmes	centièmes	millièmes

Exemple

123 mm = 12,3 cm = 0,123 m

km	hm	dam	m	dm	cm	mm
			0,	1	2	3

La disposition est identique pour les grammes et les litres :

kg	hg	dag	g	dg	cg	mg
milliers	centaines	dizaines	unités	dixièmes	centièmes	millièmes
kl	**hl**	**dal**	**l**	**dl**	**cl**	**ml**
milliers	centaines	dizaines	unités	dixièmes	centièmes	millièmes

2. Les conversions de surfaces ou aires

km^2		hm^2		dam^2		m^2		dm^2		cm^2		mm^2	

Exemple

12,3 m^2 = 0,123 dam^2 = 1 230 dm^2

km^2		hm^2		dam^2		m^2		dm^2		cm^2		mm^2	
					0,	1	2	3	0				

[À RETENIR]

Un hectare = 1 hm^2
Un are = 1 dam^2
Un centiare = 1 m^2

3. Les conversions de volumes

km^3			hm^3			dam^3			m^3			dm^3			cm^3			mm^3		
											kl	hl	dal	l	dl	cl	ml			

Exemple

12,3 m^3 = 0,0123 dam^3 = 12 300 dm^3 = 12 300 l

km^3			hm^3			dam^3			m^3			dm^3			cm^3			mm^3		
											kl	hl	dal	l	dl	cl	ml			
								0,	0	1	2	3	0	0						

4. Les conversions de vitesses

Pour convertir des m/s en km/h, il vous suffit de multiplier par 3,6.
Pour convertir des km/h en m/s, il vous suffit de diviser par 3,6.

5. Les conversions de durées

Durée	Année	Mois	Semaine	Jour	Heure	Minute	Seconde
Année	1	12	52	365	8 760	525 600	31 536 000
Mois			4	30	720	43 200	2 592 000
Semaine			1	7	168	10 080	604 800
Jour				1	24	1 440	86 400
Heure					1	60	3 600
Minute						1	60
Seconde							1

[REMARQUE]

Certains mois de l'année n'ont pas 30 jours mais 28 ou 29 ou 31 jours. Le mieux est de vous fier à l'énoncé. La plupart du temps il est admis qu'un mois comporte 30 jours.

Exemple : Comment exprimer 1,52 heure en heures, minutes et secondes ?

Heures	Minutes
1	60
0,52	$x = ?$

Vous obtenez $x = 0{,}52 \times 60 \div 1 = 31{,}2$ minutes. Mais cela n'est pas encore très parlant. Alors poursuivons avec les minutes et les secondes !

Minutes	Secondes
1	60
0,2	$x = ?$

Vous obtenez $x = 0{,}2 \times 60 \div 1 = 12$ secondes.

Finalement 1,52 heure = 1 heure et 31,2 minutes = 1 heure 31 minutes et 12 secondes.

6. Les préfixes du système international

Préfixe	yotta	zetta	exa	peta	tera	giga	méga	kilo	aucun
10^n	10^{24}	10^{21}	10^{18}	10^{15}	10^{12}	10^{9}	10^{6}	10^{3}	10^{0}
Symbole	Y	Z	E	P	T	G	M	k	

Préfixe	milli	micro	nano	pico	femto	atto	zepto	yocto
10^n	10^{-3}	10^{-6}	10^{-9}	10^{-12}	10^{-15}	10^{-18}	10^{-21}	10^{-24}
Symbole	m	µ	n	p	f	a	z	y

7. Quelques recommandations importantes

- Vérifiez toujours l'homogénéité de vos calculs ! On ne divise pas par exemple des km/h par des m/s.
- Prêtez attention aux unités dans lesquelles le calcul vous est demandé. On peut vous demander une vitesse en m/s, il ne faut donc pas donner un résultat en km/h.
- Attention au niveau des heures et des minutes : 1,5 h = 1 h et 30 minutes. Et non 1 h et 50 minutes.

2. Les mots clés

Longueur :
Distance entre deux extrémités. S'exprime en mètres.

Superficie :
Nommée également aire. S'exprime en mètres carrés.

Système international :
Système d'unités le plus utilisé dans les calculs scientifiques.

Unités de base du système international :
On compte sept unités de base dans le système international :

Grandeur physique	Unité	Symbole
Longueur	Mètre	m
Masse	Kilogramme	kg
Durée	Seconde	s
Intensité	Ampère	A
Température	Kelvin	K
Quantité de matière	Mole	mol
Intensité lumineuse	Candela	cd

Unités dérivées du système international :
Se déduisent à partir des unités de base du système international. Par exemple, une vitesse s'exprime en $m.s^{-1}$, une accélération en $m.s^{-2}$, etc.

Volume :
Quantité d'un fluide contenu dans un récipient. S'exprime en mètres cubes ou en litres.

FICHE EXERCICES 49

[Outils mathématiques indispensables à la physique] Le point sur les conversions

1. Avez-vous compris le cours ?

1. Prenez vos distances ! Convertir les données suivantes dans l'unité souhaitée :

5 km = ... m
12 dm = ... m
4,532 dam = ... m
12 km = ... m
123 mm = ... m
7 kg = ... g
... cg = 1,23 g
6, 4 532 hg = ... g
... kg = 456 000 g
50 123 mg = ... g
... kl = 3 000 l
... cl = 21,23 l
6 412 dl = ... l
451, 02 kl = ... l
... ml = 145,782 l

2. Surfaces et aires... Convertissez les unités de surface suivantes :

5 km^2 = ... m^2
25 km^2 = ... m^2
21 dm^2 = ... m^2
348 cm^2 = ... m^2
12 mm^2 = ... m^2

3. Quelques volumes... Convertissez les unités de volume suivantes :

5 km^3 = ...m^3
1 dm^3 = ...m^3 = ... litres
5 dam^3 = ...m^3 = ... litres
150,002 cm^3 = ...mm^3 = ...m^3 = ...litres
150 km^3 = ...m^3

4. Un peu de vitesse ! Convertissez les vitesses suivantes :

12 m/s = ... km/h
80 m/s = ... km/h
144 km/h = ... m/s
180 km/h = ... m/s

5. Questions de durées !

Convertissez 3,32 heures en heures, minutes et secondes.

2. Vérifiez vos résultats

1. Prenez vos distances !

5 km = 5 000 m
12 dm = 1,2 m
4,532 dam = 45,32 m
12 km = 12 000 m
123 mm = 0,123 m
7 kg = 7 000 g
123 cg = 1,23 g
6, 4 532 hg = 645,32 g
456 kg = 456 000 g
50 123 mg = 50,123 g
3 kl = 3 000 l
2 123 cl = 21,23 l
6 412 dl = 641,2 l
451, 02 kl = 451 020 l
145 782 ml = 145,782 l

2. Surfaces et aires...

5 km^2 = 5 000 000 m^2
25 km^2 = 25 000 000 m^2
21 dm^2 = 0,21 m^2
348 cm^2 = 0,0348 m^2
12 mm^2 = 0,000 012 m^2

3. Quelques volumes...

5 km^3 = 5 000 000 000 m^3 = 5 milliards de mètres cubes
1 dm^3 = 0,001 m^3 = 1 litre
5 dam^3 = 5 000 m^3 = 5 000 000 litres
150, 002 cm^3 = 150 002 mm^3 = 0,000 150 002 m^3 = 0,150 002 litre
150 km^3 = 150 000 000 000 m^3 = 150 milliards de mètres cubes

4. Un peu de vitesse !

12 m/s = 12 $\times$ 3,6 = 43,2 km/h
80 m/s = 80 $\times$ 3,6 = 288 km/h
144 km/h = 144 $\div$ 3,6 = 40 m/s
180 km/h = 180 $\div$ 3,6 = 50 m/s

5. Questions de durées !

0,32 heures = 0,32 $\times$ 60 = 19,2 minutes
0,2 minutes = 0,2 $\times$ 60 = 12 secondes
Ainsi 3,32 heures = 3 heures, 19 minutes et 12 secondes.

FICHE COURS 50

[Outils mathématiques indispensables à la physique] La notion d'erreur et d'incertitude

1. Je fais le point sur mes connaissances

1. L'erreur aléatoire et systématique

- L'erreur aléatoire :
  Elle apparaît lorsqu'un grand nombre de mesures sont effectuées pour une même grandeur. En notant x_i une mesure parmi n, $\overline{x}$ la moyenne arithmétique des n mesures, la différence $x_i - \overline{x}$ est l'erreur aléatoire. Son origine peut être liée à l'opérateur, liée aux mesures elles-mêmes ou bien aux variations des grandeurs mesurées.
- L'erreur systématique :
  Elle prend toujours la même valeur. Elle peut être due à un appareil défectueux ou à des mauvaises conditions de l'expérience par exemple.

2. L'incertitude

- La notion d'incertitude :
  L'incertitude permet d'affirmer si une mesure peut être prise en compte.
- L'incertitude type :
  L'incertitude type se calcule à partir de l'estimation de l'écart type : $s = \sqrt{\frac{1}{n-1}\sum_{i=1}^{n}(x_i - \overline{x})^2}$ où x_i sont les différentes mesures et $\overline{x}$ la moyenne de ces mesures. L'incertitude type est donnée par :

$$\delta x = \frac{s}{\sqrt{n}} = \frac{\sqrt{\frac{1}{n-1}\sum_{i=1}^{n}(x_i - \overline{x})^2}}{\sqrt{n}}$$

- L'incertitude élargie :
  L'incertitude élargie représente la largeur de l'intervalle de confiance à $1-\alpha$ d'une valeur x.

$$\Delta x = u_{\frac{\alpha}{2}} \frac{s}{\sqrt{n}} = u_{\frac{\alpha}{2}} \frac{\sqrt{\dfrac{1}{n-1}\displaystyle\sum_{i=1}^{n}(x_i - \overline{x})^2}}{\sqrt{n}}$$

où $u_{\frac{\alpha}{2}}$ est déterminé à partir du niveau de confiance $1-\alpha$. En général, le niveau de confiance est 95 %, et le $u_{\frac{\alpha}{2}}$ est donc égal à 1,96.

2. Les mots clés

Arrondi :
Un arrondi est la valeur approchée d'un réel obtenue en réduisant son nombre de chiffres significatifs. Le nombre obtenu est moins précis mais plus facile à utiliser. On augmente d'une unité l'avant dernier chiffre si le dernier est supérieur ou égal à 5 ou on le réduit d'une unité dans le cas contraire.

Exemple

L'arrondi au dixième de 1,475 est 1,5.

Chiffres significatifs :
Ce sont les chiffres d'un nombre dont la valeur est connue avec certitude.

Erreur :
Résultat faux ou erroné.

Erreur absolue :
L'erreur absolue, notée Δx, est la différence en valeur absolue entre la valeur réelle et la valeur approchée. $\Delta x = |x_{\text{réelle}} - x_{\text{approchée}}|$.

Erreur relative :
L'erreur relative, notée δx, est le quotient de l'erreur absolue sur la valeur réelle.

$$\delta x = \left|\frac{x_{\text{réelle}} - x_{\text{approchée}}}{x_{\text{réelle}}}\right|$$

Expérience :

Elle a pour objectif de vérifier une ou plusieurs hypothèse(s) sous certaines conditions.

Intervalle de confiance :

Il s'agit de l'intervalle comprenant la vraie valeur de x avec la probabilité $1 - \alpha$.

$$I_{1-\alpha} = \left[\overline{x} - u_{\frac{\alpha}{2}} \frac{\sqrt{\frac{1}{n-1}\sum_{i=1}^{n}(x_i - \overline{x})^2}}{\sqrt{n}} \; ; \; \overline{x} + u_{\frac{\alpha}{2}} \frac{\sqrt{\frac{1}{n-1}\sum_{i=1}^{n}(x_i - \overline{x})^2}}{\sqrt{n}} \right]$$

Pour un niveau de confiance à 95 % ou risque $\alpha = 5$ % :

$$I_{95\ \%} = \left[\overline{x} - 1{,}96 \frac{\sqrt{\frac{1}{n-1}\sum_{i=1}^{n}(x_i - \overline{x})^2}}{\sqrt{n}} \; ; \; \overline{x} + 1{,}96 \frac{\sqrt{\frac{1}{n-1}\sum_{i=1}^{n}(x_i - \overline{x})^2}}{\sqrt{n}} \right]$$

Voici les valeurs de $u_{\frac{\alpha}{2}}$ en fonction du niveau de confiance $1 - \alpha$:

α	**1 %**	**2%**	**5 %**	**10 %**
$1 - \alpha$	99 %	98 %	95 %	90 %
$u_{\frac{\alpha}{2}}$	2,58	2,33	1,96	1,645

Mesure :

Détermination d'une grandeur particulière grâce à une unité.

Moyenne arithmétique :

Pour n valeurs x_1, ..., x_n, elle est donnée par la formule : $\overline{x} = \frac{1}{n}\sum_{i=1}^{n} x_i$

Notation scientifique :

Il s'agit de l'écriture d'un nombre décimal sous la forme $x \times 10^n$ où $x \in [\![1 \; ; \; 9]\!]$ et n est un entier relatif.

Ordre de grandeur :

Donne une représentation simplifiée d'un nombre.

Protocole expérimental :

Lors d'une expérience, vous devez mentionner :

- le matériel utilisé (tube à essai, pipette, etc.) ;
- la durée de l'expérience ;
- les constantes ;
- la variable ;
- le témoin (référence choisie par le scientifique) ;
- le ou les résultat(s) espéré(s) en fonction des hypothèses.

Ces éléments constituent le protocole expérimental.

Troncature :

La troncature à l'unité d'un nombre décimal est sa partie entière. En général, la troncature d'un nombre consiste à couper son développement décimal à un nombre voulu de chiffres après la virgule.

Exemple

La troncature au dixième de 1,475 est 1,4.

Variance empirique :

Il s'agit d'un estimateur biaisé de la variance, on la note S_n^2 et :

$$S_n^2 = \frac{1}{n}\sum_{i=1}^{n}(X_i - \overline{X})^2$$

[ATTENTION]

Ne pas confondre avec une estimation de la variance $s_n^2 = \frac{1}{n}\sum_{i=1}^{n}(x_i - \overline{x})^2$ qui donne toujours une valeur numérique !

Variance empirique corrigée :

Il s'agit d'un estimateur sans biais de la variance, on la note S_{n-1}^2 et :

$$S_{n-1}^2 = \frac{1}{n-1}\sum_{i=1}^{n}(X_i - \overline{X})^2$$

[ATTENTION]

Ne pas confondre avec une estimation de la variance $S_{n-1}^2 = \frac{1}{n-1}\sum_{i=1}^{n}(x_i - \overline{x})^2$ qui donne toujours une valeur numérique !

Cet estimateur permet d'obtenir un estimateur sans biais de l'écart type :

$$S_{n-1} = \sqrt{\frac{1}{n-1}\sum_{i=1}^{n}(X_i - \overline{X})^2}$$

[REMARQUE]

L'estimateur sans biais est toujours le meilleur estimateur entre un estimateur biaisé et un estimateur sans biais.

Le résultat expérimental

FICHE COURS 51

1. Je fais le point sur mes connaissances

1. La régression linéaire

La régression linéaire consiste à approximer d'un modèle à deux variables x et y par une droite d'équation $y = ax + b$. y est la variable dont on veut expliquer les valeurs et x celle qui permet d'expliquer y.

Comment déterminer *a* et *b* ?

On utilise la méthode des moindres carrés ordinaires (MCO) :

	x	**y**
1	x_1	y_1
2	x_2	y_2
...	...	...
n	x_n	y_n

$$\overline{x} = \frac{1}{n}\sum_{i=1}^{n} x_i \text{ et } \overline{y} = \frac{1}{n}\sum_{i=1}^{n} y_i$$

$$\text{var}(x) = \frac{1}{n}\sum_{i=1}^{n}(x_i - \overline{x})^2 = \frac{1}{n}\sum_{i=1}^{n} x_i^2 - \overline{x}^2$$

$$\text{et var}(y) = \frac{1}{n}\sum_{i=1}^{n}(y_i - \overline{y})^2 = \frac{1}{n}\sum_{i=1}^{n} y_i^2 - \overline{y}^2$$

$$\text{cov}(x,\, y) = \frac{1}{n}\sum_{i=1}^{n}(x_i - \overline{x})(y_i - \overline{y}) = \frac{1}{n}\sum_{i=1}^{n} x_i y_i - \overline{x}\,\overline{y}$$

$\hat{a}$ et $\hat{b}$ sont donnés par : $\hat{a} = \dfrac{\text{cov}(x,\, y)}{\text{var}(x)}$ et $\hat{b} = y - \hat{a}x$.

2. Le coefficient de corrélation linéaire

Il est donné par la formule : $\rho = \dfrac{\text{cov}(x,\, y)}{\sqrt{\text{var}(x)} \times \sqrt{\text{var}(y)}} = \dfrac{\text{cov}(x,\, y)}{s_x \times s_y}$

Où s_x et s_y désignent les écarts-type respectifs de x et de y.

Comment interpréter le coefficient de corrélation linéaire ?

- Si $|\rho| = 1$, le modèle est parfaitement linéaire et $y = \hat{a}x + \hat{b}$
- Si $|\rho| = 0$ le modèle n'est pas du tout linéaire. y peut alors s'exprimer de plusieurs manières en fonction de x : $y = x^2$, $y = e^x$, $y = \ln(x)$, etc.

2. Les mots clés

Coefficient de variation :
Il s'agit du rapport de l'écart-type sur la moyenne. C'est une mesure de dispersion relative. On le note C_V et $C_V = \frac{s_x}{\overline{x}}$. Il présente également l'avantage d'être sans dimension.

Coefficient de corrélation linéaire :
Se calcule à partir de la covariance et des écarts-type de x et de y. Sa valeur permet de déterminer si y peut s'exprimer sous la forme $ax + b$.

Droite de régression :
Droite ayant pour équation : $y = \hat{a}x + \hat{b}$ où $\hat{a}$ et $\hat{b}$ sont définis précédemment.

Ecart-type :
L'écart-type permet de mesurer la dispersion d'une variable. Il est égal à la racine carrée de la variance et a la même unité que la variable concernée.

Il est noté s_x ou σ_x et : $s_x = \sqrt{\text{var}(x)} = \sqrt{\frac{1}{n}\sum_{i=1}^{n}(x_i - \overline{x})^2}$.

[ATTENTION]

Une variance est donc toujours positive ou nulle. Si vous trouvez une variance négative, c'est que vous avez fait une erreur de calcul !

Le résultat expérimental

1. Avez-vous compris le cours ?

On considère la distribution statistique suivante. y désigne l'altitude depuis le niveau de la mer et x la température.

1. Peut-on exprimer y sous la forme $y = ax + b$ où a et b sont à déterminer ?

2. Dans ce cas peut-on prévoir la température à 6 km du niveau de la mer ?

3. Sachant qu'à cette altitude la température est de –24,03°C, déterminez les incertitudes absolue et relative.

x Altitude (km)	0	0,5	1	1,5	2	2,5	3	3,5	4	5
y Température (°C)	15	11,8	8,5	5,3	2	–1,3	–4,5	–7,8	–11	–17,5

2. Vérifiez vos résultats

1. À partir des formules, vous déduisez les différents indicateurs statistiques de la distribution :

$$\overline{y} = \frac{1}{10}(15 + 11{,}8 + 8{,}5 + 5{,}3 + 2 - 1{,}3 - 4{,}5 - 7{,}8 - 11 - 17{,}5)$$

$$= \frac{0{,}5}{10} = 0{,}05\ \text{°C}$$

$$\overline{x} = \frac{1}{10}(0 + 0{,}5 + 1 + 1{,}5 + 2 + 2{,}5 + 3 + 3{,}5 + 4 + 4{,}5 + 5)$$

$$= \frac{23}{10} = 2{,}3\ \text{km}$$

$$\text{var}(y) = \frac{1}{10}\begin{pmatrix} 15^2 + 11{,}8^2 + 8{,}5^2 + 5{,}3^2 + 2^2 + (-1{,}3)^2 \\ +(-4{,}5)^2 + (-7{,}8)^2 + (-11)^2 + (-17{,}5)^2 \end{pmatrix} - (0{,}05)^2$$

$$\text{var}(y) = \frac{978,61}{10} - 0,0025 = 97,861 - 0,0025 = 97,8585 \ °\text{C}^2$$

$$\text{var}(x) = \frac{1}{10}(0^2 + 0,5^2 + 1^2 + 1,5^2 + 2^2 + 2,5^2 + 3^2 + 3,5^2 + 4^2 + 5^2) - (2,3)^2$$

$$\text{var}(x) = \frac{76}{10} - 5,29 = 7,6 - 5,29 = 2,31 \ \text{km}^2$$

$$s_y = \sqrt{97,8585} = 9,89 \ °\text{C et } s_x = \sqrt{2,31} = 1,52 \ \text{km}$$

$$\text{cov}(x,\, y) = \frac{1}{10}\begin{pmatrix} 0\times 15 + 0,5\times 11,8 + 1\times 8,5 + 1,5\times 5,3 \\ + 2\times 2 + 2,5\times(-1,3) + 3\times(-4,5) + 3,5 \\ \times(-7,8) + 4\times(-11) + 5\times(-17,5) \end{pmatrix} - 2,3\times 0,05$$

$$\text{cov}(x,\, y) = \frac{-149,2}{10} - 0,115 = -14,92 - 0,115 = -15,035$$

$$\hat{a} = \frac{\text{cov}(x,\, y)}{\text{var}(x)} = \frac{-15,035}{2,31} = -6,5 \ \text{ et } \hat{b} = 0,05 - (-6,5) \times 2,3 = 15$$

Le coefficient de corrélation linéaire est donné par :

$$\rho = \frac{\text{cov}(x,\, y)}{s_x \times s_y} = \frac{-15,035}{9,89 \times 1,52} = \frac{-15,035}{15,0328} = -1,00015 \approx -1$$

$|\rho| = |-1|$ est très proche de 1 donc l'approximation affine convient à ce modèle.

Vous déduisez que la température est fonction affine de l'altitude :

$y = -6,5x + 15$

2. Ainsi la température à 6 km du niveau de la mer sera de :

$y = -6,5 \times 6 + 15 = -24\,°\text{C}$

3. $\Delta y = |24,03 - 24| = 0,03$

$$\delta y = \left|\frac{24,03 - 24}{24,03}\right| = \frac{0,03}{24,03} = 0,125 \ \%$$

Physique

[Signaux physiques et rappels d'optique]

FICHE COURS 53

[Signaux physiques et rappels d'optique]

Les ondes et particules

1. Je fais le point sur mes connaissances

1. Les ondes progressives

Les ondes progressives sont la propagation d'une perturbation. Il n'y a pas de transport de matière mais transport d'énergie.

Les ondes mécaniques :

Les ondes mécaniques se propagent dans la matière et non dans le vide. On distingue les ondes mécaniques longitudinales et les ondes mécaniques transversales :

- Les ondes mécaniques sont longitudinales si la perturbation est parallèle à la direction de propagation des ondes ;
- Les ondes mécaniques sont transversales si la perturbation est perpendiculaire à la direction de propagation des ondes ;
- Les ondes électromagnétiques (voir Fiche 55 sur les propriétés des ondes).

Une onde électromagnétique en revanche peut se propager dans le vide. C'est le cas de la lumière.

2. Les ondes progressives périodiques

On parle d'ondes progressives périodiques lorsque l'on observe une perturbation périodique. On distingue deux types de périodes :

- La périodicité temporelle t : $t = \frac{1}{f}$ où t s'exprime en secondes (s) et la fréquence f en hertz (Hz) ;
- La longueur d'onde λ : $\lambda = v \times t = \frac{v}{f}$ où λ s'exprime en m, t en secondes (s), f en hertz (Hz) et la vitesse de propagation de l'onde v en $m.s^{-1}$.

[REMARQUE]

La longueur d'onde définit le milieu dans lequel évolue une onde.

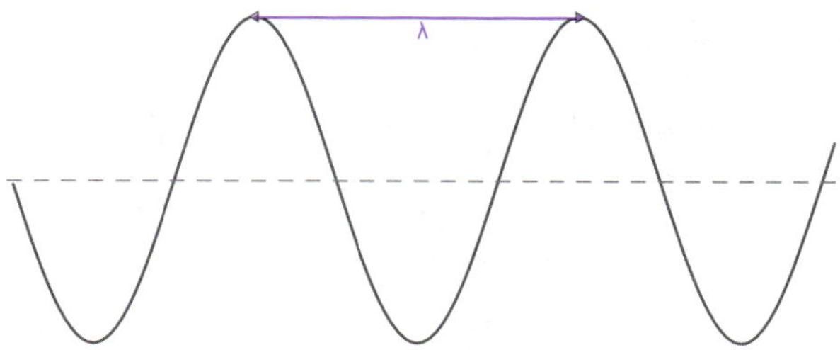

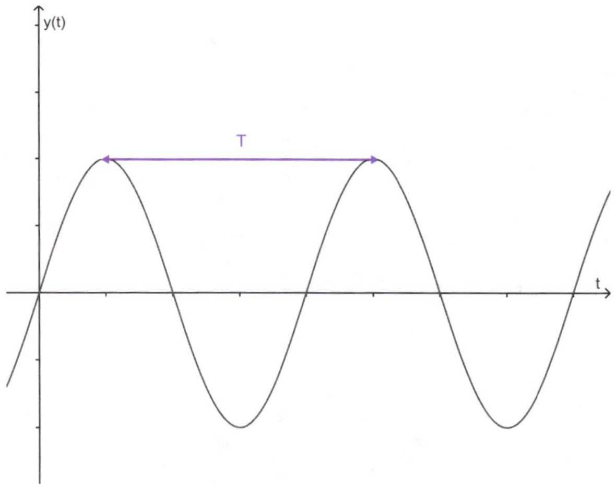

3. Les ondes sonores

- Ce sont des ondes mécaniques longitudinales. Les sons ont une fréquence, exprimée en hertz (Hz), comprise entre 20 et 20 000 Hz et sont classés de la manière suivante :

	20 Hz	20 000 Hz
infrasons	sons	ultrasons

- Le niveau d'intensité sonore est donné par : $L = 10 \log \left(\frac{I}{I_0} \right)$ où L s'exprime en décibels (dB), l'intensité sonore I en watts par mètres carrés (W.m^{-2}), l'intensité sonore de référence I_0 égale à $1{,}0 \times 10^{-12}$ W.m^{-2}.

4. Les ondes sismiques

La magnitude d'un séisme est donnée par $M = \log\left(\frac{A}{A_0}\right)$ où A (sans unité) est l'amplitude des ondes sismiques et A_0 est une amplitude de référence. Cette donnée permet de mesurer l'intensité d'un séisme.

2. Les mots clés

Décibel :
Unité de mesure du niveau d'intensité sonore.

Échelle de Richter :
Échelle logarithmique qui permet de mesurer l'intensité d'un séisme.

Épicentre :
Projection à la surface du foyer d'un séisme.

Foyer (ou hypocentre) d'un séisme :
Point où naît un séisme.

Fréquence :
La fréquence d'une onde la caractérise et ne dépend que de sa source. Elle est indépendante du milieu dans lequel elle se propage.

Intensité sonore :
Elle représente la puissance (en watts) par unité de surface (en mètres carrés).

Logarithme de base 10 ou logarithme décimal :
voir Fiche cours 17 de la partie Mathématiques.

Longueur d'onde λ :
Produit de la célérité de l'onde par sa période ou quotient de la célérité de l'onde sur sa fréquence. $\lambda = v \times T = \frac{v}{f}$. Elle s'exprime en mètres.

Magnitude d'un séisme :
Valeur permettant de mesurer l'intensité d'un séisme, elle est donnée par la formule : $M = \log\left(\frac{A}{A_0}\right)$.

Ondes :
Ce sont des perturbations qui se propagent à travers un certain milieu.

Retard de la perturbation en un point B :

$\tau = \dfrac{AB}{v}$ où τ s'exprime en secondes, AB en mètres, et v en m.s^{-1}.

Son grave :

Plus la fréquence d'un son est basse, plus il est grave.

Son aigu :

Plus la fréquence d'un son est élevée, plus il est aigu.

Source d'une onde :

Endroit où apparaît la perturbation.

Timbre :

Le timbre d'un son change en fonction de la source sonore. Par exemple, une note de même hauteur a un timbre différent d'un instrument à l'autre.

Vitesse de propagation d'une onde :

Elle est donnée par la formule : $v = \dfrac{d}{\Delta t}$ où c s'exprime en m.s^{-1}, la distance d en m, et la durée de propagation de l'onde Δt en secondes (s).

Watt :

Unité de mesure d'une puissance

[Signaux physiques et rappels d'optique]

Les caractéristiques des ondes

1. Répondez aux questions suivantes

1. Que peut représenter une courbe avec en abscisse et en ordonnées une unité de longueur ?

Que représenterait cette même courbe si en abscisses figurait une unité de temps ?

2. Sachant que la période d'une onde est égale à 0,2 s, quelle est sa fréquence ?

3. Déterminez la longueur d'onde sur la figure ci-dessous. L'échelle est de 1 cm pour 4 cm en réalité.

Déterminez la vitesse de propagation de l'onde sachant que sa période est égale à 0,2 seconde.

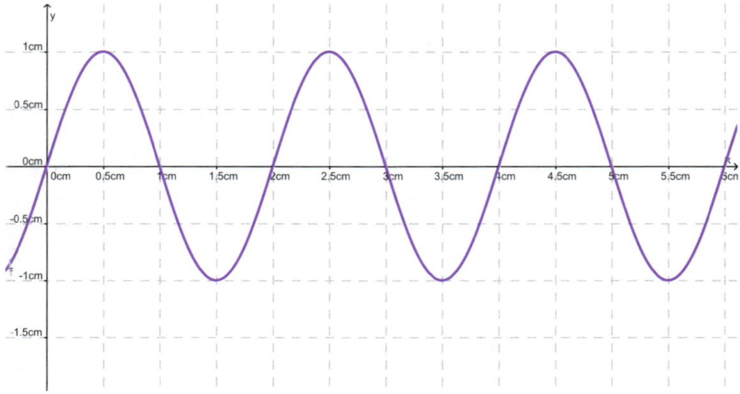

4. Fanny joue du piano. Elle appuie sur une touche « Do ». Ce son a pour niveau d'intensité sonore 100 dB. Calculez son intensité sonore. On rappelle que l'intensité sonore de référence vaut : $1{,}0 \times 10^{-12}$ W.m^{-2}.

5. Que devient L si Manon appuie sur une autre touche dont l'intensité sonore est le triple de celle jouée par Fanny ?

2. Vérifiez vos résultats

1. Une courbe représentant une unité de longueur (mètres) en fonction d'une unité longueur (mètres), peut être la périodicité spatiale.

Dans le cas où une unité temps figurerait en abscisses, la courbe représenterait une périodicité temporelle.

2. La fréquence est égale à l'inverse de la période : $f = \dfrac{1}{T} = \dfrac{1}{0{,}2} = 5$ Hz.

3. L'échelle de la courbe est telle que 1 cm en abscisse représente 4 cm dans la réalité.

Ainsi la longueur d'onde λ :
= longueur mesurée sur la courbe ÷ longueur réelle d'1 cm
= 2 ÷ 4 = 0,5 cm = 0,005 m = 5×10^{-3} m.
La vitesse de propagation de l'onde ou la célérité est égale à :

$$c = \frac{\lambda}{T} = \frac{0{,}005}{0{,}2} = 0{,}025 \text{ m.s}^{-1}.$$

4. En appliquant la formule : $\mathrm{L} = 10 \log \left(\dfrac{I}{I_0}\right)$ vous obtenez :

$$100 = 10 \log \left(\frac{I}{1{,}0 \times 10^{-12}}\right) \Longleftrightarrow 10 \log \left(\frac{I}{10^{-12}}\right)$$

$$\Longleftrightarrow \frac{I}{10^{-12}} = \log^{-1}(10) \Longleftrightarrow \frac{I}{10^{-12}} = 10^{10}$$

$$\Longleftrightarrow I = 10^{-12} \times 1^{10} \Longleftrightarrow I = 10^{-2} \text{ W.m}^{-2}.$$

[ATTENTION]

I_0 est une constante et doit être connue : $I_0 = 1{,}0 \times 10^{-12}$ W.m^{-2}

5. Le niveau d'intensité sonore est augmenté de $10 \log(3)$ en triplant l'intensité sonore :

$$\mathrm{L}_2 = 10 \log \left(\frac{3I}{I_0}\right) = 10 \log(3) + 10 \log \left(\frac{I}{I_0}\right) = \mathrm{L} + 10 \log(3)$$

où L_1 est le niveau d'intensité sonore de la question 4 et L_2 le nouveau.

[REMARQUE]

Un petit conseil :
Jetez un coup d'œil sur la fiche 17 de la partie mathématique :
$\log(a \times b) = \log(a) + \log(b)$ et $\log\left(\frac{a}{b}\right) = \log(a) - \log(b)$

[Signaux physiques et rappels d'optique]

Optique et propriétés des ondes

FICHE COURS 55

1. Je fais le point sur mes connaissances

1. La réfraction (rappels de seconde)

Le changement de milieu de propagation implique un changement de direction du rayon lumineux.

Les lois de Snell-Descartes :

- Les rayons incident et réfracté se trouvent dans le plan d'incidence qui lui-même est perpendiculaire à la surface de séparation ;
- Relation faisant intervenir les indices des milieux dans lesquels se propagent les rayons incident et réfracté ainsi que l'angle d'incidence et l'angle de réfraction :

$$n_1 \times \sin(i_1) = n_2 \times \sin(i_2)$$

où n_1 et n_2 sont les valeurs (sans dimension) des indices de réfraction des milieux 1 et 2, i_1 est l'angle d'incidence et i_2 l'angle réfracté.

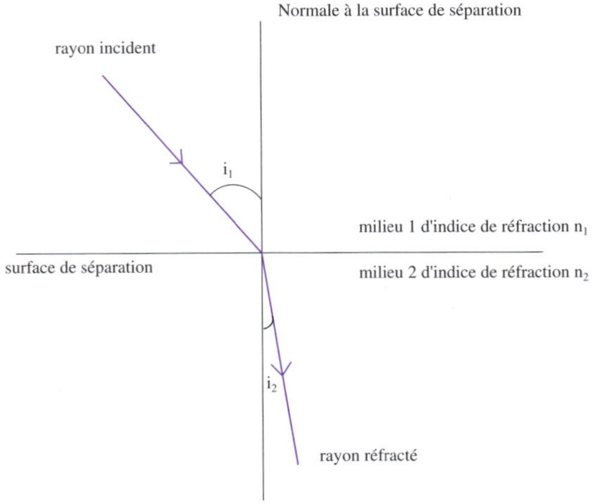

[À RETENIR]

Quelques valeurs d'indices :

Milieu	vide	air	verre	eau
Indice	1	1	1,5	1,33

Exemple :

Application directe du cours :

On considère qu'un rayon lumineux pénètre de l'air dans l'eau avec un angle d'incidence de 30°. Déterminez l'angle de réfraction dans l'eau en utilisant les données du tableau.

En appliquant la relation de Snell-Descartes, $n_{air} \times \sin(30°) = n_{eau} \times \sin(i_2) \iff \sin(i_2) = \frac{n_{air}\sin(30°)}{n_{eau}}$

$= \frac{1 \times 0,5}{1,33} = 0,376 \iff i_2 = \sin^{-1}(0,376) \approx 22,08°.$

[REMARQUE]

$\sin^{-1}(x)$ est une autre écriture de arcsin(x) (voir fiche concernant les fonctions circulaires réciproques dans la partie mathématiques)

2. La formation d'une image par une lentille mince (rappels de 1re)

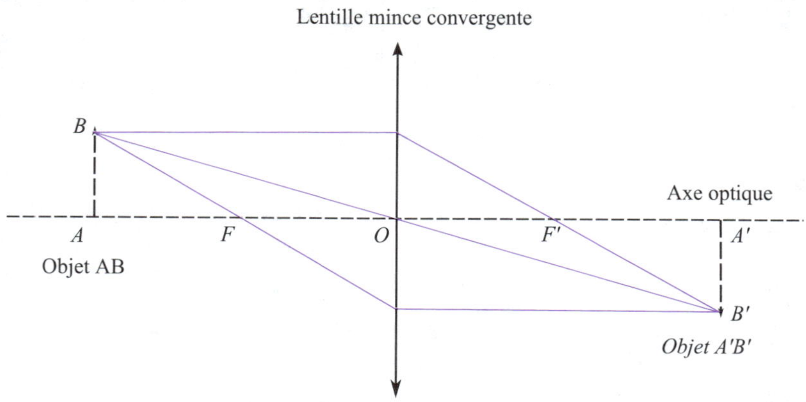

- La relation de conjugaison de Descartes :

$$\frac{1}{\overline{OA'}} - \frac{1}{\overline{OA}} = \frac{1}{\overline{OF'}}$$

où O est le centre optique, F le foyer objet, F' le foyer image, AB l'objet plan perpendiculaire à l'axe optique et $A'B'$ son image par la lentille. Les points A et A' se trouvant sur l'axe optique.

[REMARQUE]

La distance focale OF' est aussi notée f. Ainsi la relation de conjugaison s'écrit également : $\frac{1}{\overline{OA'}} - \frac{1}{\overline{OA}} = \frac{1}{f}$

- La relation de conjugaison de Newton :

$$\overline{F'A'}\,\overline{FA} = -f^2$$

- Le grandissement γ :

$$\gamma = \frac{\overline{A'B'}}{\overline{AB}} = \frac{\overline{OA'}}{\overline{OA}}$$

Valeurs du grandissement et conclusions :

- si $|\gamma| > 1$, l'objet image $A'B'$ est plus grand que l'objet AB ;
- si $|\gamma| < 1$, l'objet image $A'B'$ est plus petit que l'objet AB ;
- si $|\gamma| = 1$, l'objet image $A'B'$ a les mêmes dimensions que l'objet AB.

Signe de γ et conséquence sur le sens de l'image :

- si $\gamma > 0$ l'objet image $A'B'$ est dans le même sens que l'objet AB ;
- si $\gamma < 0$ l'objet image $A'B'$ est dans le sens inverse à l'objet AB.

3. La diffraction

- La diffraction intervient lorsque la trajectoire d'une onde est modifiée. Ce changement est dû à la présence d'un obstacle de petite taille rencontré par une onde.
- La relation $\theta = \frac{\lambda}{a}$ intervient lorsque la diffraction est provoquée par un fil ou une fente. θ est l'écart angulaire et est exprimé en radians (rad), λ est la longueur d'onde en m et a est la largeur de la fente est m.

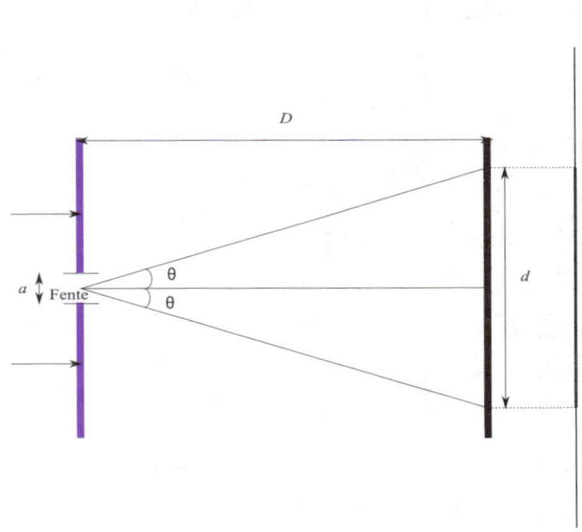

[À RETENIR]

Plus *a* est petit, plus *d* est grand.

- Les ondes lumineuses monochromatiques et polychromatiques :
  La lumière émise par des ondes lumineuses monochromatiques a un spectre ne montrant qu'une seule raie.
  La lumière émise par des ondes lumineuses polychromatiques a un spectre présentant plusieurs raies.

Exemple

La lumière blanche du soleil est une source lumineuse polychromatique. Son spectre est continu.

- Le nom des ondes électromagnétiques selon leur longueur d'onde :

Nom	rayon γ	rayon X	UV	IF	Ondes radio
λ (m)	10^{-12}	10^{-9}	10^{-6}	10^{-3}	1 10^{3}

- Perception des couleurs en fonction de leur longueur d'onde λ :

Couleur	← UV	violet	bleu	vert	jaune	orange	rouge	→ IF
λ (nm)	< 380	400-435	435-500	500-570	570-600	600-625	625-700	> 750

4. Les conditions d'interférences entre deux ondes

- La rencontre de deux ondes provoque leur interférence.
- La différence de marche exprimée en mètres, notée δ et égale à $BM - AM$ est aussi le quotient du produit de x par s sur D : $\delta = \dfrac{x \times s}{D}$:

où x est la position du point M en mètres, s la distance entre les deux trous A et B en mètres et D la distance entre l'axe vertical contenant les trous et l'écran en mètres.

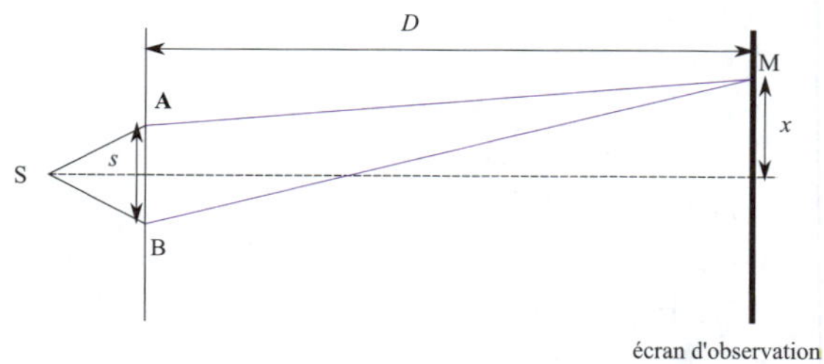

Comment savoir si un point appartient à une frange sombre ou brillante ?

- si $\frac{\delta}{\lambda}$ est égal à un nombre à $k + 0,5$ où $k \in \mathbb{Z}$, alors le point appartient à une frange sombre ce qui correspond à une interférence destructive ;
- si $\frac{\delta}{\lambda}$ donne un entier relatif alors le point appartient à une frange brillante ce qui correspond à une interférence constructive.

5. L'effet Doppler

L'effet Doppler est un décalage de fréquence d'une onde lorsque celle-ci se déplace par rapport au récepteur. On parle d'effet Doppler-Fizeau lorsque ce phénomène s'applique à des ondes lumineuses.

Exemples

Les sirènes de pompier, l'échographie (qui est un examen médical basé sur l'effet Doppler).

Soient c_e la vitesse de déplacement de l'émetteur, c la célérité de l'onde et f_e la fréquence émise par l'émetteur, il existe une relation entre la fréquence émise par l'émetteur f_e et la fréquence reçue par l'observateur f_r :

		Fréquence reçue par le récepteur	Conclusion
La source se déplace et le récepteur est immobile	L'émetteur se rapproche du récepteur	$f_r = \frac{c \times f_e}{c - c_e}$	$f_r > f_e$
	L'émetteur s'éloigne du récepteur	$f_r = \frac{c \times f_e}{c + c_e}$	$f_r < f_e$
Le récepteur se déplace et la source est immobile	Le récepteur se rapproche de l'émetteur	$f_r = f_e \times \left(\frac{c + c_e}{c}\right)$	$f_r > f_e$
	Le récepteur s'éloigne de l'émetteur	$f_r = f_e \times \left(\frac{c - c_e}{c}\right)$	$f_r < f_e$

2. Les mots clés

Célérité :
Synonyme de vitesse.

Diffraction :
Comportement des ondes lorsqu'elles rencontrent un obstacle.

Distance focale f :
Distance entre le centre optique O et le foyer image F' : $f = \overline{OF'}$.

Émetteur :
Celui qui émet une perturbation. Il s'agit du résultat de l'interférence des ondes.

Foyer objet F :
Symétrique par rapport au centre optique O du foyer image F'

Foyer image F' :
Point de convergence des rayons lumineux qui traversent une lentille mince.

Frange brillante :
Correspond à un rapport $\frac{\delta}{\lambda}$ égal à un nombre entier relatif. Il s'agit d'interférences constructives.

Frange sombre :
Correspond à un rapport $\frac{\delta}{\lambda}$ égal à $k + 0{,}5$ où k est un entier relatif. Il s'agit d'interférences destructives.

Interférences constructives :
Apparaissent dans le cas où le point appartient à une frange brillante.

Interférences destructives :
Apparaissent dans le cas où le point appartient à une frange sombre.

Interférence entre deux ondes :
Ce phénomène intervient lorsque deux ondes se rencontrent.

Interfrange :
Distance séparant deux franges consécutives. Elle est notée i et s'exprime en mètres. $i = \dfrac{\lambda \times D}{a}$ où λ est la longueur d'onde en mètres, D la distance entre l'axe vertical contenant les trous et l'écran en mètres et a la distance entre les deux trous en mètres.

Lentille mince :
Lentille dont l'épaisseur est très faible par rapport à ses rayons de courbure.

Récepteur :
Celui (observateur) qui perçoit le son.

Spectre :
Image issue de la décomposition d'une onde lumineuse.

Vergence :
Elle est notée C et s'exprime en dioptries (δ). Il s'agit de l'inverse de la distance focale : $C = \frac{1}{OF'} = \frac{1}{f}$ où f est exprimée en mètres et C en dioptries.

[ATTENTION]

N'oubliez pas de convertir la distance focale en mètres avant de calculer la vergence de la lentille !

[Signaux physiques et rappels d'optique]

Les caractéristiques des ondes

1. Répondez aux questions suivantes

1. Exprimez θ en fonction de L et D en admettant que l'angle θ est petit. Exprimez ensuite la longueur L en fonction de d, D et λ en admettant toujours que l'angle θ est petit. Puis calculez L sachant que d = 4 µm, D = 25 cm et λ = 400 nm. À quelle couleur correspond une longueur d'onde égale à 400 nm ? Déterminez enfin la mesure principale de θ.

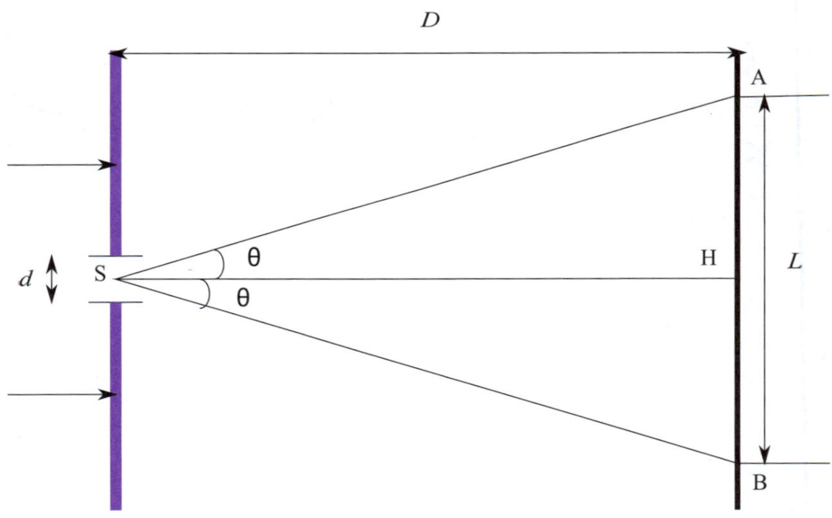

[RAPPEL]

Lorsqu'un angle θ est petit, on a :

$\cos(\theta) \approx 1 - \frac{\theta^2}{2}$, $\sin(\theta) \approx \theta$ et $\tan(\theta) \approx \theta$

2. Soit deux fentes A et B distantes de 20 µm. Elles se situent à une distance de 4 m de l'écran. Soit M un point de l'écran tel que $MH = x$.

Donnez l'expression de la différence de marche au point M puis calculez-la, sachant que $SM = 5$ m. À quel type de frange ce point appartient-il sachant que la longueur d'onde est égale à 400 nm?

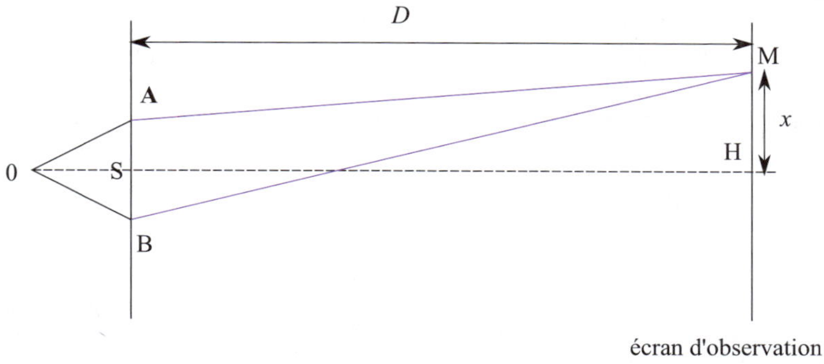

3. Déterminez l'angle d'incidence d'un rayon lumineux pénétrant de l'air dans l'eau avec un angle de réfraction de 30°.

4. On observe un objet de hauteur 5 000 μm à l'aide d'une loupe dont le grandissement est égal à 2,5. Déterminez la hauteur de l'objet image.

5. Puis sachant que l'objet se situe à 2 cm de la loupe, déterminez la distance focale et la vergence de la loupe.

2. Vérifiez vos résultats

1. Dans le triangle SAH rectangle en H, en exprimant la tangente de l'angle θ, vous obtenez : $\tan(\theta) =$ côté opposé ÷ côté adjacent, soit :

$$\tan(\theta) = \frac{\text{AH}}{\text{SH}} = \frac{\frac{L}{2}}{D} = \frac{L}{2D}.$$

Or θ est petit donc $\tan(\theta) \approx \theta$ et donc $\theta \approx \dfrac{L}{2D}$.

La formule donnant l'écart angulaire en fonction de la longueur d'onde et de la largeur de la fente est $\theta = \dfrac{L}{2D}$, vous en déduisez que $\dfrac{L}{2D} = \dfrac{\lambda}{d}$ et finalement : $L = \dfrac{\lambda}{d} \times 2D$. Pour effectuer l'application numérique, vous devez convertir les différentes grandeurs de cette formule en mètres, soit : d = 4 μm = 4×10^{-6} m, D = 25 cm = 0,25 m = $2{,}5 \times 10^{-1}$ m et λ = 400 nm = 400×10^{-9} m = 4×10^{-7} m.

Et vous obtenez : $L = \dfrac{4 \times 10^{-7}}{4 \times 10^{-6}} \times 2 \times 2{,}5 \times 10^{-1} = 5 \times 10^{-2}$ m.

λ = 400 nm correspond au violet.

θ doit être en radians (et surtout pas en degrés !) Soit $\theta = \frac{L}{2D} = \frac{0,05}{2 \times 0,25}$ radians ou bien encore en utilisant la formule du cours $\theta = \frac{\lambda}{d} = \frac{4 \times 10^{-7}}{4 \times 10^{-6}} = 0,1$ radian.

[REMARQUE]

La valeur de θ est de 0,1 radians, ce qui équivaut à environ $0,1 \times 180 \div \pi \approx 5,73°$, ce qui correspond bien à un angle de petite mesure.

2. La différence de marche est donnée par la formule $\delta = \frac{x \times d}{D}$.

Pour déterminer x, il vous suffit d'appliquer le théorème de Pythagore au triangle SHM rectangle en H :

$$x^2 = \mathrm{MS}^2 - \mathrm{SH}^2 = 5^2 - 4^2 = 25 - 16 = 9 \text{ et } x = \sqrt{9} = 3 \text{ m}$$

Ainsi : $\delta = \frac{3 \times 20 \times 10^{-6}}{4} = \frac{60 \times 10^{-6}}{4} = 1,5 \times 10^{-5}$ m.

$$\left|\frac{\delta}{\lambda}\right| = \frac{1,5 \times 10^{-5}}{400 \times 10^{-9}} = 0,375 \times 10^2 = 37,5 \text{ qui est de la forme } 37 + 0,5$$

Donc le point M est dans une frange sombre et les interférences sont destructives.

3. En appliquant la relation de Descartes, vous obtenez :

$$\sin(i_1) = \frac{n_{eau} \times \sin(30°)}{n_{air}} = \frac{1,33 \times 0,5}{1} = 0,665$$

$$\Leftrightarrow i_1 = \sin^{-1}(0,665) \approx 41,68°$$

4. Tout d'abord vous devez convertir les micromètres en une unité de longueur plus parlante :

$$5\,000\ \mu\text{m} = 5\,000 \times 10^{-6} \text{ m} = 5 \times 10^{-3} \text{ m} = 5 \text{ mm}$$

Pour déterminer la hauteur de l'image, il vous suffit d'utiliser la formule du grandissement :

$$\gamma = \frac{\overline{A'B'}}{\overline{AB}} \Longleftrightarrow \overline{A'B'} = \gamma \times \overline{AB} = 2{,}5 \times 5 = 12{,}5\ \text{mm} = 1{,}25\ \text{cm}$$

5. Pour obtenir la distance focale, vous utilisez la formule de conjugaison de Descartes. Mais pour cela, vous devez d'abord calculer $\overline{\text{OA}'}$ sachant que $\overline{\text{OA}} = -2$ cm. Vous appliquez la formule du grandissement cette fois-ci avec les distances OA et $\overline{\text{OA}'}$:

$$\gamma = \frac{\overline{\text{OA}'}}{\overline{\text{OA}}} \Longleftrightarrow \overline{\text{OA}'} = \gamma \times \overline{\text{OA}} = 2{,}5 \times (-2) = -5\ \text{cm}$$

Ainsi avec :

$$\overline{\text{OA}'} = -5\ \text{cm} : \frac{1}{\overline{\text{OA}'}} - \frac{1}{\overline{\text{OA}}} = \frac{1}{\overline{\text{OF}'}} \Longleftrightarrow \frac{\overline{\text{OA}} - \overline{\text{OA}'}}{\overline{\text{OA}'} \times \overline{\text{OA}}} = \frac{1}{\overline{\text{OF}'}}$$

$$\Longleftrightarrow \frac{1}{\overline{\text{OF}'}} = \frac{-2-(-5)}{2 \times 5} = \frac{3}{10} \Longleftrightarrow \overline{\text{OF}'} = f \approx 3{,}33\ \text{cm}$$

$$\text{et } C = \frac{1}{f} = \frac{1}{3{,}33 \times 10^{-2}} = 30\,\delta$$

[ATTENTION]

N'oubliez pas de convertir la distance focale f en mètres car sinon le résultat obtenu pour la vergence n'a pas de sens.

FICHE COURS 57

[Signaux physiques et rappels d'optique]

Le monde quantique – Introduction

1. Je fais le point sur mes connaissances

1. Réaction nucléaire (rappels de 1re)

Rayonnement produit lors de la réaction nucléaire		Équation de désintégration en fonction du type de radioactivité
Nom	Symbole	
Alpha α	${}^{4}_{2}\alpha$	${}^{A}_{Z}X \rightarrow {}^{A-4}_{Z-2}Y + {}^{4}_{2}He$
Electron β^-	${}^{0}_{-1}\mathrm{e}$	${}^{A}_{Z}X \rightarrow {}^{A}_{Z+1}Y + {}^{0}_{-1}\mathrm{e}$
Electron β^+	${}^{0}_{1}\mathrm{e}$	${}^{A}_{Z}X \rightarrow {}^{A}_{Z-1}Y + {}^{0}_{1}\mathrm{e}$
Photon γ	${}^{0}_{0}\gamma$	On rajoute « + γ » à chacune des trois équations précédentes dans le cas où les noyaux fils sont obtenus dans un état excité (degré d'énergie très élevée) et se désexcitent en évacuant l'énergie superflue et en émettant un rayonnement électromagnétique appelé photon γ

2. La relation de Planck-Einstein

$$E = h \times f = \frac{h \times c}{\lambda}$$

où E est l'énergie du photon en Joules (J), f est la fréquence de l'onde en hertz (Hz) et h est la constante de Planck, $h = 6{,}626 \times 10^{-34}$ J.s
c est la célérité de la lumière dans le vide (environ 3×10^8 m.s^{-1}) et λ est la longueur d'onde en mètres.

[REMARQUE]

$f = \frac{1}{T} = \frac{c}{\lambda}$ d'où la seconde égalité dans la relation de Planck-Einstein.

3. Dualité onde-particules : relation de Louis de Broglie

$$\lambda = \frac{h}{p}$$

où λ désigne la longueur d'onde de l'onde en mètres (m), p est la quantité de mouvement de la particule en kg.m.s^{-1} et h est la constante de Planck, $h = 6{,}626 \times 10^{-34}$ J.s.

2. Les mots clés

Charge élémentaire :
Il s'agit de la charge d'un proton. Elle est notée e et est égale à $1{,}6 \times 10^{-19}$ C.

Coulomb :
Unité permettant de mesurer les charges électriques dans le système international en physique.

Désintégration :
Destruction.

Électron :
Il s'agit d'une particule élémentaire de charge élémentaire égale à :

$-e = -1{,}6 \times 10^{-19}$ C. Il intervient dans une désintégration β^-.

Électronvolt :
Autre unité pour quantifier l'énergie : 1 eV = $1{,}602 \times 10^{-19}$ Joules.

Joules :
Unité de grandeur de l'énergie et du travail d'une force.

Longueur d'onde λ :
(voir Fiche 53).

Noyau instable :
Noyau qui se désintègre spontanément.

Noyau radioactif :
Noyau qui se désintègre au bout d'une certaine période.

Noyau stable :
Noyau qui ne se désintègre pas et qui a une durée de vie quasi infinie.

Particule élémentaire :

Composants fondamentaux de l'Univers.

Photon :

Particules transportant l'énergie des ondes lumineuses (selon Einstein).

Positon :

Aussi appelé positron ou antiélectron. Il a une charge égale à : $+e = +1{,}6 \times 10^{-19}$ C, contrairement à celle de l'électron qui est égale à : $-e = -1{,}6 \times 10^{-19}$ C. Il intervient au cours d'une désintégration β^+.

Quanta :

Eléments composant la lumière selon Einstein. Ce dernier les qualifie de photons. Pluriel de « quantum ».

Quantité de mouvement de la particule :

Impulsion de la particule. La quantité de mouvement p est le produit de la masse par la vitesse et s'exprime donc en $kg.m.s^{-1}$. La quantité de mouvement intervient également dans la relation de Louis De Broglie.

Quantum :

Plus petite mesure indivisible. Signifie « combien » en latin. Son pluriel est « quanta ».

Le monde quantique

FICHE EXERCICES 58

1. Répondez aux questions suivantes

1. Déterminez la longueur d'onde lorsque l'énergie portée par un photon d'une radiation est de 1,82 eV.

2. Déterminez la quantité de mouvement correspondante.

2. Vérifiez vos résultats

1. Vous devez d'abord convertir les électronvolts en Joules en effectuant une simple « règle de trois » :

1 eV = $1{,}602 \times 10^{-19}$ J

1,82 eV = ?

$$E = \frac{1{,}602 \times 10^{-19} \times 1{,}82}{1} = 2{,}92 \times 10^{-19}\ \text{J}.$$

En utilisant la relation de Planck-Einstein, vous établissez :

$$E = \frac{h \times c}{\lambda} \Longleftrightarrow \lambda = \frac{h \times c}{E} = \frac{6{,}626 \times 10^{-34} \times 3 \times 10^{8}}{2{,}92 \times 10^{-19}}$$
$$= 6{,}8 \times 10^{-7}\ \text{m} = 680\ \text{nm}.$$

2. En utilisant la relation de De Broglie, vous obtenez la quantité de mouvement en fonction de la constante de Planck et de la longueur d'onde :

$$\lambda = \frac{h}{p} \Longleftrightarrow p = \frac{h}{\lambda} = \frac{6{,}626 \times 10^{-34}}{680 \times 10^{-9}}$$
$$= 0{,}00974 \times 10^{-25} = 9{,}75 \times 10^{-28}\ \text{kg.m.s}^{-1}$$

[ATTENTION]

Utilisez les bonnes unités dans les calculs : une longueur d'onde s'exprime en m, une énergie en joules (d'où la conversion des eV en J) et la quantité de mouvement en kg.m.s^{-1}. Vous pouvez, après les calculs, exprimer le résultat (λ en nm, l'énergie en eV) pour le rendre plus parlant.

Physique

[Mécanique : Temps, mouvement et évolution]

FICHE COURS 59

[Mécanique : Temps, mouvement et évolution]

Cinématique et lois de Newton

1. Je fais le point sur mes connaissances

1. La notion de référentiel

Il est essentiel de définir le référentiel dans lequel vous réalisez votre étude du mouvement d'un point. On distingue plusieurs référentiels :

Référentiel	Origine	Axes
Terrestre	centre de la Terre	liés à la rotation de la Terre
Copernic	centre du système solaire	3 axes dirigés vers trois étoiles éloignées
Héliocentrique ou de Kepler	centre du Soleil	parallèles à ceux du référentiel de Copernic
Géocentrique	centre de gravité de la Terre	3 axes définis par rapport à trois étoiles fixes

[REMARQUE]

Ces référentiels sont considérés comme galiléens. En Terminale vous ne travaillez qu'avec des référentiels galiléens, tandis qu'en prépa, vous pourrez être confrontés à des référentiels non galiléens.

2. Le mouvement d'un point au cours du temps

Soit $(O,\vec{i},\vec{j},\vec{k})$ un repère :

	Expression	Représentation
Vecteur position $\overrightarrow{OM}$	$\overrightarrow{OM} = x\vec{i} + y\vec{j} + z\vec{k}$	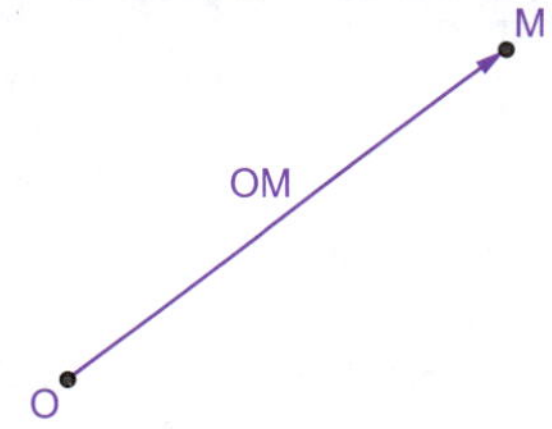
Vecteur vitesse $\vec{v}$	$\vec{v} = \dfrac{d\overrightarrow{OM}}{dt} = \dot{x}\vec{i} + \dot{y}\vec{j} + \dot{z}\vec{k}$	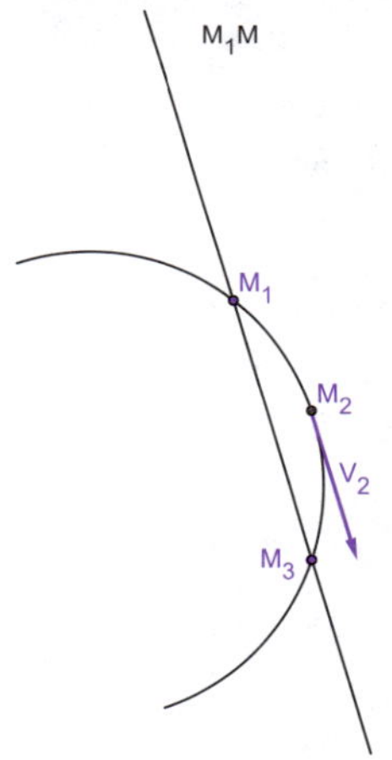 $\overrightarrow{v_2} \approx \dfrac{\overrightarrow{M_1M_3}}{t_3 - t_1}$
Vecteur accélération $\vec{a}$	$\vec{a} = \dfrac{d^2\overrightarrow{OM}}{dt^2} = \ddot{x}\vec{i} + \ddot{y}\vec{j} + \ddot{z}\vec{k}$	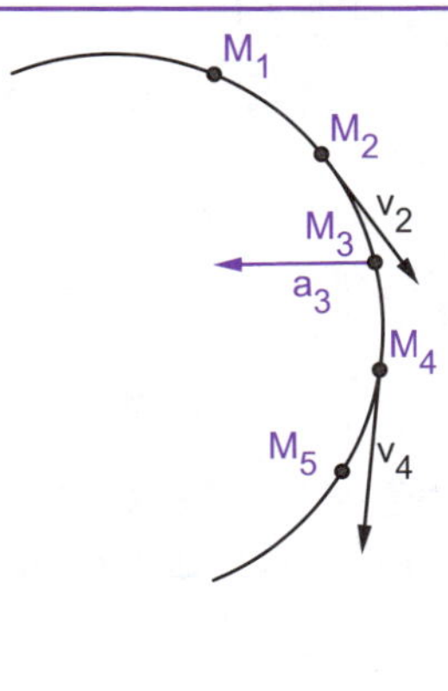 $\overrightarrow{a_3} \approx \dfrac{\overrightarrow{v_4} - \overrightarrow{v_2}}{t_4 - t_2} = \dfrac{\Delta\vec{v}}{\Delta t}$

Où : $\begin{cases} \dot{x} = \dfrac{dx}{dt} \\ \dot{y} = \dfrac{dy}{dt} \\ \dot{z} = \dfrac{dz}{dt} \end{cases}$ et $\begin{cases} \ddot{x} = \dfrac{d^2x}{dt^2} \\ \ddot{y} = \dfrac{d^2y}{dt^2} \\ \ddot{z} = \dfrac{d^2z}{dt^2} \end{cases}$ On dit « x point » pour $\dot{x}$ et « x point point » pour $\ddot{x}$.

3. Les différents mouvements

Mouvement	Trajectoire	Vitesse	Accélération
Rectiligne Uniforme	droite	constante	nulle
Rectiligne Uniformément Varié	droite	v augmente dans le cas où le mouvement est accéléré	constante > 0
		v diminue dans le cas où le mouvement est décéléré (freiné)	constante < 0
Circulaire Uniforme	cercle	constante	$a = \dfrac{v^2}{R}$ = constante
Circulaire (voir repère de Frenet)	cercle	augmente ou diminue	a_N = accélération normale a_T = accélération tangentielle

4. La quantité de mouvement

Elle est définie par $\vec{p}$ et s'exprime en kg.m.s^{-1}.

Où m est la masse du solide en kg et $\vec{v}$ la vitesse du solide en m.s^{-1}.

5. Les lois de Newton (dans un référentiel galiléen)

Le point sur les différentes forces :

Type de force	Point d'application	Direction	Sens	Norme
Poids	centre de gravité du solide	verticale	vers le bas	$P = mg$
Réaction	point de contact entre le support et le solide	perpendiculaire au support	vers le haut	R
Force de frottement	centre de gravité du solide	parallèle au déplacement	opposé au déplacement	f
Tension d'un ressort	point du solide où est fixé le ressort	parallèle à la direction du ressort	sens de tension du ressort	$T = kx$
Tension d'un fil	point du solide où est fixé le fil	parallèle à la direction du fil	sens de tension du fil	T

1re loi de Newton : le principe de l'inertie :

Il y a conservation de la quantité de mouvement dans un système isolé ou pseudo-isolé et réciproquement :

- système immobile $\Longleftrightarrow \vec{v} = \vec{0}$;
- système animé d'un mouvement rectiligne uniforme $\Longleftrightarrow \vec{v} =$ constante.

2e loi de Newton : le théorème du centre d'inertie :

$$\sum \overrightarrow{F_{ext}} = \frac{\mathrm{d}\vec{\rho}}{\mathrm{d}t} \text{ et donc } \sum \overrightarrow{F_{ext}} = m\frac{\mathrm{d}\vec{v}}{\mathrm{d}t} = m\vec{a}$$

avec $m =$ masse constante (ce qui est toujours le cas en Terminale)

3e loi de Newton : la loi d'interaction :

Lorsqu'un corps 1 exerce une force $\overrightarrow{F_{1/2}}$ sur un corps 2, alors le corps 2 exerce également une force $\overrightarrow{F_{2/1}}$ sur le corps 1 qui est égale à son opposé (en termes vectoriels) : $\overrightarrow{F_{2/1}} = -\overrightarrow{F_{1/2}}$.

2. Les mots clés

Force :

Une force est une action mécanique qui exerce une action sur un système. Le vecteur force est caractérisé par :

- son point d'application : centre de gravité du solide ou point de contact du mobile avec le support, etc ;
- sa direction (verticale, horizontale, etc.) ;
- son sens (d'un point A vers un point B, vers la droite, vers la gauche, etc.) ;
- sa norme $\| \overrightarrow{F} \|$: intensité en Newton (N).

Intensité de pesanteur (aussi appelée accélération de pesanteur) :

Grandeur noté $\vec{g}$ dont la norme vaut $\|\vec{g}\| \approx 9{,}81 \text{ N.kg}^{-1}$.

[REMARQUE]

Elle peut s'exprimer également en $m \cdot s^{-2}$ car il s'agit d'une accélération.

Poids :

Force définie par la relation $\overrightarrow{P} = m\vec{g}$ où $\vec{g}$ est l'intensité de pesanteur (ou accélération de pesanteur) et m la masse en kg. Il est caractérisé par :

- son point d'application : centre de gravité du solide ;
- sa direction : verticale ;
- son sens : vers le bas ;
- sa norme : $\| \overrightarrow{P} \| = m\|\vec{g}\| = mg$.

Réaction :

Force exercée par le support sur un solide. Cette force permet à l'objet de ne pas « s'enfoncer » dans le support. Par exemple, un livre posé sur une table ne s'enfonce pas dedans. Elle est caractérisée par :

- son point d'application : point de contact entre le solide et le support ;
- sa direction : orthogonale au support ;
- son sens : vers le haut ;
- sa norme : $\| \overrightarrow{R} \| = R$.

Référentiel :

Objet de référence dans lequel est effectuée l'étude cinématique d'un point mobile. Il est muni d'un repère orthonormé.

Référentiel galiléen :

Référentiel dans lequel le principe d'inertie s'applique.

Repère de Frenet :

(voir Fiche 61).

Système :

Solide ou objet étudié.

Système isolé :

Système soumis à aucune force

Système pseudo-isolé :

Système soumis à des forces qui se compensent : leur somme est égale au vecteur nul.

> Exemple
>
> Dans le cas d'un système pseudo isolé avec pour seules forces le poids et la réaction, vous déterminez la valeur de la réaction R, en appliquant la formule $\overrightarrow{P} + \overrightarrow{R} = \overrightarrow{0}$ et vous déduisez que $\overrightarrow{R} = -\overrightarrow{P}$ et $R = P = mg$.

Vecteur accélération :

Dérivée par rapport au temps de la vitesse ou dérivée seconde par rapport au temps du vecteur position.

Vecteur position :

Vecteur permettant de repérer un point dont la position évolue en fonction du temps.

Vecteur vitesse :

Dérivée par rapport au temps du vecteur position.

[Mécanique : Temps, mouvement et évolution]

Mouvement d'un mobile

1. Répondez aux questions suivantes

François lance une balle de tennis de masse m vers le haut. Le lancer s'effectue à une hauteur initiale de 1,5 m du sol et la vitesse initiale fait un angle α avec le sol (horizontal).

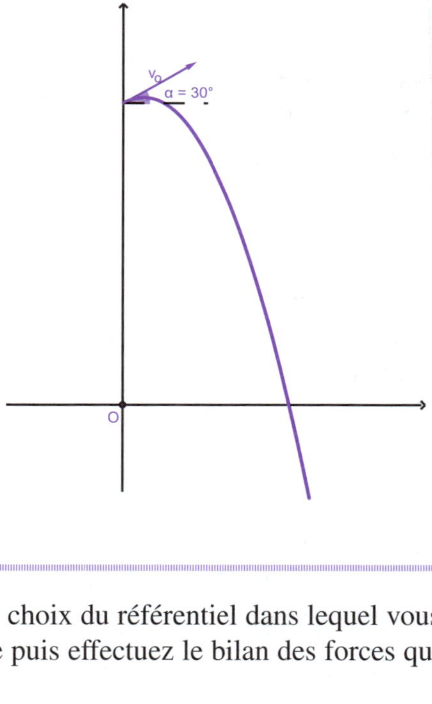

1. Établir l'équation de la trajectoire de la balle.

2. Déterminez la hauteur maximale atteinte par la balle.

3. À quelle distance du point O la balle atteint-elle le sol sachant que $\alpha = 30°$, $v_o = 2\,\text{m.s}^{-1}$ et $g \approx 10\,\text{N.kg}^{-1}$?

2. Vérifiez vos résultats

1. Vous devez tout d'abord faire le choix du référentiel dans lequel vous réalisez votre étude cinématique puis effectuez le bilan des forces qui s'exercent sur la balle :

Le référentiel est terrestre et est donc galiléen.

La seule force qui s'exerce sur la balle est son poids $\overrightarrow{P} = m\vec{g}$:

- point d'application : centre de gravité de la balle (centre de la balle qui a la forme d'une sphère) ;
- direction : verticale ;
- sens : vers le bas ;
- norme : $\| \overrightarrow{P} \| = P = m \times g \approx 10 \times m$ newton.

En appliquant la deuxième loi de Newton qui énonce que $\sum \overrightarrow{F_{ext}} = m\vec{a}$, vous obtenez $\overrightarrow{P} = m\vec{a} \Longleftrightarrow m\vec{g} = m\vec{a} \Longleftrightarrow \vec{g} = \vec{a}$ car m est une constante non nulle soit $\vec{a} = \vec{g}$

Vous devez ensuite calculer les composantes du vecteur accélération dans le repère $(O, \vec{i}, \vec{j})$ à partir de celles de $\vec{g}$ (qui a une direction verticale et un sens vers le bas) :

$$\vec{g} = \begin{cases} g_x = 0 \\ g_y = -g \end{cases} \Longleftrightarrow \vec{a} = \begin{cases} a_x = 0 \\ a_y = -g \end{cases}$$

Pour déterminer les composantes de la vitesse vous devez intégrer les composantes du vecteur accélération par rapport à t :

$$\vec{v} = \begin{cases} v_x = v_{ox} \\ v_y = -gt + v_{oy} \end{cases}$$

où v_{ox} et v_{oy} sont des constantes à déterminer à partir des conditions initiales.

Les composantes de v_o s'obtiennent en considérant le triangle rectangle ci-contre et en appliquant les formules des cosinus et sinus.

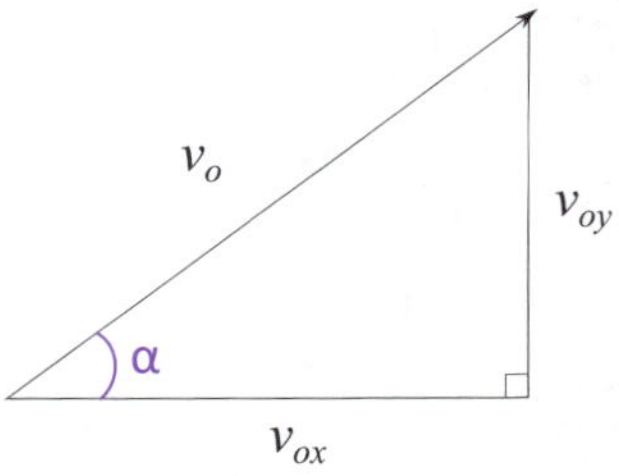

$$\begin{cases} \cos(\alpha) = \dfrac{\text{côté adjacent}}{\text{hypothénuse}} \\ \sin(\alpha) = \dfrac{\text{côté opposé}}{\text{hypothénuse}} \end{cases} \Longleftrightarrow \begin{cases} \cos(\alpha) = \dfrac{v_{ox}}{v_o} \\ \sin(\alpha) = \dfrac{v_{oy}}{v_o} \end{cases} \Longleftrightarrow \begin{cases} v_{ox} = v_o \cos(\alpha) \\ v_{oy} = v_o \sin(\alpha) \end{cases}$$

et donc :

$$\overrightarrow{v_0} = \begin{cases} v_{ox} = v_o \cos(\alpha) \\ v_{oy} = v_o \sin(\alpha) \end{cases} \text{ Finalement : } \vec{v} = \begin{cases} v_x = v_o \cos(\alpha) \\ v_y = -gt + v_o \sin(\alpha) \end{cases}$$

Enfin vous calculez les composantes du vecteur position qui vous permettent de déduire une équation de la trajectoire :

$$\overrightarrow{OM} = \begin{cases} x = v_o \cos(\alpha)t + x_0 \\ y = -\dfrac{1}{2}gt^2 + v_o \sin(\alpha)t + y_0 \end{cases}$$

où x_o et y_o sont des constantes à déterminer à partir des conditions initiales. D'après les données de l'énoncé, $x_o = 0$ et $y_o = 1{,}5$.
Vous obtenez ainsi :

$$\overrightarrow{\mathrm{OM}} = \begin{cases} x = v_o \cos(\alpha) t \\ y = -\dfrac{1}{2} g t^2 + v_o \sin(\alpha) t + 1{,}5 \end{cases}$$ en remplaçant t par : $\dfrac{x}{v_o \cos(\alpha)}$,

vous avez l'expression d'une équation de la trajectoire de la forme $y(x)$:

$$\begin{cases} t = \dfrac{x}{v_o \cos(\alpha)} \\ y = -\dfrac{1}{2} g \left(\dfrac{x}{v_o \cos(\alpha)} \right)^2 + v_o \sin(\alpha) \dfrac{x}{v_o \cos(\alpha)} + 1{,}5 \end{cases}$$

$$\Longleftrightarrow \begin{cases} t = \dfrac{x}{v_o \cos(\alpha)} \\ y = -\dfrac{1}{2} g \dfrac{x^2}{v_o^2 \cos^2(\alpha)} + x \tan(\alpha) + 1{,}5 \end{cases}$$

Et une équation de la trajectoire est finalement :

$$y(x) = -\frac{1}{2} g \frac{x^2}{v_o^2 \cos^2(\alpha)} + x \tan(\alpha) + 1{,}5$$

2. Il s'agit d'une parabole dont la concavité est tournée vers le bas. Donc elle admet un maximum.

Pour obtenir la hauteur maximale de la balle, il vous suffit de calculer les coordonnées du maximum de la courbe. En reprenant vos fiches de maths sur les équations du second degré de la forme $ax^2 + bx + c$, vous déduisez que le maximum de la courbe est atteint en $x = -\dfrac{b}{2a}$.

Ainsi avec

$$a = -\frac{1}{2} \frac{g}{v_o^2 \cos^2(\alpha)} \quad \text{et} \quad b = \tan(\alpha),$$

le maximum est atteint en :

$$x = \frac{-\tan(\alpha)}{2\left(-\frac{1}{2}\frac{g}{v_o^2\cos^2(\alpha)}\right)} = \frac{-\frac{\sin(\alpha)}{\cos(\alpha)}}{\frac{-g}{v_o^2\cos^2(\alpha)}} = \frac{\sin(\alpha)}{\cos(\alpha)} \times \frac{v_o^2\cos^2(\alpha)}{g}$$

$$= \frac{v_o^2\cos(\alpha)\sin(\alpha)}{g}$$

soit en vous souvenant que $\sin(2\alpha) = 2\cos(\alpha)\sin(\alpha)$: $x = \frac{v_o^2\sin(2\alpha)}{2g}$.

Enfin pour déterminer la hauteur maximale, vous remplacez x par son expression dans $y(x)$:

$$y_{\max} = -\frac{1}{2}g\frac{\left(\frac{v_o^2\sin(2\alpha)}{2g}\right)^2}{v_o^2\cos^2(\alpha)} + \frac{v_o^2\sin(2\alpha)}{2g}\tan(\alpha) + 1{,}5$$

$$\iff y_{\max} = -\frac{1}{2}g\frac{v_o^4 \times 4\cos^2(\alpha)\sin^2(\alpha)}{4g^2v_o^2\cos^2(\alpha)} + \frac{v_o^2 \times 2\cos(\alpha)\sin(\alpha)}{2g} \times \frac{\sin(\alpha)}{\cos(\alpha)} + 1{,}5$$

$$\iff y_{\max} = -\frac{v_o^2\sin^2(\alpha)}{2g} + \frac{2v_o^2\sin^2(\alpha)}{2g} + 1{,}5$$

$$\iff y_{\max} = \frac{v_o^2\sin^2(\alpha)}{2g} + 1{,}5$$

3. Vous devez résoudre $y(x) = 0$

$$\iff y(x) = -\frac{1}{2}g\frac{x^2}{v_o^2\cos^2(\alpha)} + x\tan(\alpha) + 1{,}5$$

Avec $\alpha = 30°$, $\cos(\alpha) = \cos(30°) = \frac{\sqrt{3}}{2}$ et $\sin(\alpha) = \sin(30°) = \frac{1}{2}$

et $\tan(\alpha) = \tan(30°) = \frac{\sqrt{3}}{3}$, $v_o = 2$ m.s^{-1} et $g = 10$ N.kg^{-1}, vous obtenez :

$$y(x) = -\frac{1}{2} \times 10 \times \frac{x^2}{2^2 \times \left(\frac{\sqrt{3}}{2}\right)^2} + x \times \frac{\sqrt{3}}{3} + 1{,}5$$

$$y(x) = -\frac{5}{3}x^2 + \frac{\sqrt{3}}{3}x + 1{,}5$$

$$\Delta = \left(\frac{\sqrt{3}}{3}\right)^2 - 4 \times \left(-\frac{5}{3}\right) \times 1{,}5 = \frac{1}{3} + 10 \approx 10{,}33 > 0$$

$$x_1 = \frac{-\frac{\sqrt{3}}{3} - \sqrt{10{,}33}}{2 \times \left(-\frac{5}{3}\right)} > 0 \text{ et } x_2 = \frac{-\frac{\sqrt{3}}{3} + \sqrt{10{,}33}}{2 \times \left(-\frac{5}{3}\right)} < 0$$

Donc x_2 ne convient pas ($x_2 \approx -0{,}791$).
Ainsi la balle atteint le sol à une distance de $x_1 \approx 1{,}137$ mètre du point O.

Point méthode 1 : comment déterminer une équation de la trajectoire ?

a) Vous précisez le référentiel de l'étude. Il doit être galiléen.

b) Vous faites le bilan des forces extérieures.

c) Vous appliquez la deuxième loi de Newton et vous obtenez une expression de l'accélération.

d) Vous déterminez les composantes (a_x, a_y) du vecteur accélération dans le repère élaboré par vos soins ou imposé dans l'énoncé.

e) Vous déterminez les composantes (v_x, v_y) du vecteur vitesse en intégrant par rapport au temps chaque composante du vecteur accélération. N'oubliez pas les constantes d'intégration que vous obtenez avec la vitesse initiale.

f) Vous déterminez les composantes (x, y) du vecteur position en intégrant par rapport au temps chaque composante du vecteur vitesse. N'oubliez pas les constantes d'intégration que vous obtenez avec les conditions initiales (position initiale de l'objet).

g) Vous exprimez t en fonction de x.

h) Vous remplacez t dans l'expression de y. Et vous avez votre équation.

Point méthode 2 : comment déterminer la hauteur maximale ?

a) Vous appliquez les formules donnant le maximum d'une fonction polynôme du second degré (cas où $a < 0$). Le maximum est atteint en

$$x = -\frac{b}{2a}$$

b) Vous remplacez x par $-\dfrac{b}{2a}$ dans l'expression de $y(x)$ et vous obtenez ainsi la hauteur maximale.

Point méthode 3 : comment déterminer la distance du point O au point d'impact de la balle sur le sol ?

a) Vous devez résoudre l'équation $y(x) = 0$ car le sol a pour ordonnée 0. Pour cela vous calculez le déterminant et déduisez la ou les solutions.

b) Vous choisissez la solution la mieux adaptée au problème. Par exemple dans l'exercice traité précédemment la solution négative ne convenait pas.

[ATTENTION]

Revoyez bien vos formules de primitives afin de ne pas perdre de temps dans les calculs.
Vérifiez bien les unités avant d'effectuer le moindre calcul !

Le mouvement des planètes

1. Je fais le point sur mes connaissances

1. Outils et propriétés

Référentiels :

Les référentiels utilisés sont les référentiels géocentriques et héliocentriques (voir définition dans la fiche 59).

Repère de Frenet :

Il s'agit d'un repère $(O,\vec{u},\vec{n})$ utilisé pour l'étude des mouvements des planètes et satellites. Il permet d'exprimer la vitesse et l'accélération :

$$\vec{v} = v\vec{u} \text{ et } \vec{a} = a_T\vec{u} + \vec{a}_N\vec{n}$$

L'accélération tangentielle $a_T = \dfrac{\mathrm{d}v}{\mathrm{d}t}$ et l'accélération normale $a_N = \dfrac{v^2}{R}$,

R est le rayon de courbure de la trajectoire.

2. Les lois de Kepler

1re loi de Kepler, la loi des orbites :

La trajectoire des planètes du système solaire est une ellipse dont le Soleil occupe l'un des foyers.

2e loi de Kepler, la loi des aires :

L'aire balayée par les segments reliant le centre du soleil et de la planète est la même pendant des durées égales.

3e loi de Kepler, la loi des périodes :

$$\frac{T^2}{a^3} = \text{constante}$$

Où T est la période de révolution et a est le demi-grand axe de l'ellipse.

3. Le mouvement d'un satellite

On considère deux corps A et B de masse respectives M_A et M_B, G est la constante de gravitation universelle $6{,}67 \times 10^{-11}\text{m}^3.\text{kg}^{-1}.\text{s}^{-2}$.

La force exercée par A sur B est donnée par : $\overrightarrow{F_{A/B}} = G \times \dfrac{M_A \times M_B}{AB^2}\overrightarrow{BA}$.
En considérant maintenant la Terre de centre T et un satellite de centre S, la force exercée par la Terre sur le satellite : $\overrightarrow{F_{T/S}} = G\dfrac{M_S \times M_T}{R^2}\vec{n}$ dans le repère de Frenet d'origine le centre de la Terre.

En appliquant le théorème du centre d'inertie, $\overrightarrow{F_{T/S}} = M_S\,\vec{a}$, vous obtenez une expression de l'accélération : $\vec{a} = G \times \dfrac{M_T}{R^2}\vec{n}$.
Avec la formule de l'accélération normale en fonction de la vitesse :

$$a = \frac{v^2}{R} \Longleftrightarrow v^2 = a \times R \Longleftrightarrow v = \vec{v} = \sqrt{a \times R} \cdot \vec{u}\,,$$

vous déduisez une expression de la vitesse : $\vec{v} = \sqrt{G \times \dfrac{M_T}{R}}\vec{u}$.
La période T de révolution du satellite autour de la Terre est le rapport de la circonférence sur la vitesse. Elle est donnée par $T = \dfrac{2\pi R}{v}$.

4. La révolution de la Terre autour du Soleil

- La période de rotation de la Terre autour d'elle-même est de : 23 heures 56 minutes 4 ssecondes ;
- La période de révolution de la Terre autour du Soleil est de 365,2 jours soit : 365 jours, 6 heures et 9 secondes.

2. Les mots clés

Circonférence :

Longueur du tour d'un cercle. On l'appelle également périmètre du cercle. Elle est donnée par la formule $C = 2\pi R$.

Ellipse :

Figure géométrique ayant la forme d'un cercle aplati. Elle est constituée d'un grand axe et d'un petit axe. Une ellipse de centre $(x_0\,;\ y_0)$ a pour équation :

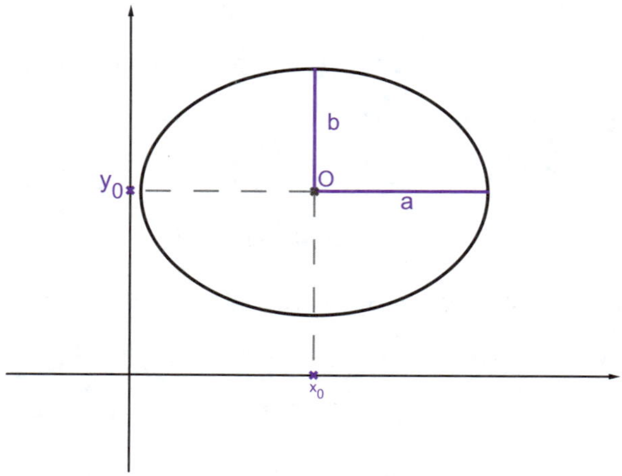

$$\frac{(x - x_0)^2}{a^2} + \frac{(y - y_0)^2}{b^2} = 1$$

Jour sidéral :

Durée égale à 23 h 56 min 4 s (période de rotation de la Terre sur elle-même).

Période de révolution :

Temps nécessaire à un astre pour effectuer sa trajectoire.

Satellite :

Corps en orbite autour d'un autre corps de plus grande masse. On distingue les satellites naturels des satellites artificiels créés par l'homme pour qu'ils gravitent autour d'une planète. La Lune est un satellite naturel de la Terre par exemple.

Soleil :

Etoile du système solaire autour de laquelle tourne la Terre. Il est composé d'hydrogène et d'hélium.

Terre :

Troisième planète du système solaire la plus éloignée du Soleil et planète la plus grande et plus massive des quatre planètes telluriques.

Trajectoire :

Allure du chemin parcouru par un astre en une période.

Les lois de Kepler

1. Répondez aux questions suivantes

Un satellite de masse m est en orbite autour de la Terre. Il est situé à une hauteur (H) au-dessus du sol.

1. Exprimez la force exercée par le satellite sur la Terre.

2. Exprimez la force exercée par la Terre sur le satellite.

3. On suppose que le satellite est en fait la Lune. Déterminez l'intensité de la force exercée par la Lune sur la Terre.

4. Déterminez l'intensité de la force exercée par la Terre sur la Lune.

5. Déterminez l'intensité de pesanteur sur la Lune..

Données numériques :

- Constante de gravitation universelle $G = 6{,}67 \times 10^{-11} \text{m}^3.\,\text{kg}^{-1}.\text{s}^{-2}$.
- Rayon de la Terre : $R_{Terre} = 6\,400$ km $= 6\,400 \times 10^3$ m $= 6{,}4 \times 10^6$ m.
- Masse de la Terre : $M_{Terre} = 5{,}98 \times 10^{24}$ kg.
- Rayon de la Lune : $R_{Lune} = 1\,736$ km $= 1\,736 \times 10^3$ m $= 1{,}736 \times 10^6$ m.
- Masse de la Lune : $M_{Lune} = 7{,}3477 \times 10^{22}$ kg.
- Distance Terre-Lune : $d_{Terre/Lune} = 384\,400$ km $= 3{,}844 \times 10^8$ m.

2. Vérifiez vos résultats

1. $\overrightarrow{F_{S/T}} = G \times \dfrac{m \times M_{Terre}}{(R_{Terre} + h)^2} \overrightarrow{\text{TS}}$

2. $\overrightarrow{F_{T/S}} = G \times \dfrac{m \times M_{Terre}}{(R_{Terre} + h)^2} \overrightarrow{\text{ST}}$

3. La force exercée par la Lune sur la Terre est donnée par la relation : $\overrightarrow{F_{L/T}} = G \times \dfrac{M_{Lune} \times M_{Terre}}{d_{(Terre/Lune)}} \overrightarrow{\text{TL}}$ et la norme de cette force est donnée par :

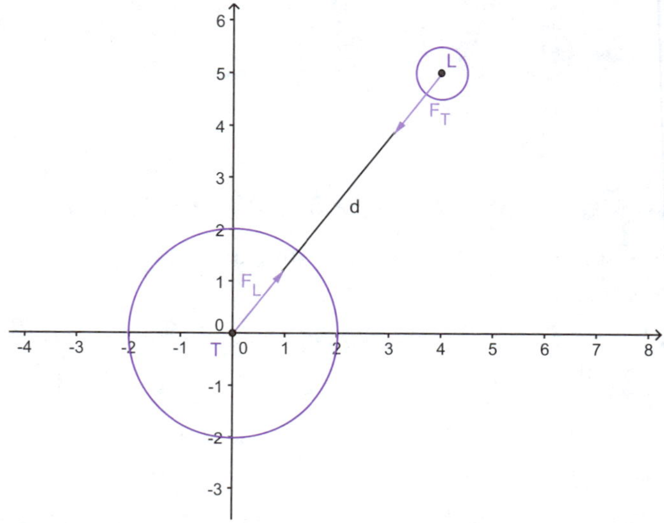

$$\|\overrightarrow{F_{L/T}}\| = G \times \frac{M_{Lune} \times M_{Terre}}{\left(d_{Terre/Lune}\right)^2}$$

$$= 6{,}67 \times 10^{-11} \times \frac{7{,}3477 \times 10^{22} \times 5{,}98 \times 10^{24}}{(3{,}844 \times 10^8)^2}$$

$$\|\overrightarrow{F_{L/T}}\| = \frac{293{,}07 \times 10^{35}}{1{,}478 \times 10^{17}} = 198{,}3 \times 10^{18} = 1{,}983 \times 10^{20}\ \text{N}$$

4. La force exercée par la Terre sur la Lune a la même intensité car : $\overrightarrow{F_{L/T}} = -\overrightarrow{F_{T/L}}$.

5. En appliquant la formule du poids pour un objet de masse m situé à la surface de la Lune : $\overrightarrow{P} = m\overrightarrow{g_{Lune}}$ ainsi en égalisant les normes :

$$\|\overrightarrow{P}\| = m \times g_{Lune} \Longleftrightarrow G \times \frac{m \times M_{Lune}}{(R_{Lune})^2} = m \times g_{Lune} \Longleftrightarrow$$

$$g_{Lune} = G \times \frac{M_{Lune}}{(R_{Lune})^2},$$ en simplifiant par $m \neq 0$

$$\Longleftrightarrow g_{Lune} = 6{,}67 \times 10^{-11} \times \frac{7{,}3477 \times 10^{22}}{(1{,}736 \times 10^6)^2} \approx 1{,}62\ \text{N.kg}^{-1}$$

(ou m.s^{-2}).

[REMARQUE]

Pour la Terre vous pouvez démontrez la valeur de g en utilisant le poids d'un objet à la surface de la Terre :
$g \times \frac{M_{Terre}}{(R_{Terre})^2} = 6,67 \times 10^{-11} \times \frac{5,98 \times 10^{24}}{(6,4 \times 10^6)^2} \approx 9,75$ N.kg^{-1} ce qui est assez proche de 9,81 N.kg^{-1}

[ATTENTION]

N'oubliez pas de convertir avant tout les distances en mètres.

Travail et Énergie

1. Je fais le point sur mes connaissances

1. Le travail d'une force

Le travail d'une force est le résultat du produit scalaire de la force par son déplacement. Il est donné par :

$$W(\overrightarrow{F}) = \overrightarrow{F} \cdot \overrightarrow{\mathrm{AB}} = \|\overrightarrow{F}\| \times \|\overrightarrow{AB}\| \times \cos\left(\overrightarrow{AB}, \overrightarrow{F}\right).$$

Il s'exprime en Joules (J).

- si $W(\overrightarrow{F}) > 0$, le travail est moteur ;
- si $W(\overrightarrow{F}) < 0$, le travail est résistant ;
- si $W(\overrightarrow{F}) = 0$, la force ne travaille pas.

Récapitulatif de l'expression du travail en fonction de la force et de la trajectoire :

Trajectoire /Force	Horizontale	Droite inclinée allant de A vers B	Circulaire
Poids	0	$mg(z_A - z_B)$	$mg(z_A - z_B)$
Réaction	0	0	0
Force de frottement	$-f \times \mathrm{AB}$	$-f \times \mathrm{AB}$	$-f \times \overset{\frown}{\mathrm{AB}}$

[REMARQUE]

Propriétes importantes :
- Le travail du poids est toujours indépendant du chemin parcouru ;
- Le travail de la réaction est toujours nul car la réaction a une direction perpendiculaire au support ;
- Le travail de la force de frottement est toujours opposé au déplacement : il est donc toujours résistant (négatif).

2. Le bilan énergétique d'un système

L'énergie cinétique :

L'énergie cinétique d'un solide est donnée par la formule $E_C = \frac{1}{2}mv^2$ où m est la masse du solide en kg et v est la vitesse du solide en m.s^{-1} et E_c s'exprime en joules (J).

L'énergie potentielle :

- Énergie potentielle de pesanteur :

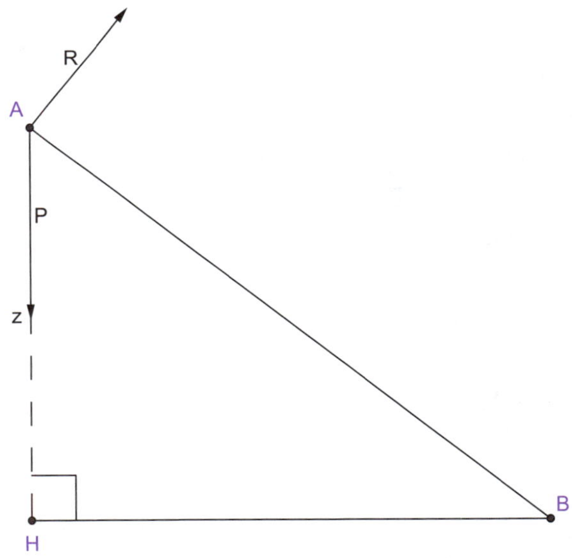

Elle est donnée par la formule $E_P = mgz$ où m est la masse du solide en kg et g est l'intensité de pesanteur en N.kg^{-1} et E_p s'exprime en joules (J).

- Énergie potentielle élastique (cas d'un ressort) :

Elle est donnée par la formule $E_P = \frac{1}{2}kx^2$ où k est constante de raideur du ressort en N.m^{-1} et x est l'élongation du ressort en mètres et E_p s'exprime en joules (J).

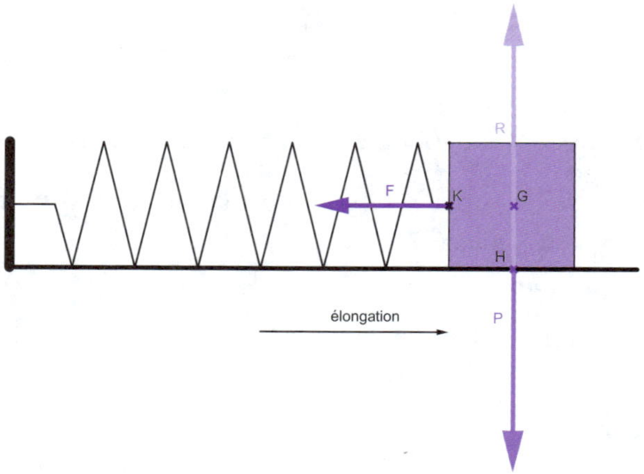

L'énergie mécanique :

L'énergie mécanique est égale à la somme de l'énergie cinétique et de l'énergie potentielle : $E_m = E_c + E_p$.

Le principe de conservation de l'énergie mécanique :

L'énergie mécanique se conserve dans le cas où il n'y a pas de frottement : $E_m = E_c + E_p =$ constante $\Longleftrightarrow \Delta E_m = 0$ (variation d'énergie mécanique nulle).

En présence de frottements, l'énergie mécanique n'est plus constante et sa variation est égale à la somme des travaux des forces extérieures :

$$\Delta E_m = \sum W(\overrightarrow{F})$$

2. Les mots clés

Conservation de l'énergie mécanique :

L'énergie mécanique se conserve s'il n'y a pas de frottements.

Frottements :

Force opposée au déplacement.

Force :

(voir Fiche 59).

Force conservatrice :

Une force est conservatrice si son travail est indépendant du déplacement de son point d'application. Il ne dépend que de la position de départ et d'arrivée.

Force non conservatrice :
Une force est non conservatrice si son travail dépend du déplacement de son point d'application.

Joule :
Unité de mesure du travail et de l'énergie.

Travail :
Énergie fournie par une force lors du déplacement de son point d'application.

Travail moteur :
Le travail d'une force est dit moteur s'il est positif.

Travail résistant :
Le travail d'une force est dit résistant s'il est négatif.

[Mécanique : Temps, mouvement et évolution] Travail et Énergie

1. Répondez aux questions suivantes

1. Une bille de masse $m = 2$ kg est lâchée du point A sans vitesse initiale et effectue le parcours suivant les lettres ABCD. Quelle doit être la valeur minimum de la hauteur z_A pour que la bille atteigne le point C ? Le point D ? Vous négligerez les frottements dans un premier temps.

Données : $\alpha = 30°$, $\text{OB} = \text{OD} = \text{R} = 1$ m.

2. Reprendre l'énoncé précédent avec une nouvelle force due aux frottements de l'air $f = 5$ N uniquement sur la partie AB. Les frottements restent négligeables sur la partie BCD. Données : $g \approx 9{,}81\ \text{N.kg}^{-1}$.

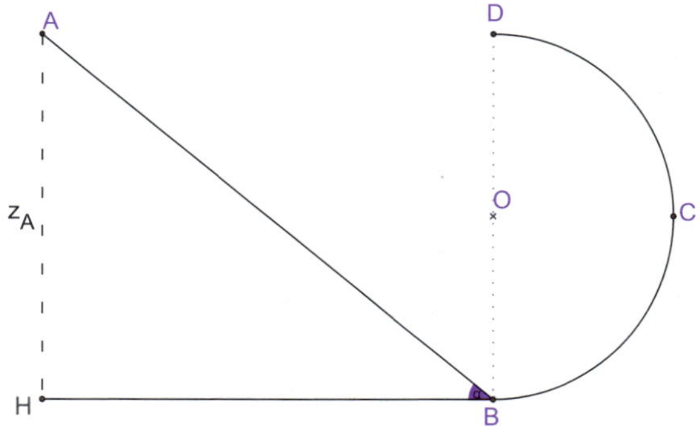

3. On considère un ressort de constante de raideur $k = 20\ \text{N.m}^{-1}$ relié à un solide de masse $m = 25$ g.

Réalisez l'inventaire des forces qui s'exercent sur le solide ainsi que le bilan énergétique du système. Le poids du ressort et les frottements sont supposés négligeables. On ne demande pas d'application numérique.

4. L'énergie mécanique se conserve-t-elle ?

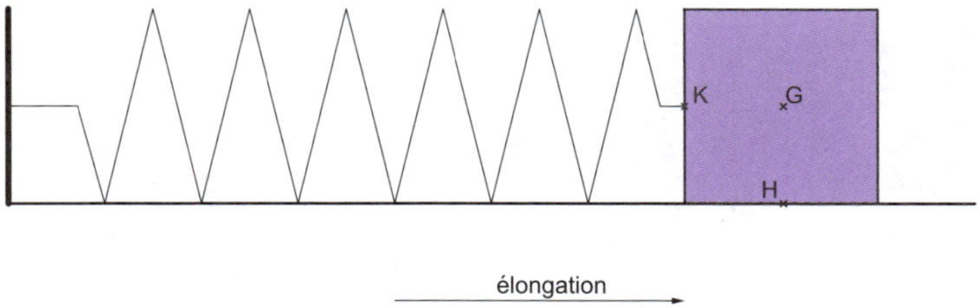

5. On considère un pendule simple constitué d'une bille de masse m = 1 kg suspendue à un fil de longueur L = 1 mètre. On écarte la bille d'un angle $\alpha = 60°$ avec la verticale. Effectuez le bilan des forces qui s'exercent sur la bille et déterminez leur travail.

2. Vérifiez vos résultats

1. Vous devez tout d'abord effectuer l'inventaire des forces extérieures : le poids et la réaction. Il n'y a pas de frottement car les frottements de l'air sont supposés négligeables dans cette question.

Poids :

- point d'application : centre de gravité de la bille ;
- direction : verticale ;
- sens : vers le bas ;
- norme : $P = mg = 2 \times 9{,}81 = 19{,}62$ N.

[ATTENTION]

N'oubliez pas de vérifier que la masse est bien exprimée en kilogrammes !

Réaction du support :

- point d'application : point de contact de la bille et du support ;
- direction : perpendiculaire au support ;
- sens : vers le haut ;
- norme : R.

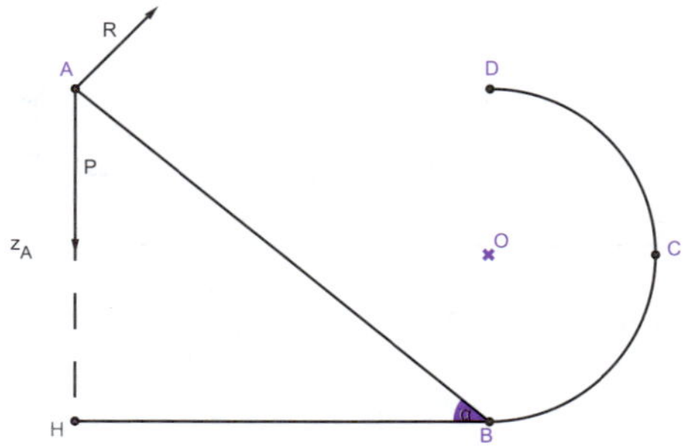

En l'absence de frottement, l'énergie mécanique se conserve et donc : $E_m = E_c + E_p$ = constante. Qui s'écrit également $\Delta E_m = 0$.

$$\Delta E_m = 0 \iff (E_{C_B} + E_{P_B}) - (E_{C_A} + E_{P_A}) = 0$$

$$\iff \left(\frac{1}{2}mv_B^2 + mgz_B\right) - \left(\frac{1}{2}mv_A^2 + mgz_A\right) = 0$$

$$\iff \frac{1}{2}m(v_B^2 - v_A^2) + mg(z_B - z_A) = 0$$

Or v_A est nulle car la bille est lâchée sans vitesse initiale et B est au sol ($z_B = 0$), donc :

$$\iff \frac{1}{2}mv_B^2 - mgz_A = 0 \iff \frac{1}{2}v_B^2 - gz_A = 0.$$ Car m est non nul.

Et finalement : $v_B^2 = 2gz_A \iff v_B = \sqrt{2gz_A}$.

Pour que la bille atteigne le point C, il faut que la vitesse en ce point soit au moins égale à 0. En appliquant le théorème de conservation de l'énergie mécanique :

$$\Delta E_m = 0 \iff (E_{C_C} + E_{P_C}) - (E_{C_B} + E_{P_B}) = 0$$

$$\iff \left(\frac{1}{2}mv_C^2 + mgz_C\right) - \left(\frac{1}{2}mv_B^2 + mgz_B\right) = 0$$

$$\iff \frac{1}{2}m(v_C^2 - v_B^2) + mg(z_C - z_B) = 0 \iff -\frac{1}{2}mv_B^2 + mgz_C = 0$$

$$\iff -\frac{1}{2}v_B^2 + gz_C = 0 \iff v_B^2 = 2gz_C \iff v_B = \sqrt{2gz_C} = \sqrt{2gR}$$

Ainsi : $v_B = \sqrt{2gR} = \sqrt{2 \times 9{,}81 \times 1} = \sqrt{19{,}62} \approx 4{,}43$ m.s^{-1}.

Et finalement : $v_B^2 = 2gz_A \iff z_A = \dfrac{v_B^2}{2g} = \dfrac{19{,}62}{2 \times 9{,}81} = 1$ m.

Pour que la bille atteigne le point C, il faut que la hauteur z_A soit au moins égale à 1 mètre.

Pour que la bille atteigne le point D, il faut que la vitesse en ce point soit au moins égale à 0. En appliquant le théorème de conservation de l'énergie mécanique :

$$\Delta E_m = 0 \Longleftrightarrow (E_{C_D} + E_{P_D}) - (E_{C_B} + E_{P_B}) = 0$$

$$\Longleftrightarrow \left(\frac{1}{2}mv_D^2 + mgz_D\right) - \left(\frac{1}{2}mv_B^2 + mgz_B\right) = 0$$

$$\Longleftrightarrow \frac{1}{2}m(v_D^2 - v_B^2) + mg(z_D - z_B) = 0 \Longleftrightarrow -\frac{1}{2}mv_B^2 + mgz_D = 0$$

$$\Longleftrightarrow -\frac{1}{2}v_B^2 + gz_D = 0 \Longleftrightarrow v_B^2 = 2gz_D \Longleftrightarrow v_B = \sqrt{2gz_D}$$

$$= \sqrt{2g \times 2R} = \sqrt{4gR}$$

En faisant l'application numérique :

$$v_B = \sqrt{2g \times 2R} = \sqrt{2 \times 9{,}81 \times 2} = \sqrt{39{,}24} \approx 6{,}26 \text{ m.s}^{-1}.$$

$$z_A = \frac{v_B^2}{2g} = \frac{39{,}24}{2 \times 9{,}81} = 2 \text{ m}.$$

Pour que la bille atteigne le point D, il faut que la hauteur z_A soit au moins égale à 2 mètres.

2. Vous devez tout d'abord effectuer l'inventaire des forces extérieures : le poids, la réaction et la force de frottement (uniquement sur la partie AB, car sur la portion BCD de la figure, les frottements restent négligeables).

[ATTENTION]

Il ne faut pas oublier la force de frottement *f* due aux frottements de l'air

Poids :

- point d'application : centre de gravité de la bille ;
- direction : verticale ;
- sens : vers le bas ;
- norme : $P = mg = 2 \times 10^{-2} \times 9{,}81 = 19{,}62$ N ;

Réaction du support :

- point d'application : point tangent à la bille et au support ;

- direction : perpendiculaire au support ;
- sens : vers le haut ;
- norme : R ;

Force de frottement (uniquement sur la portion AB) :

- point d'application : centre de gravité de la bille ;
- direction : parallèle au support ;
- sens : opposé à $\overrightarrow{AB}$ (opposé au déplacement) ;
- norme : $f = 5$ N.

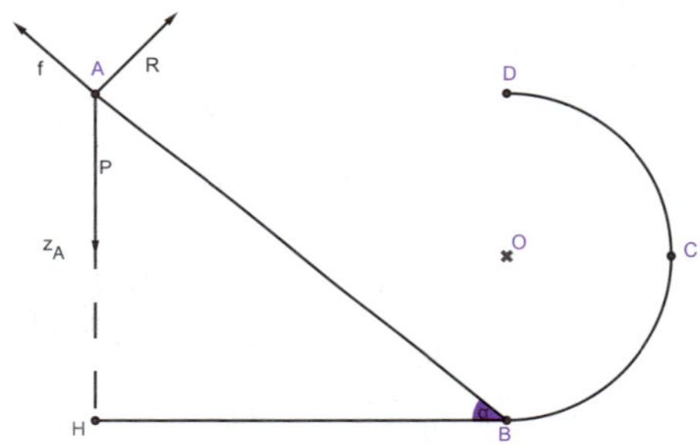

En présence de frottements, la variation de l'énergie mécanique est égale à la somme des travaux des forces extérieures : $\Delta E_m = \sum W(\vec{F})$.

Il faut déterminer d'abord les travaux des forces extérieures sur la portion AB du parcours :

$$W(\vec{P}) = \vec{P} \cdot \overrightarrow{AB} = \|\vec{P}\| \times \|\overrightarrow{AB}\| \times \cos(\vec{P}.\overrightarrow{AB})$$

$$W(\vec{P}) = P \times AB \times \cos(90° - \alpha) = P \times AB \times \sin(\alpha)$$

$W(\vec{P}) = mg \times AB \times \sin(\alpha) = mgz_A$ le travail du poids est donc moteur.

$W(\vec{R}) = \vec{R} \cdot \overrightarrow{AB} = 0$ car la réaction est perpendiculaire au support.

$$W(\vec{f}) = \vec{f} \cdot \overrightarrow{AB} = \|\vec{f}\| \times \|\overrightarrow{AB}\| \times \cos(\vec{f}.\overrightarrow{AB})$$

$$W(\vec{f}) = f \times AB \times \cos(\pi) = -f \times AB$$

Ainsi : $\sum W(\vec{F}) = mgz_A + 0 - f \times AB = mgz_A - f \times AB$

$$\Delta E_m = \sum W(\vec{F}) = mgz_A - f \times \overrightarrow{AB}$$

Ainsi avec l'expression de ΔE_m en fonction des énergies cinétiques et potentielles :

$$\Delta E_m = (mg\sin(\alpha) - f) \times \mathrm{AB}$$
$$\iff (E_{C_B} + E_{P_B}) - (E_{C_A} + E_{P_A}) = mgz_A - f \times \mathrm{AB}$$
$$\iff \left(\frac{1}{2}mv_B^2 + mgz_B\right) - \left(\frac{1}{2}mv_A^2 + mgz_A\right) = mgz_A - f \times \mathrm{AB}$$
$$\iff \frac{1}{2}mv_B^2 - mgz_A = mgz_A - f \times \mathrm{AB} \text{ car } v_A = 0 \text{ et } z_B = 0$$
$$\iff \frac{1}{2}mv_B^2 = 2mgz_A - f \times \mathrm{AB}$$
$$\iff v_B^2 = 4gz_A - \frac{2f \times \mathrm{AB}}{m}$$
$$\iff v_B = \sqrt{4gz_A - \frac{2f \times AB}{m}}$$

Or : $\sin(\alpha) = \dfrac{\text{côté opposé}}{\text{hypothénuse}} = \dfrac{z_A}{\mathrm{AB}} \iff \mathrm{AB} = \dfrac{z_A}{\sin(\alpha)}$

$v_B = \sqrt{4gz_A - \dfrac{2f \times z_A}{m\sin(\alpha)}}$. Or $\alpha = 30°$ donc $\sin(\alpha) = \dfrac{1}{2}$

$$v_B = \sqrt{4gz_A - \frac{2f \times z_A}{m \times \frac{1}{2}}} = \sqrt{4gz_A - 4\frac{fz_A}{m}} = \sqrt{\left(4g - 4\frac{f}{m}\right)z_A}$$

Pour que la bille atteigne le point C, il faut que la vitesse en ce point soit au moins égale à 0. En appliquant la relation : $\Delta E_m = \sum W(\vec{F})$

Il faut d'abord, comme précédemment, déterminer les travaux des forces extérieures sur la portion BC du parcours :

$W(\vec{P}) = mg(z_B - z_c) = -mgz_C = -mgR$, le travail du poids est donc résistant.

$w(\vec{R}) = 0$.

[REMARQUE]

On ne calcule pas le travail de la force de frottement sur cette portion car les frottements sont supposés négligeables.

Ainsi : $\sum W(\overrightarrow{F}) = -mgR$ et donc : $\Delta E_m = \sum W(\overrightarrow{F}) = -mgR$

$$\Delta E_m = \sum W(\overrightarrow{F}) \Longleftrightarrow (E_{C_C} + E_{P_C}) - (E_{C_B} + E_{P_B}) = -mgR$$

$$\Longleftrightarrow \left(\frac{1}{2}mv_C^2 + mgz_C\right) - \left(\frac{1}{2}mv_B^2 + mgz_B\right) = -mgR$$

$$\Longleftrightarrow \frac{1}{2}m(v_C^2 - v_B^2) + mg(z_C - z_B) = -mgR$$

Or v_C est au moins nulle pour que la bille atteigne le point C :

$$\Longleftrightarrow -\frac{1}{2}mv_B^2 + mgR = -mgR \text{ et comme } m \neq 0$$

$$\Longleftrightarrow -\frac{1}{2}v_B^2 + gR = -gR \Longleftrightarrow v_B^2 = 4gR \Longleftrightarrow v_B = \sqrt{4gR}$$

Ainsi : $v_B = \sqrt{4gR} = \sqrt{4 \times 9{,}81 \times 1} = \sqrt{39{,}24} \approx 6{,}26\ \text{m.s}^{-1}$.

Or $v_B = \sqrt{\left(4g - 4\frac{f}{m}\right) z_A} \Longleftrightarrow v_B^2 = \left(4g - 4\frac{f}{m}\right) z_A$

$$\Longleftrightarrow z_A = \frac{v_B^2}{4g - 4\frac{f}{m}}$$

Et finalement :

$$z_A = \frac{6{,}26^2}{4 \times 9{,}81 - 2 \times \frac{5}{2}} = \frac{6{,}26^2}{4 \times 9{,}81 - 10} = \frac{39{,}24}{39{,}24 - 10}$$

$$= \frac{39{,}24}{29{,}24} = 1{,}34\ \text{m}.$$

Pour que la bille atteigne le point C, il faut que la hauteur z_A soit au moins égale à 1,34 mètre.

Pour que la bille atteigne le point D, il faut que la vitesse en ce point soit au moins égale à 0. En appliquant la relation : $\Delta E_m = \sum W(\overrightarrow{F})$.

Il faut d'abord, comme précédemment, déterminer les travaux des forces extérieures sur la portion BD du parcours :

$W(\overrightarrow{P}) = mg(z_B - z_D) = -mgz_D = -2mgR$ le travail du poids est donc résistant.

[ATTENTION]

$z_D = 2R$ car il s'agit du diamètre du cercle.

$W(\overrightarrow{R}) = 0$ et toujours pas de force de frottement donc pas de calcul du travail d'une force due aux frottements.

Ainsi : $\sum W(\overrightarrow{F}) = -2mgR$ et donc : $\Delta E_m = \sum W(\overrightarrow{F}) = -2mgR$

$$\Delta E_m = \sum W(\overrightarrow{F}) \Longleftrightarrow (E_{C_D} + E_{P_D}) - (E_{C_B} + E_{P_B}) = -2mgR$$

$$\Longleftrightarrow \left(\frac{1}{2}mv_D^2 + mgz_D\right) - \left(\frac{1}{2}mv_B^2 + mgz_B\right) = -2mgR$$

$$\Longleftrightarrow \frac{1}{2}m(v_D^2 - v_B^2) + mg(z_D - z_B) = -2mgR$$

Or v_D est au moins nulle pour que la bille atteigne le point D :

$$\Longleftrightarrow -\frac{1}{2}mv_B^2 + 2mgR = -2mgR$$

$$\Longleftrightarrow -\frac{1}{2}v_B^2 + 2gR = -2gR \Longleftrightarrow v_B^2 = 8gR \Longleftrightarrow v_B = \sqrt{8gR}$$

Ainsi : $v_B = \sqrt{8gR} = \sqrt{8 \times 9{,}81 \times 1} = \sqrt{78{,}48} \approx 8{,}86$ m.s^{-1}.

Or $v_B = \sqrt{\left(4g - 4\frac{f}{m}\right) z_A} \Longleftrightarrow v_B^2 = \left(4g - 4\frac{f}{m}\right) z_A$

$$\Longleftrightarrow z_A = \frac{v_B^2}{4g - 4\frac{f}{m}}$$

Et finalement :

$$z_A = \frac{8{,}86^2}{4 \times 9{,}81 - 4 \times \frac{5}{2}} = \frac{8{,}86^2}{4 \times 9{,}81 - 10} = \frac{78{,}48}{39{,}24 - 10}$$

$$= \frac{78{,}48}{29{,}24} = 2{,}68 \text{ m.}$$

Pour que la bille atteigne le point D, il faut que la hauteur z_A soit au moins égale à 2,68 mètres.

[REMARQUE]

En présence de frottements, il est normal d'obtenir des hauteurs respectivement en C et D supérieures à celles obtenues en l'absence de frottement étant donné que la force de frottement freine le déplacement. Il faut donc que z_A soit supérieure pour que la vitesse en B augmente.

3. Les forces qui s'exercent sur le système sont le poids du solide, la réaction du support et la tension du ressort :

Poids :
Point d'application : G
Direction : verticale
Sens : vers le bas
Norme : $P = mg$

Tension du ressort :
Point d'application : K
Direction : horizontale
Sens : vers la gauche
Norme : $T = kx$

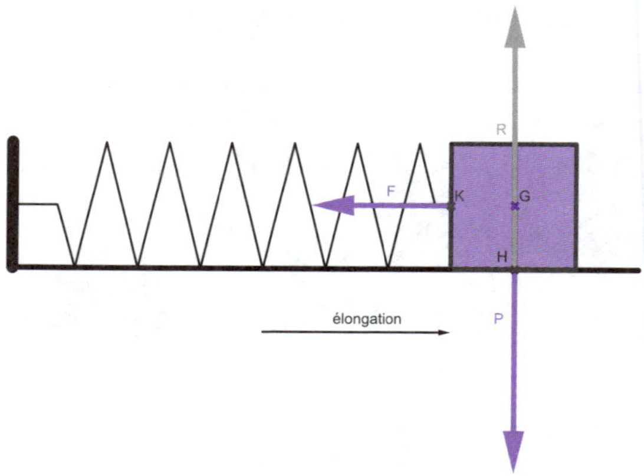

Réaction du support :
Point d'application : H
Direction : verticale
Sens : vers le haut
Norme : R

Bilan énergétique :

- Énergie cinétique : $E_C = \frac{1}{2}mv^2$
- Énergie potentielle élastique : $E_P = \frac{1}{2}kx^2$
- Énergie mécanique : $E_m = E_C + E_P = \frac{1}{2}mv^2 + \frac{1}{2}kx^2$

4. L'énergie mécanique se conserve car il n'y a pas de frottement.

[ATTENTION]

Dans le cas d'une application numérique vous devez convertir la masse en kg et les cm en m !

5.

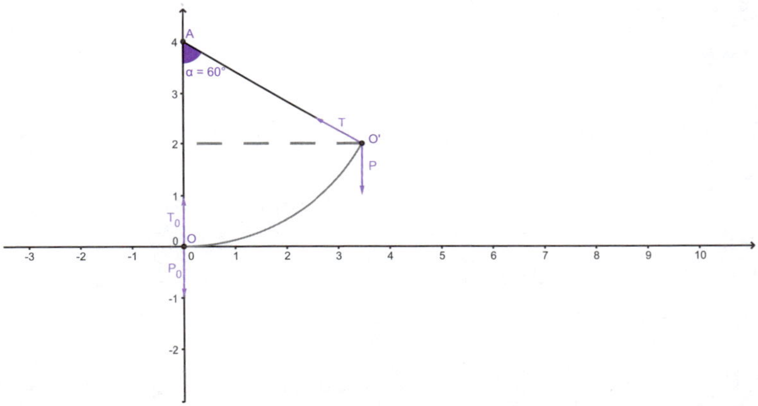

Les forces qui s'exercent sur la bille sont le poids de la bille et la tension du fil. Il est important de les représenter en O et O' car la direction et le sens de la tension sont modifiés.

En O :

Poids :

- Point d'application : centre de gravité de la bille ;
- Direction : verticale ;
- Sens : vers le bas ;
- Norme : $P = mg$.

Tension du ressort :

- Point d'application : point où le fil est lié à la bille ;
- Direction : verticale ;
- Sens : vers le point A (vers le haut) ;
- Norme : T.

En O' :

Poids :

- Point d'application : centre de gravité de la bille ;
- Direction : verticale ;

- Sens : vers le bas ;
- Norme : $P = mg$.

Tension du ressort :

- Point d'application : point où le fil est lié à la bille ;
- Direction : celle du fil ;
- Sens : vers le point A ;
- Norme : T.

Travail des forces :

$$W(\overrightarrow{P}) = mg(z_O - z_{O'}) = mg(L - L\cos\alpha) = mgL(1 - \cos(\alpha))$$

$$W(\overrightarrow{P}) = mg \times 1 \times \left(1 - \frac{1}{2}\right) = \frac{mg}{2} = \frac{1 \times 9{,}81}{2} = 4{,}905 \text{ joules}$$

$W(\overrightarrow{T}) = 0$ car la direction de $\overrightarrow{T}$ est perpendiculaire au déplacement.

[REMARQUE]

$W(\overrightarrow{P}) = 4{,}905$ joules > 0 donc le travail du poids est moteur.

La dilatation des durées

1. Je fais le point sur mes connaissances

Soit deux référentiels galiléens R_0 et R_1. On considère que R_1 se déplace par rapport à R_0 à une vitesse v_1 proche de celle de la lumière dans le vide. Il existe une relation entre les durées Δt_1 et Δt_0 mesurées respectivement dans R_1 et R_0 :

$\Delta t_1 = \dfrac{\Delta t_0}{\sqrt{1 - \dfrac{v_1^2}{c^2}}}$ où c est la vitesse de la lumière dans le vide.

Δt_1 est la durée impropre et Δt_0 la durée propre

Le phénomène de dilatation des durées intervient lorsque $\Delta t_1 > \Delta t_0$

2. Les mots clés

Célérité de la lumière :

Vitesse de la lumière qui est environ égale à 3×10^8 m/s^{-1}.

Durée impropre :

Elle est notée Δt_1 et désigne la durée entre deux événements qui surviennent au même point de R_1.

Durée propre :

Elle est notée Δt_0 et désigne la durée entre deux événements qui surviennent au même point de R_0.

Référentiel :

(voir Fiche 59).

Physique

[Introduction à la thermodynamique – Échanges thermiques]

[Introduction à la thermodynamique – Échanges thermiques]

FICHE COURS 66

Du microscopique au macroscopique

1. Je fais le point sur mes connaissances

1. Échelle microscopique

L'échelle microscopique regroupe tous les phénomènes qui ne sont pas visibles à l'œil nu. L'ordre de grandeur est le nanomètre.

> Exemples
>
> Atomes, molécules.

2. Échelle mésoscopique

L'échelle mésoscopique est l'intermédiaire entre l'échelle microscopique et l'échelle macroscopique. L'ordre de grandeur est le micromètre.

3. Échelle macroscopique

L'échelle macroscopique regroupe tous les phénomènes qui sont visibles à l'œil nu. L'ordre de grandeur est supérieur au millimètre.

> Exemple
>
> Objets à l'échelle humaine.

2. Les mots clés

Échelle :
L'échelle d'un objet est le quotient de sa taille réelle sur sa représentation.

Microscopique :
Renvoie au microscope.

FICHE COURS 67

Énergie dans un système thermodynamique

1. Je fais le point sur mes connaissances

1. Système thermodynamique

Un système thermodynamique est le système étudié et le milieu extérieur est le reste de l'univers. Le système est :

- ouvert s'il a des échanges d'énergie et de matière avec le milieu extérieur ;
- fermé s'il n'a que des échanges d'énergie avec le milieu extérieur ;
- isolé s'il n'a aucun échange avec le milieu extérieur.

2. Énergie interne U

L'énergie interne U d'un système macroscopique est divisée en une énergie cinétique et une énergie potentielle. Il s'agit de la somme de ces deux énergies.

[PROPRIETES]

L'énergie interne d'un corps pur est une fonction d'état car elle ne dépend que de grandeurs d'état.

3. Capacité thermique

La capacité thermique à volume constant et la variation d'énergie interne :

La variation d'énergie interne d'un système fermé est égale au produit de la capacité thermique à volume constant par la variation de température :

$$\Delta U = C_V \times \Delta T$$

où ΔU est la variation d'énergie interne en joules (J), T est la température en kelvin (K) et C_V est la capacité thermique à volume constant en $J.K^{-1}$.

[REMARQUE]

Pour une température constante donnée, malgré la transformation d'énergie cinétique en énergie potentielle et inversement, l'énergie interne d'un système est constante $\Delta U = 0$ (car $\Delta T = 0$ à température constante)

[ATTENTION]

La température s'exprime en kelvin et non en degrés Celsius. Vous devez effectuer la conversion T en kelvin = T en degré Celsius + 273,15.

Exemple

Une température de 25 °C correspond à 25 + 273,15 = 298,15 K.

La capacité thermique massique à volume constant et la variation d'énergie interne :

Elle est donnée par la formule $C_m = \dfrac{C_V}{m}$ et s'exprime en $J.K^{-1}.kg^{-1}$.

Vous en déduisez la variation d'énergie interne du système :

$$\Delta U = C_m \times m \times \Delta T$$

2. Les mots clés

Corps pur :
Corps ne comportant qu'une seule espèce chimique.

État d'équilibre :
Un système en état d'équilibre n'a aucun échange avec le milieu extérieur. Ses variables d'état sont des constantes.

Fonction d'état :
Fonction des variables d'état (Température T, Volume V, quantité de matière n, nombre d'atomes dans le système N, pression P, etc.)

Variable d'état :
Caractérise un état. Il peut s'agir de la température T, du volume V, de la quantité de matière n, du nombre d'atomes dans le système N, de la pression P, etc.

Transferts thermiques et bilan énergétique

1. Je fais le point sur mes connaissances

1. Transferts thermiques

Les transferts thermiques s'effectuent toujours du corps le plus chaud vers le plus froid.

Trois modes de transferts thermiques sont à retenir :

- Par conduction : sans transport de matière.

> Exemple
>
> Refroidissement d'un moteur, lame de fer placée dans une flamme.

- Par convection : avec transport de matière.

> Exemple
>
> La glace fond à 0° = 273,15 K.
>
> Radiateur hydraulique ou convecteur diffusant de l'air chaud

- Par rayonnement : sans transport de matière et possibilité de transfert dans le vide.

> Exemple
>
> Rayons du soleil.

2. Flux thermique

On définit le flux thermique Φ en watts comme étant la variation d'énergie thermique par unité de temps. C'est-à-dire comme étant le quotient de l'énergie thermique en joules sur la durée en secondes : $\Phi = \dfrac{E}{\Delta t}$

Dans le cas où l'énergie thermique traverse une paroi plane, le flux s'exprime sous la forme :

$$\Phi = \lambda \frac{S}{e}(T_2 - T_1)$$

où Φ est en watts, S est la surface de la paroi en m^2 et e son épaisseur en mètres (m), T_2 est la température en kelvins du corps le plus chaud et T_1 celle du corps le plus froid et λ est la conductivité thermique en W.m^{-1}.K^{-1}.

[ATTENTION]

La température s'exprime en kelvins et non en degrés Celsius !

Cette expression peut également s'écrire en fonction de la résistance thermique de la paroi : $R = \dfrac{e}{\lambda \times S}$ qui s'exprime en K.W^{-1} et ainsi :

$$\Phi = \frac{1}{R}(T_2 - T_1)$$

Ou encore en fonction de la résistance thermique surfacique de la paroi, c'est-à-dire la résistance thermique par unité de surface $R_S = \dfrac{e}{\lambda}$ qui s'exprime en m^2.W^{-1}.K et donc : $\Phi = \dfrac{S}{R_S}(T_2 - T_1)$.

[REMARQUE]

Pour déterminer l'unité dans laquelle s'exprime la résistance thermique surfacique *R*, vous devez utiliser sa formule. Elle s'écrit sous la forme du quotient de l'épaisseur de la paroi (en m) sur la conductivité thermique (en W.m^{-1}.K^{-1}). Elle s'exprime donc en m.W^{-1}.m.K, soit en m^2.W^{-1}.K.
Vous procédez de même pour déduire l'unité de la résistance thermique de la paroi.

3. Bilan énergétique

$$\Delta E = \Delta E_C + \Delta E_P + \Delta U = W + E_T$$

où E_C désigne l'énergie cinétique en joules, E_P l'énergie potentielle en joules, E_T l'énergie thermique en joules et W le travail en joules.

2. Les mots clés

Conductivité :
Grandeur physique qui caractérise la conduite d'un matériau ou d'un corps lors de transferts thermiques.

Conduction :
Mode de transfert thermique.

Convection :
Mode de transfert thermique.

Énergie :
(voir partie Mécanique).

Flux :
Vient du latin *fluxus* qui signifie « écoulement ».

Joule :
Unité de mesure de l'énergie ou du travail.

Kelvin :
Unité de mesure de la température T (kelvins) = T (degrés Celsius) + 273,15.

Paroi :
Partie qui détermine les limites d'un corps ou d'un matériau.

Rayonnement :
Mode de transfert thermique.

Résistance thermique :
Quotient de l'épaisseur sur le produit de la conductivité thermique par la surface de la paroi. Elle s'exprime en $K.W^{-1}$.

[REMARQUE]

Plus *R* est élevée plus le matériau est isolant.
La résistance thermique est toujours positive.

Résistance thermique surfacique :
Quotient de l'épaisseur sur la conductivité thermique. Elle s'exprime en $m^2.K.W^{-1}$. Il s'agit de la résistance thermique par unité de surface.

[REMARQUE]

Plus R_S est élevée plus le matériau est isolant.
La résistance thermique surfacique est toujours positive.

[ATTENTION]

Ne pas confondre la résistance thermique surfacique et la résistance thermique !

Travail :
(voir partie Mécanique).

Variation d'une grandeur :
Différence entre la valeur finale et la valeur initiale de cette grandeur.

Transferts thermiques et bilan énergétique

1. Répondez aux questions suivantes

1. À quelle température en kelvins correspond 80°C ?

2. Quelle est en joules la variation d'énergie interne d'un système à température constante ?

3. Pour isoler son appartement, François hésite entre une cloison en plâtre de 25 cm d'épaisseur et une cloison en brique de 20 cm d'épaisseur. Déterminez la résistance thermique par unité de surface de ces cloisons sachant que la conductivité thermique du plâtre est de 0,4 $W.m^{-1}.K^{-1}$ et la celle de la brique est 0,65 $W.m^{-1}.K^{-1}$. Quel matériau François va-t-il choisir ?

4. Sachant que la paroi a une surface de 20 m^2, déterminez la résistance thermique de la paroi choisie par François.

5. Déterminez le flux thermique lorsque la température passe de 17°C à 22°C.

2. Vérifiez vos résultats

1. 80°C correspondent à 80 + 273,15 = 353,15 K.

2. Vous appliquez la formule $\Delta U = C_V \times \Delta T$ avec $\Delta T = 0$ lorsque la température est constante. Ainsi $\Delta U = 0$.

3. Vous appliquez la formule $R_S = \dfrac{e}{\lambda}$ où e = 25 cm = 25 $\times 10^{-2}$ m pour la cloison en plâtre et e = 20 cm = 20 $\times 10^{-2}$ m pour la cloison en brique, soit :

$$R_{platre} = \frac{e}{\lambda_{platre}} = \frac{25 \times 10^{-2}}{0,4} = 0,625\ m^2.W^{-1}.K \text{ et :}$$

$$R_{brique} = \frac{e}{\lambda_{brique}} = \frac{20 \times 10^{-2}}{0,65} = 0,31\ m^2.W^{-1}.K.$$

François opte pour le matériau le plus isolant, c'est-à-dire celui dont la résistance thermique surfacique est la plus élevée : le plâtre. Il choisit donc une paroi en plâtre de 25 cm d'épaisseur.

[ATTENTION]

Ne pas confondre avec la résistance thermique surfacique avec la résistance thermique.
Pensez à convertir les cm en mètres !

4. Vous appliquez la formule donnant la résistance thermique :

$$R = \frac{e}{\lambda \times S} = \frac{R_S}{S} = \frac{25 \times 10^{-2}}{0,40 \times 20} = 3,125 \times 10^{-2} \text{ K.W}^{-1}.$$

5. Vous n'avez pas besoin ici de convertir les températures en kelvins étant donné que vous allez utiliser la variation de température. En revanche, il est important de considérer les températures en kelvins et non en degrés Celsius pour l'homogénéité des expressions (vous divisez des kelvins par des kelvins et non des degrés Celsius par des kelvins !). Ainsi le flux est donné par :

$$\Phi = \frac{1}{R}(T_f - T_i) = \frac{1}{3,125 \times 10^{-2}} \times 5 = 160 \text{ W}$$

où : T_f = 22°C = 22 + 273,15 = 295,15 K, T_i = 17°C = 17 + 273,15 = 290,15 K et R = 0,03125 K.W^{-1}.

[Introduction à la thermodynamique – Échanges thermiques]

FICHE COURS 70

Mes premiers pas en thermodynamique (Hors programme Terminale)

1. Je fais le point sur mes connaissances

1. L'équation des gaz parfaits

$$PV = nRT$$

où P est la pression en pascals, V le volume en mètres cube, n la quantité de matière en moles, R la constante des gaz parfaits égale à 8,32 $J.K^{-1}.mol^{-1}$ et T la température en kelvins.

[ATTENTION]

La pression s'exprime en pascals et non en bar. On vous rappelle que 1 bar ou une atmosphère (1 atm) = 10^5 pascals.
Le volume s'exprime en m^3 et non en litres.
La température s'exprime encore en kelvins.

2. Les évolutions thermodynamiques

- Évolution isochore :
  évolution au cours de laquelle le volume reste constant. V = constante.
- Évolution isobare :
  évolution au cours de laquelle la pression reste constante. P = constante.
- Évolution monobare :
  évolution au cours de laquelle la pression peut varier mais telle que la pression finale est égale à la pression initiale du système. $P_f = P_i$.

[ATTENTION]

Ne pas confondre une évolution isobare et monobare : dans la première, la pression est constante et dans la seconde, la pression varie tout en ayant des pressions initiale et finale égales.

- Évolution isotherme :
  évolution au cours de laquelle la température reste constante et ne varie pas. T = constante.

- Évolution monotherme :
  évolution au cours de laquelle la température peut varier mais telle que la température finale est égale à la température initiale du système. $T_f = T_i$.

[ATTENTION]

Ne pas confondre une évolution isotherme et monotherme : dans la première, la température est constante et dans la seconde, la température varie tout en ayant des températures initiale et finale égales.

- Évolution adiabatique :
  évolution au cours de laquelle il n'y a pas d'échange de chaleur. La température varie tout de même mais sans qu'il y ait échange de chaleur.

2. Les mots clés

Enthalpie :
Énergie totale d'un système thermodynamique. Elle s'exprime en joules.

Entropie :
Fonction d'état qui mesure le désordre d'un système.

Gaz parfait :
Modèle simplifié des gaz.

Quantité de matière :
(voir partie Chimie).

Physique

[L'électricité]

Les bases en électricité (Rappels de 1re)

1. Je fais le point sur mes connaissances

1. Les dipôles et leur symbole

Dipôle	Symbole
Bobine	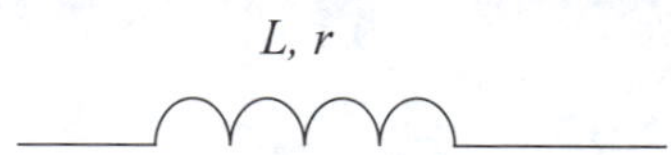
Condensateur	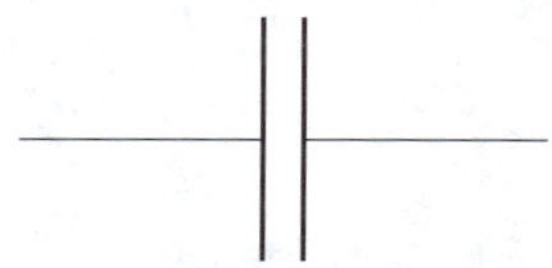
Diode	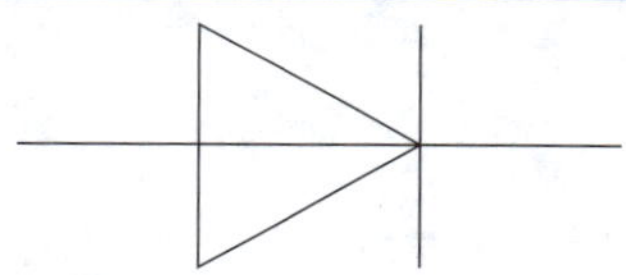
Électrolyseur	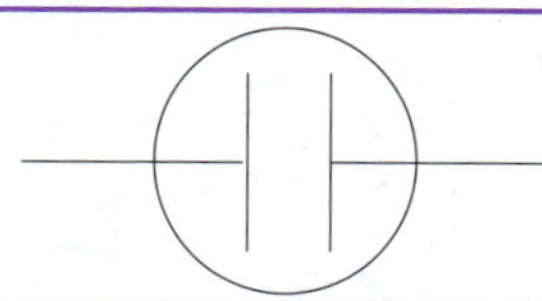
Fil	
Générateur	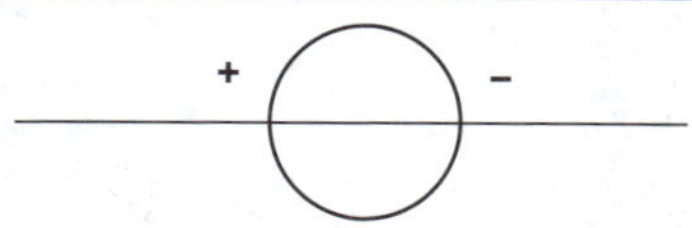
Interrupteur	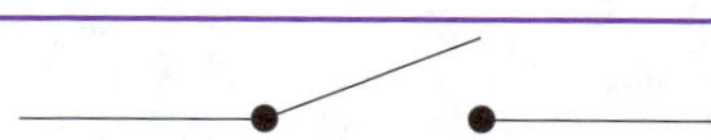 Interrupteur Ouvert  Interrupteur fermé

Dipôle	Symbole
Lampe	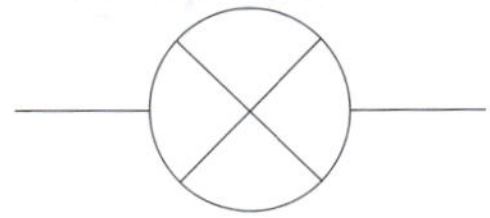 ou 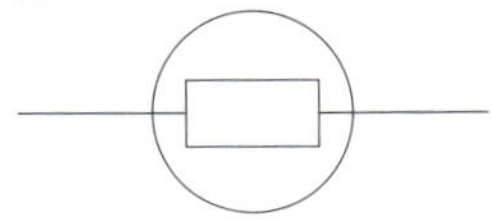
Moteur	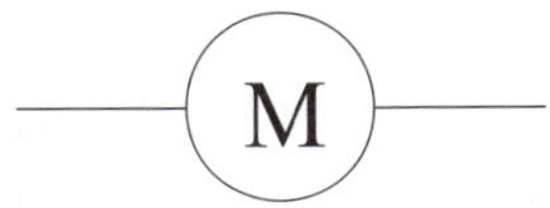
Pile	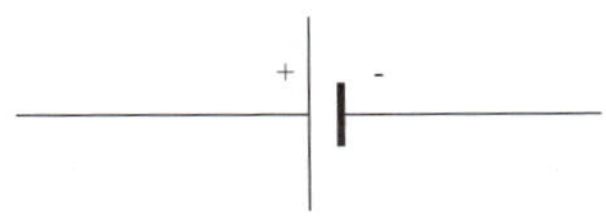
Résistance	

2. Les grandeurs utilisées en électricité

Grandeur	Symbole	Unité
Tension	U	volt (V)
Force électromotrice f.e.m	E	volt (V)
Potentiel en un point A	V_A	volt (V)
Intensité	I	ampère (A)
Résistance	R, r	ohm (Ω)
Inductance	L	henry (H)
Capacité électrique	C	farad (F)
Charge électrique	q	coulomb (C)
Champ électrique	E	volt.m^{-1}
Force électrique	$F = qE$	newton (N)
Fréquence	f	hertz (Hz)
Puissance	$P = U \times I$	watt (W)
Temps	t	secondes (s)
Quantité d'électricité	$Q = i \times t$	coulomb (C)
Énergie	$W = U \times I \times \Delta t$	joule (J)

3. Les relations entre les différentes grandeurs électriques

Relations faisant intervenir la tension :

- Tension en fonction du potentiel

$$U_{AB} = V_A - V_B$$

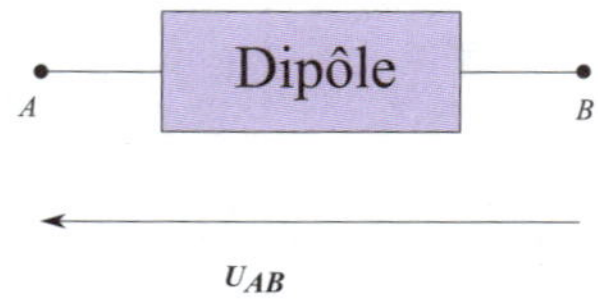

où U_{AB}, V_A et V_B s'expriment en volts.

- Tension aux bornes d'un conducteur ohmique (loi d'Ohm)

$$U = R \times I$$

où R est en ohms, I en ampères et U en volts.

- Tension aux bornes d'un générateur de f.e.m E et de résistance interne r

$$U = E - r \times I$$

où U et E s'expriment en volts, r en ohms et I en ampères.

- Tension aux bornes d'un récepteur de force contre-électromotrice E' et de résistance interne r'

$$U = E' + r' \times I$$

où U et E' s'expriment en volts, r' en ohms et I en ampères.

- Tension en fonction du circuit

Montage série	**Montage en parallèle ou en dérivation**
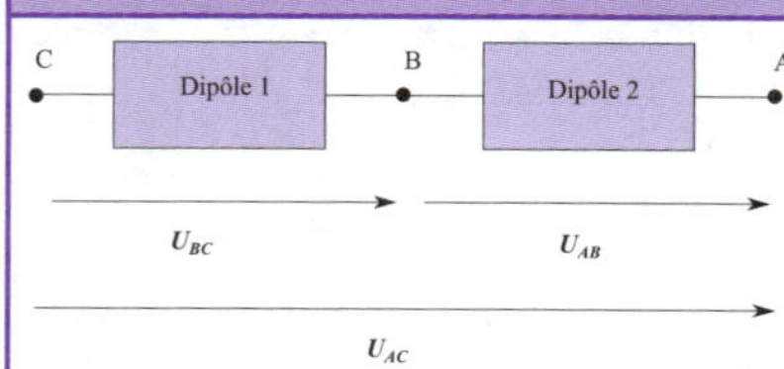 Loi d'additivité des tensions $U_{AC} = U_{AB} + U_{BC}$	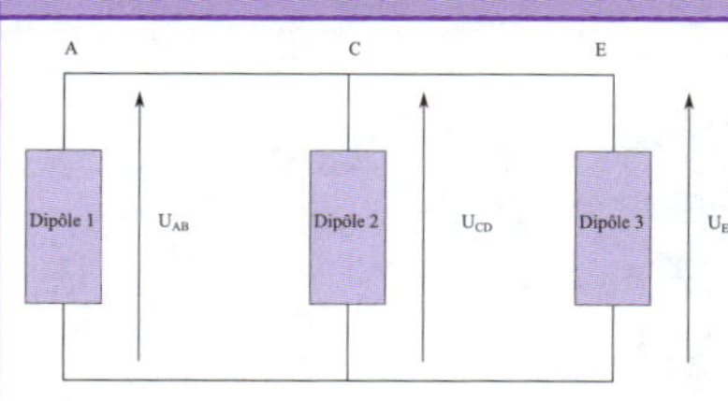 Loi d'unicité des tensions $U_{AB} = U_{CD} = U_{EF}$

- Loi des Mailles

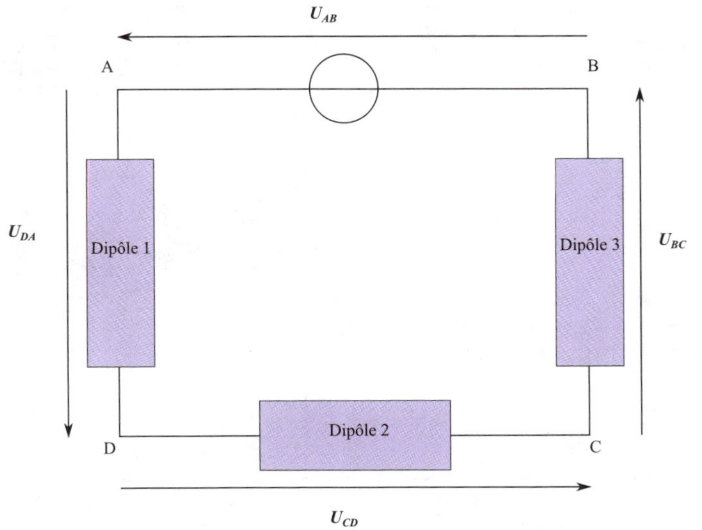

$$U_{AB} + U_{BC} + U_{CD} + U_{DA} = 0$$

Relations faisant intervenir l'intensité :

- Sens du courant
  Dans un circuit, à l'extérieur du générateur, le courant se déplace de la borne + vers la borne – du générateur.

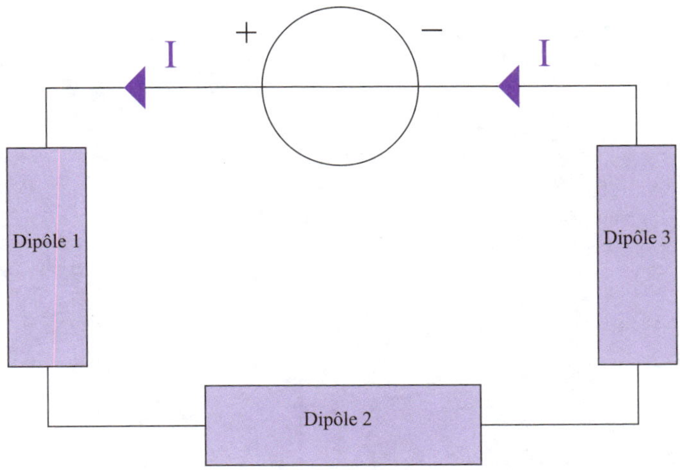

- Intensité en fonction du circuit

<table>
<tr><th>Montage série</th><th>Montage en parallèle ou en dérivation</th></tr>
<tr><td>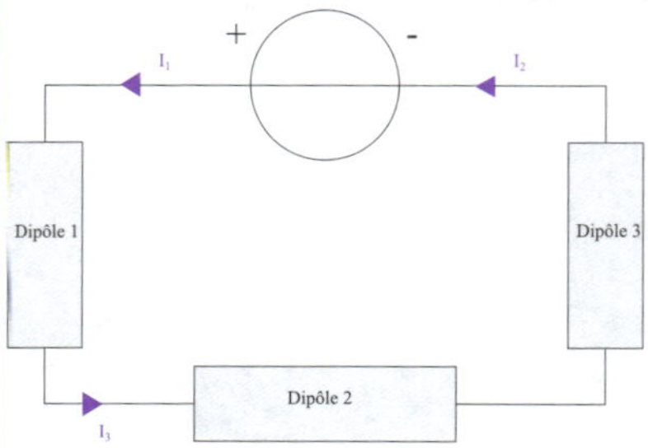

Loi d'unicité des intensités

$I_1 = I_2 = I_3$</td><td>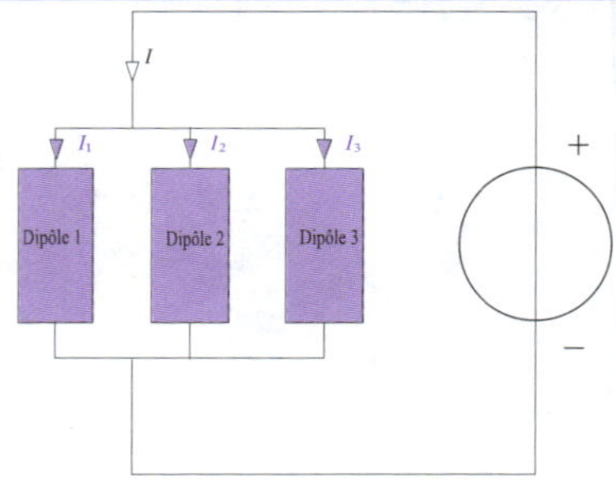

Loi des nœuds

$I = I_1 + I_2 + I_3$</td></tr>
</table>

Résistance équivalente selon le type de circuit :

<table>
<tr><th>Montage série</th><th>Montage en parallèle ou en dérivation</th></tr>
<tr><td>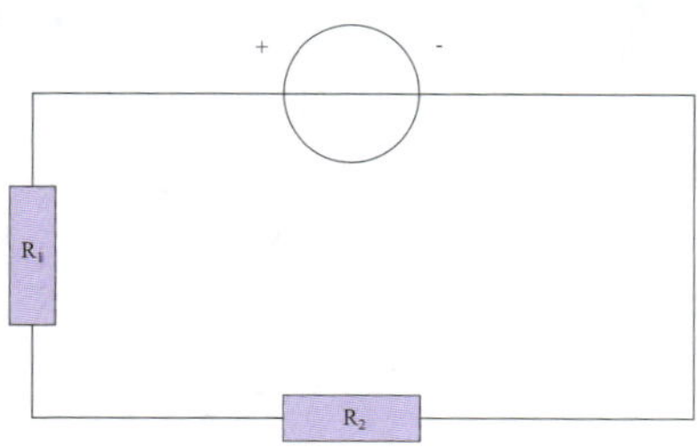

$R_{éq} = R_1 + R_2$</td><td>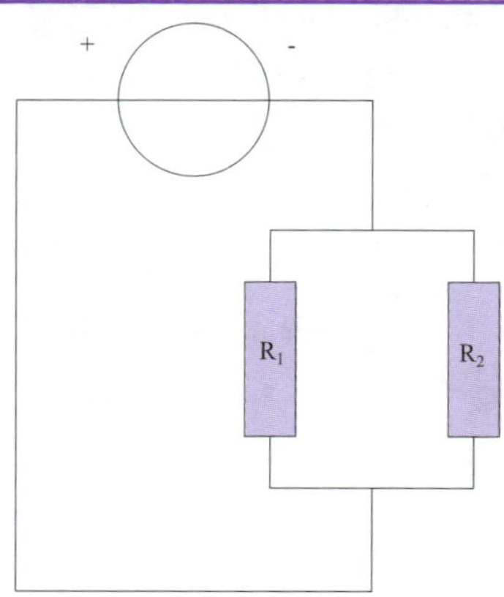

$$\frac{1}{R_{réq}} = \frac{1}{R_1} + \frac{1}{R_2}$$

$$\Leftrightarrow R_{réq} = \frac{R_1 R_2}{R_1 + R_2}$$</td></tr>
</table>

Puissance dans un circuit :

$$P = U \times I$$

où P est la puissance en watts, U la tension en volts et I l'intensité en ampères.

Énergie dans un circuit :

L'énergie fournie ou reçue par un dipôle dans un circuit est donnée par la relation :

$$W = U \times I \times \Delta t$$

où W est l'énergie fournie ou reçue (en joules), I est l'intensité (en ampères) du courant et Δt est la durée de fonctionnement du dipôle (en secondes).

2. Les mots clés

Champ électrique :

Champ qui résulte de l'action de particules électriques chargées. Son unité est le volt.m^{-1} ou le $N.C^{-1}$ (cette dernière unité résulte de l'expression de la force électrique $\overrightarrow{F} = q\overrightarrow{E}$ où F est en newtons, q en coulomb et donc E en $N.C^{-1}$).

Charge électrique :

Elle est notée q et est égale à $n \times e$ où e désigne la charge élémentaire : $e \approx 1{,}6 \times 10^{-19}$ C et n est un entier non nul.

Circuit électrique :

Ensemble de conducteurs et de dipôles traversés par un courant électrique.

Condensateur :

Composant électrique composé de deux électrodes. Son rôle consiste à emmagasiner des charges électriques opposées. Il est caractérisé par une capacité électrique C exprimée en farads (F). On a la relation : $i(t) = C\dfrac{\mathrm{d}u(t)}{\mathrm{d}t}$ où $i(t)$ est l'intensité du courant (en ampères) en fonction du temps, C est la capacité électrique du condensateur (en farads) et $u(t)$ est la tension aux bornes du condensateur (en volts) en fonction du temps.

Courant :

Moyen par lequel se déplace l'électricité dans des fils conducteurs. Sa grandeur est l'intensité électrique et il s'exprime en ampères.

Diode :

Composant électronique utilisé comme redresseur de courant.

Dipôle :

Composant électrique constitué de deux pôles.

Dipôle linéaire :

Un dipôle est linéaire lorsque la tension et l'intensité sont liées par une équation différentielle à coefficients constants. Le dipôle est linéaire en particulier lorsque la tension est une fonction affine de l'intensité.

> Exemples
>
> Condensateur, Résistance.

Dipôle non-linéaire :

Dipôle qui n'est pas linéaire, c'est-à-dire que la courbe représentative de la fonction $U = f(I)$ n'est pas affine. Plus généralement, la tension et l'intensité ne sont pas liées par une équation différentielle à coefficients constants.

> Exemple
>
> Diode.

Dipôle passif :

Un dipôle est passif lorsque la courbe représentative de la fonction $U = f(I)$ passe par l'origine (0 ; 0), c'est-à-dire que si $I = 0$, $U = 0$.

Effet joule :

Il apparaît lorsque la totalité de l'énergie électrique reçue par le dipôle est transformée en énergie thermique. C'est le cas des conducteurs ohmiques. Ainsi pour une résistance : $W = U \times I \times \Delta t = R \times I \times I \times \Delta t = R \times I^2 \times \Delta t$.

Électrolyse :

Activation électrique permettant une réaction chimique.

Électrolyseur :

Appareil permettant d'effectuer une électrolyse.

Énergie :

L'énergie fournie ou reçue par un dipôle est le produit de la tension à ses bornes par l'intensité qui le traverse par la durée de son fonctionnement.

Énergie utile :

Il s'agit de l'énergie reçue par un dipôle qui n'a pas été transformée en énergie thermique. $W_u = W - Q$ où Q désigne l'énergie thermique.

Force électrique :

Elle s'exprime en newtons et vérifie la relation : $\overrightarrow{F} = q\,\overrightarrow{E}$ où q est la charge électrique en coulombs et E est le champ électrique exprimé en volt.m^{-1} ou en $N.C^{-1}$.

Générateur :

Produit de l'énergie électrique.

Inductance :

Le dipôle étudié en cours ayant une inductance est le plus souvent la bobine. On a la relation : $u(t) = L\dfrac{\mathrm{d}i(t)}{\mathrm{d}t}$ où $u(t)$ est la tension (en volts) aux bornes de la bobine, L est l'inductance (en henrys) et $i(t)$ est l'intensité (en ampères) en fonction du temps.

Intensité :

Grandeur permettant de quantifier le courant. Elle s'exprime en ampères.

Maille :

Parcours effectué dans un circuit électrique.

Montage en parallèle (ou en dérivation) :

Montage disposé de telle sorte qu'il contient plusieurs boucles. La tension aux bornes de tous les dipôles est identique.

Montage en série :

Montage disposé de telle sorte que les dipôles sont branchés les uns à la suite des autres formant une boucle. Les dipôles sont traversés par la même intensité.

Puissance :

Grandeur exprimée en watts et donnée par le produit de la valeur de la tension par celle de l'intensité. $P = U \times I$.

Récepteur :

Dipôle consommant de l'énergie électrique.

Résistance :

Dipôle électrique symbolisé par la lettre R. La valeur d'une résistance est exprimée en ohms (Ω). Il s'agit également d'un conducteur ohmique.

Les bases en électricité (Rappels de 1re)

1. Répondez aux questions suivantes

1. Calculez la résistance équivalente dans un circuit monté en dérivation contenant trois résistances :

$$R_1 = 10\Omega,\ R_2 = 4\Omega \text{ et } R_3 = 2\Omega.$$

2. Reprendre le **1.** avec un montage en série.

3. Exprimez et calculez l'énergie fournie par un générateur de f.e.m $E = 10$ V et de résistance interne $r = 2\ \Omega$ lorsqu'il fonctionne pendant une heure et qu'il est parcouru par un courant de 50 mA. Quelle est l'expression de l'énergie électrique ? L'énergie thermique ?

4. En reprenant les données du **3.**, déterminez la puissance.

5. Déterminez l'intensité I_3 dans le circuit suivant puis donnez sa valeur sachant que $I_1 = 2$ mA et $I_2 = 1$ A :

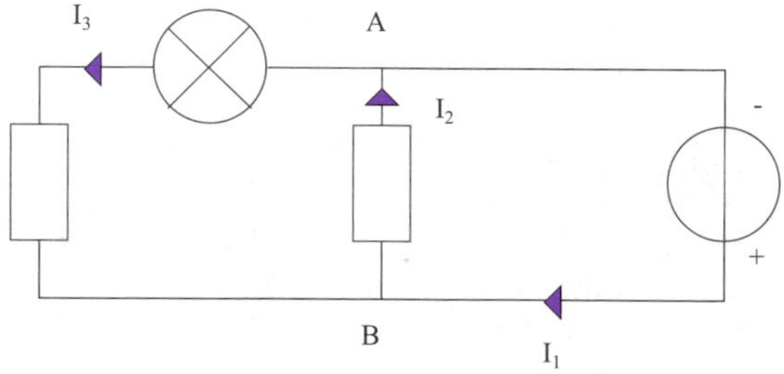

2. Vérifiez vos résultats

1. La résistance équivalente dans un montage en parallèle (ou en dérivation) est donnée par :

$$\frac{1}{R_{éq}} = \frac{1}{R_1} + \frac{1}{R_2} + \frac{1}{R_3} \iff \frac{1}{R_{éq}} = \frac{1}{10} + \frac{1}{4} + \frac{1}{2} = \frac{17}{20}$$

$$\iff R_{éq} = \frac{20}{17} \approx 1{,}18\ \Omega.$$

2. Lorsque le montage est en série, la résistance équivalente est donnée par la somme de toutes les résistances, soit :

$$R_{éq} = R_1 + R_2 + R_3 = 10 + 4 + 2 = 16\,\Omega\,.$$

3. Tout d'abord convertissez les unités de grandeur. Et cela est valable pour tout exercice de physique, on ne vous le dira jamais assez ! Dans cet énoncé, l'intensité doit être exprimée en ampères et non en mA et la durée Δt en secondes et non en heures. Soit 50 mA = 50 $\times 10^{-3}$ = 5 $\times 10^{-2}$ A et une heure = 3 600 secondes. L'énergie fournie par le générateur est donnée par la formule : $W = U \times I \times \Delta t = (E - r \times I)\, I \times \Delta t = E \times I \times \Delta \mathrm{t} - r \times I^2 \times \Delta t$. En effectuant l'application numérique, vous obtenez : $W = 10 \times 5 \times 10^{-2} \times 3\,600 - 2 \times (5 \times 10^{-2})^2 \times 3\,600 = 1\,800 - 18 = 1\,782$ J.

L'énergie du générateur est transformée en énergie électrique :
$W_{élec} = E \times I \times \Delta t = 1800$ J et l'énergie thermique est donnée par :
$Q = r \times I^2 \times \Delta t = 18$ J.

4. La puissance est donnée par le produit de la tension par l'intensité, soit :
$P = U \times I = (E - r \times I) \times I = E \times I - r \times I^2$
$P = 10 \times 5 \times 10^{-2} - 2 \times (5 \times 10^{-2})^2 = 5 \times 10^{-1} - 5 \times 10^{-3}$
$= 4{,}95 \times 10^{-1}$ W.

[ATTENTION]

Ne pas confondre *U* et *E* ! *U* est la tension aux bornes du générateur et *E* sa force électromotrice. $U = E - r \times I$. Donc pour déter miner l'énergie ou la puissance, vous devez utiliser la tension *U* d ans l'expression de l'énergie en la remplaçant par $E - r \times I$.

5. En appliquant la loi des nœuds au point A, vous obtenez : $I_2 = I_1 + I_3$. La somme des intensités des courants arrivant en A est égale à la somme des intensités des courants qui en sortent. Ainsi $I_3 = I_2 - I_1$. Avant d'effectuer l'application numérique, vous devez convertir les mA en ampères : 2 mA = 2 $\times 10^{-3}$ A.

Ainsi $I_3 = I_2 - I_1 = 1 - 2 \times 10^{-3}$ A = 0,998 A = 998 mA.

[REMARQUE]

Vous pouvez exprimer ici le résultat en mA une fois après avoir effectué le calcul.

Les circuits R, L, C série (Hors programme Terminale)

1. Je fais le point sur mes connaissances

1. Les circuits RC série

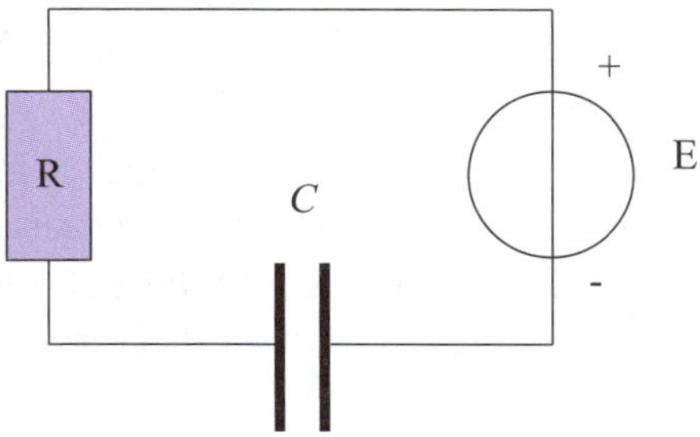

$q = C \times U_C$ et

$i(t) = \dfrac{\mathrm{d}q(t)}{\mathrm{d}t} = C\dfrac{\mathrm{d}U_C(t)}{\mathrm{d}t}$

où q est la charge en coulombs, C la capacité du condensateur en farads et U_C la tension en volts.

Comment déterminer une expression de la tension aux bornes du condensateur en fonction de *t* ?

- Expression de la tension U_C aux bornes du condensateur :
  La loi d'additivité des tensions permet d'affirmer que la somme des tensions U_R aux bornes de la résistance et U_C aux bornes du condensateur est égale à E. Soit $U_R + U_C = E \Longleftrightarrow R \times i(t) + U_C = E \Longleftrightarrow U_C = E - R \times i(t)$
- Équation différentielle en $U_C(t)$ puis résolution :
  $i(t) = \dfrac{\mathrm{d}q(t)}{\mathrm{d}t} \Longleftrightarrow i(t) = C\dfrac{\mathrm{d}U_C(t)}{\mathrm{d}t}$ puis on remplace $i(t)$ par sa valeur dans l'expression de $U_C(t)$ et on obtient les solutions de l'équation différentielle de la forme $y' + ay = b$ (voir Fiche 24).

  $$U_C(t) = E - R \times C\frac{\mathrm{d}U_C(t)}{\mathrm{d}t} \Longleftrightarrow RC\frac{\mathrm{d}U_C(t)}{\mathrm{d}t} + U_C(t) = E$$

  $$\Longleftrightarrow \frac{\mathrm{d}U_C(t)}{\mathrm{d}t} + \frac{1}{RC}U_C(t) = \frac{E}{RC} \Longleftrightarrow U_C(t) = Ke^{-\frac{t}{RC}} + E$$

  Or à $t = 0$, $U_C(0) = E$, donc $K = -E$ et finalement :

  $$U_C(t) = E\left(1 - e^{-\frac{t}{RC}}\right)$$

[REMARQUE]

RC est souvent noté τ pour simplifier l'expression de $U_C(t)$.

Rappel : équation differentielle du 1er ordre :

$y' + ay = 0 \Leftrightarrow y = Ke^{-ax}$ et $y' + ay = b \Leftrightarrow y = Ke^{-ax} + \frac{b}{a}$

2. Les circuits RL série

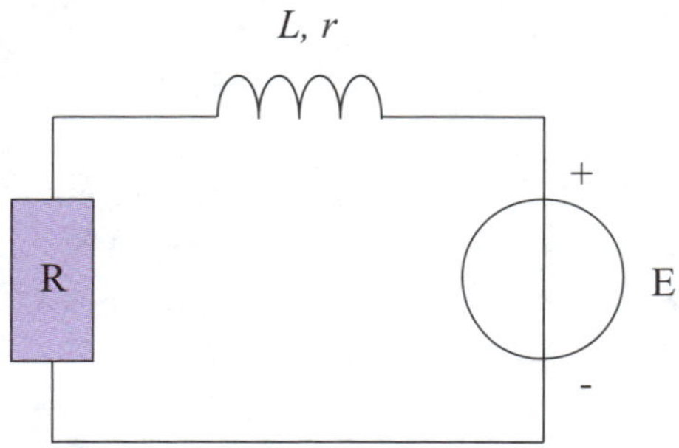

$U_L = L\dfrac{\mathrm{d}i(t)}{\mathrm{d}t} + ri(t)$ où L est l'inductance en henrys, $i(t)$ l'intensité en ampères, t le temps en secondes, r la résistance propre de la bobine et U_L la tension aux bornes de la bobine en volts.

Comment déterminer une expression de la tension aux bornes de la bobine en fonction de t ?

- Expression de la tension U_L aux bornes de la bobine :
  La loi d'additivité des tensions permet d'affirmer que la somme des tensions U_R aux bornes de la résistance et U_L aux bornes de la bobine est égale à E. Soit $U_R + U_L = E \Longleftrightarrow R \times i(t) + U_L = E \Longleftrightarrow U_L = E - R \times i(t)$.
- Équation différentielle en $i(t)$ puis résolution :
  $$U_L(t) = L\frac{\mathrm{d}i(t)}{\mathrm{d}t} + ri(t) \Longleftrightarrow E - Ri(t) = L\frac{\mathrm{d}i(t)}{\mathrm{d}t} + ri(t)$$
  $$\Longleftrightarrow L\frac{\mathrm{d}i(t)}{\mathrm{d}t} + (R+r)i(t) = E$$
  $$\Longleftrightarrow \frac{\mathrm{d}i(t)}{\mathrm{d}t} + \frac{R_T}{L}i(t) = \frac{E}{L} \text{ où } R_T = R + r$$
  Dans la suite du problème, on considère que la bobine est parfaite c'est-à-dire que sa résistance propre r est nulle : $r = 0$ et donc $R_T = R$.

  Et en appliquant la formule de résolution d'une équation différentielle de la forme $y' + ay = b$:

$$\Longleftrightarrow i(t) = Ke^{-\frac{t}{\frac{L}{R}}} + \frac{\frac{E}{L}}{\frac{R}{L}} = Ke^{-\frac{t}{\frac{R}{L}}} + \frac{E}{R}$$

Or $i(0) = 0$ donc $K = -\frac{E}{R}$ et finalement $i(t) = \frac{E}{R}\left(1 - e^{-\frac{t}{\frac{L}{R}}}\right)$

- Détermination de $U_L(t)$:

$$U_L(t) = L\frac{\mathrm{d}i(t)}{\mathrm{d}t} = L\left(\frac{E}{R} \times \left(\frac{R}{L}\right) \times \left(-e^{-\frac{t}{\frac{L}{R}}}\right)\right) = Ee^{-\frac{t}{\frac{L}{R}}} \text{ (où } r = 0)$$

[REMARQUE]

$\frac{L}{R}$ est souvent noté τ pour obtenir une expression plus simple de $U_L(t)$.

3. Les circuits RLC série

On considère à nouveau que la bobine est parfaite c'est-à-dire que sa résistance propre r est nulle.

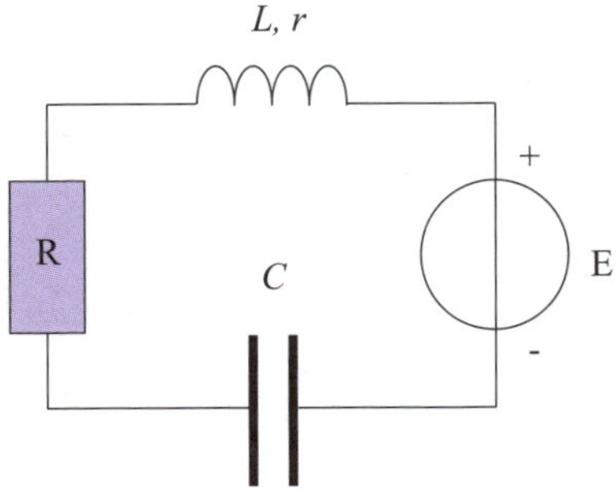

$U_L = L\frac{\mathrm{d}i(t)}{\mathrm{d}t}$ $\quad U_C = \frac{q}{C}$

$U_R = Ri(t)$

où q est la charge en coulombs, C la capacité du condensateur en farads, L l'inductance en henrys, R la résistance en ohms et U_L, U_C et U_R les tensions en volts.

Comment déterminer une expression de la tension aux bornes du condensateur en fonction de t ?

- Expression de la tension U_C aux bornes du condensateur :
  La loi d'additivité des tensions permet d'affirmer que la somme des tensions U_R aux bornes de la résistance, U_L aux bornes de la bobine et U_C aux bornes du condensateur est égale à E.

Soit $U_R + U_L + U_C = E$

$$\Longleftrightarrow R \times i(t) + L\frac{\mathrm{d}i(t)}{\mathrm{d}t} + U_C(t) = E.$$

- Équation différentielle en $U_C(t)$:

$R \times i(t) + L\dfrac{\mathrm{d}i(t)}{\mathrm{d}t} + U_C(t) = E$ puis en remplaçant $i(t)$ par $C\dfrac{\mathrm{d}U_C(t)}{\mathrm{d}t}$:

$R \times C\dfrac{\mathrm{d}U_C(t)}{\mathrm{d}t} + LC\dfrac{\mathrm{d}^2U_C(t)}{\mathrm{d}t^2} + U_C(t) = E$ soit en divisant par LC :

$$\frac{\mathrm{d}^2U_C(t)}{\mathrm{d}t^2} + \frac{R}{L}\frac{\mathrm{d}U_C(t)}{\mathrm{d}t} + \frac{1}{LC}U_C(t) = \frac{E}{LC}.$$

[REMARQUE]

Cette équation exige des calculs longs et fastidieux ainsi que plusieurs hypothèses (selon les énoncés) pour être résolue, vous aurez le temps d'étudier les solutions dans des exercices en prépa. En attendant, vous devez maîtriser la manière de l'établir !

Comment déchiffrer les informations d'un oscilloscope ?

1. Je fais le point sur mes connaissances

1. La lecture d'un oscillogramme

La période est obtenue en utilisant la longueur entre deux sommets de la courbe et la tension maximale est donnée par l'ordonnée du sommet de la courbe.

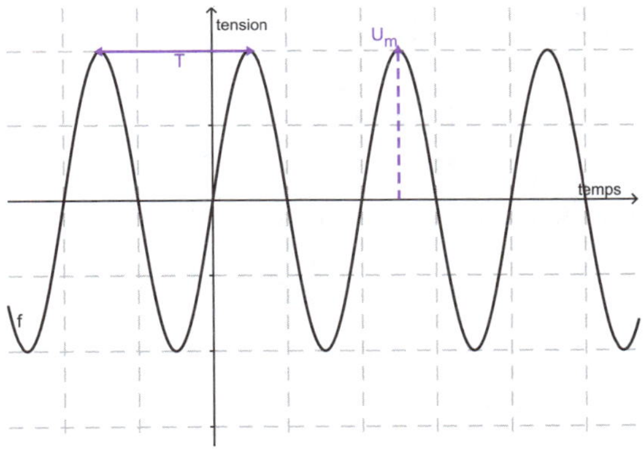

2. Comment interpréter les informations d'un oscillogramme ?

- La période :
  Dans le graphique ci-dessus, le nombre de divisions (horizontales) correspond au nombre d'unités séparant deux sommets. Le coefficient de balayage est la durée par division. En général, il s'agit de millisecondes par division (ms/div).
  Ainsi la période est donnée par : T = nombre de divisions × coefficient de balayage et s'exprime en secondes.

[ATTENTION]

En général, le coefficient de balayage (ou sensibilité horizontale) est donné en ms/div, il est indispensable de convertir cette donnée en s/div pour donner la période en secondes. Ou bien d'exprimer le résultat de la période en ms.

- La fréquence (en hertz) est définie comme précédemment : $f = \frac{1}{T}$.
- La tension maximale U_m.
  Vous devez compter le nombre de divisions verticales (nombres d'unités en ordonnées) puis le multiplier par la sensibilité verticale exprimée en volts par division (V/div).
  U_m = nombre de divisions verticales × sensibilité verticale.

2. Les mots clés

Balayage ou sensibilité horizontale :
Son coefficient donne le nombre de secondes par division. Échelle horizontale de l'oscilloscope.

Division :
Unité en abscisse ou en ordonnée.

Fréquence :
Inverse de la période. Elle s'exprime en hertz.

Oscillogramme :
Graphe d'une tension U.

Oscilloscope :
Appareil permettant de visualiser le comportement d'un courant alternatif.

Période :
Produit du nombre de divisions par le coefficient de balayage. Elle s'exprime en secondes.

Sensibilité verticale :
Donne le nombre de volts par division. Échelle verticale de l'oscilloscope.

Tension maximale :
Tension la plus élevée. Correspond aux sommets de l'oscillogramme.

Comment déchiffrer les informations d'un oscilloscope ?

1. Répondez aux questions suivantes

1. Déterminez la fréquence à partir du graphique suivant (2 ms/div) :

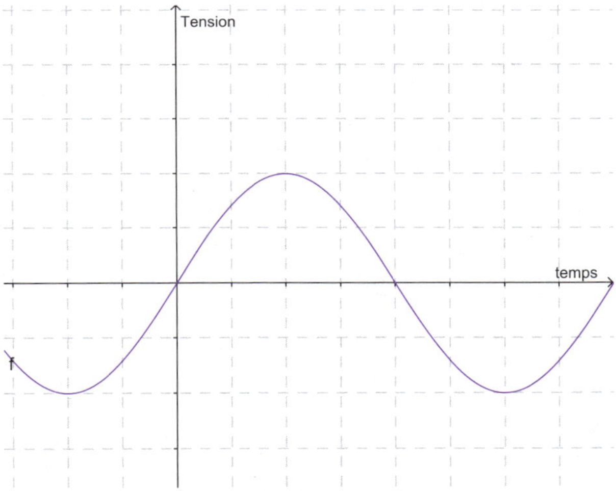

2. Déterminez la tension maximale sachant que la sensibilité verticale est de 15 mV/div.

2. Vérifiez vos résultats

1. Le nombre de divisions horizontales entre deux sommets est de 8. Ainsi la période s'obtient en effectuant le produit du nombre de divisions par le coefficient de balayage : $T = 8 \times 2 \times 10^{-3} = 16 \times 10^{-3}$ seconde.

Puis la fréquence est de $f = \dfrac{1}{T} = \dfrac{1}{16 \times 10^{-3}} = \dfrac{1000}{16} = 62{,}5$ Hz.

[À RETENIR]

La donnée 2 ms/div correspond à la sensibilité horizontale ou au coefficient de balayage.

2. La tension maximale est égale à l'ordonnée d'un sommet par la sensibilité verticale : $U_m = 2 \times 15 \times 10^{-3} = 30 \times 10^{-3}$ V = 30 mV.

[À RETENIR]

15 mV/div correspond à la sensibilité verticale.

Chimie

[Les réactions d'oxydoréduction]

FICHE COURS 76

Les réactions d'oxydoréduction

1. Je fais le point sur mes connaissances

Une réaction d'oxydo-réduction est une réaction se déroulant en solution aqueuse, caractérisée par un transfert spontané direct d'électron(s) e^- entre deux réactifs : un oxydant (*Ox*) et un réducteur (*Red*).

1. Les couples Oxydant/Réducteur

Par convention, dans un couple, l'oxydant est toujours placé à gauche. La demi-équation d'oxydoréduction s'écrit conventionnellement :

$$Ox + ne^- = Red$$

Où n est le nombre d'électrons e^- échangés.

[IMPORTANT]

Les électrons ne peuvent exister seul en solution aqueuse. Chaque électron perdu par un réducteur doit être gagné par un oxydant.

2. Les réactions d'oxydoréduction

Une réaction d'oxydoréduction a lieu entre l'oxydant d'un couple (Ox_1/Red_1) et le réducteur d'un deuxième couple (Ox_2/Red_2). On obtient alors l'équation d'oxydoréduction en combinant les deux demi-équations :

$$n_2 Ox_1 + n_1 Red_2 = n_2 Red_1 + n_1 Ox_2$$

Où n_1 et n_2 sont les nombres d'électrons e^- échangés respectivement par les couples 1 et 2.

2. Les mots clés

Oxydant :
Élément capable de gagner un ou des électrons. Les oxydants se trouvent généralement à droite du tableau périodique des éléments ;

Réducteur :
Élément capable de céder un ou des électrons. Les réducteurs se trouvent à gauche ou au centre du tableau de Mendeleïev ;

Réaction d'oxydoréduction :
Elle est caractérisée par un transfert d'électron(s).

Les réactions d'oxydoréduction

1. Énoncés

1. À propos d'oxydant et de réducteur :

❑ **a.** Un oxydant est toujours un cation.

❑ **b.** Un réducteur est toujours placé à droite dans une demi-équation.

❑ **c.** Un élément chimique se situant à gauche du tableau périodique est un oxydant.

❑ **d.** Un cation est toujours un oxydant.

2. Soit le couple $Cr_2O_7^{2-}{}_{(aq)}/Cr^{3+}{}_{(aq)}$. Sa demi-équation d'oxydoréduction est :

❑ **a.** $Cr_2O_7^{2-}{}_{(aq)} + 8\ H^+{}_{(aq)} + 5\ e^- = 2\ Cr^{3+}{}_{(aq)} + 4\ H_2O_{(l)}$

❑ **b.** $Cr_2O_7^{2-}{}_{(aq)} + 14\ H^+{}_{(aq)} + 6\ e^- = 2\ Cr^{3+}{}_{(aq)} + 7\ H_2O_{(l)}$

❑ **c.** $Cr_2O_7^{2-}{}_{(aq)} + 14\ H^+{}_{(aq)} + 9\ e^- = Cr^{3+}{}_{(aq)} + 7\ H_2O_{(l)}$

❑ **d.** $Cr_2O_7^{2-}{}_{(aq)} + 7\ H^+{}_{(aq)} + 6\ e^- = 2\ Cr^{3+}{}_{(aq)} + 7\ H_2O_{(l)}$

3. Quelle est la demi-équation d'oxydoréduction correcte :

❑ **a.** $Cu^{2+}{}_{(aq)} = Cu_{(s)} + 2\ e^-$

❑ **b.** $Ag_{(s)} = Ag^+{}_{(aq)} + 1\ e^-$

❑ **c.** $O_{2(g)} + 4\ H^+{}_{(aq)} + 4\ e^- = 2\ H_2O_{(l)}$

❑ **d.** $CH_3CO_2^-{}_{(aq)} + H^+{}_{(aq)} = CH_3CO_2H_{(aq)}$

4. Parmi les équations suivantes, quelle est celle d'oxydoréduction :

❑ **a.** $Cu_{(s)} + 2\ Ag^{+}_{(aq)} = Cu^{2+}_{(aq)} + 2\ Ag_{(s)}$

❑ **b.** $Au^{3+}_{(aq)} + 1\ e^{-} + 2\ Ag_{(s)} = Au_{(s)} + 2\ Ag^{+}_{(aq)}$

❑ **c.** $Br_{2(aq)} + Cu^{2+}_{(aq)} = Cu_{(s)} + 2\ Br^{-}_{(aq)}$

❑ **d.** $Al_{(s)} + Ni^{2+}_{(aq)} = Al^{3+}_{(aq)} + Ni_{(s)}$

5. Soit la réaction entre le sodium métallique ($Na_{(s)}$) et l'eau ($H_2O_{(l)}$) ; les couples mis en jeu sont $Na^{+}_{(aq)}/Na_{(s)}$ et $H^{+}_{(aq)}/H_{2(g)}$

❑ **a.** La réaction est :
$2\ Na_{(s)} + 2\ H_2O_{(l)} \rightarrow 2\ Na^{+}_{(aq)} + 2\ HO^{-}_{(aq)} + H_{2(g)}$

❑ **b.** Le sodium est un oxydant.

❑ **c.** Cette réaction est dangereuse.

❑ **d.** Le sodium gagne des électrons.

PROBLÈME :

On fait réagir un volume V_1 = 50 mL de difluor aqueux sur un morceau d'aluminium solide de masse m_2 = 81 mg. La réaction est totale. Les couples mis en jeu sont $Al^{3+}_{(aq)}/Al_{(s)}$ et $F_{2(aq)}/F^{-}_{(aq)}$.

6. L'équation de la réaction est :

❑ **a.** $F_{2(aq)} + Al_{(s)} \rightarrow 3\ F^{-}_{(aq)} + Al^{3+}_{(aq)}$

❑ **b.** $3\ F_{2(aq)} + 2\ Al_{(s)} \rightarrow 6\ F^{-}_{(aq)} + 2\ Al^{3+}_{(aq)}$

❑ **c.** $F_{2(aq)} + 2\ Al_{(s)} \rightarrow 2\ F^{-}_{(aq)} + 2\ Al^{3+}_{(aq)}$

❑ **d.** $3\ F_{2(aq)} + Al_{(s)} \rightarrow 6\ F^{-}_{(aq)} + 2\ Al^{3+}_{(aq)}$

7. La concentration en difluor aqueux est :

❏ **a.** $[F_{2(aq)}] = 3.10^{-2}$ mol·L^{-1}
❏ **b.** $[F_{2(aq)}] = 6.10^{-2}$ mol·L^{-1}
❏ **c.** $[F_{2(aq)}] = 9.10^{-2}$ mol·L^{-1}
❏ **d.** $[F_{2(aq)}] = 1{,}2.10^{-1}$ mol·L^{-1}

8. Le volume de gaz dégagé par la réaction en CSTP est :

❏ **a.** $V = 36$ mL
❏ **b.** $V = 144$ mL
❏ **c.** $V = 0{,}072$ L
❏ **d.** Aucun gaz n'est dégagé lors de la réaction.

2. Corrigés

1. Bonne réponse : **b.**

a. Un oxydant n'est pas toujours un cation comme Na^+, il peut y avoir des anions comme MnO_4^-.

c. C'est généralement un réducteur.

d. Un cation peut être un oxydant ou un réducteur comme dans le couple Fe^{3+}/Fe^{2+}.

2. Bonne réponse : **b.**

3. Bonne réponse : **c.**

a. Les électrons sont du mauvais côté de l'égalité. Il faudrait écrire : $Cu^{2+}_{(aq)} + 2\ e^- = Cu_{(s)}$.

b. Par convention, il faut placer l'oxydant à gauche et le réducteur à droite. Il faudrait écrire : $Ag^+_{(aq)} + 1\ e^- = Ag_{(s)}$.

d. C'est une demi-équation acido-basique (échange de proton H^+ et non d'électrons e^-).

4. Bonne réponse : **a.**

b. Les électrons ne peuvent exister seuls en solution aqueuse. Il faut donc rééquilibrer la réaction.

$$Au^{3+}{}_{(aq)} + 3\ e^- = Au_{(s)} \times 1$$

$$Ag+_{(aq)} + 1\ e^- = Ag_{(s)} \times 3$$

$$Au^{3+}{}_{(aq)} + 3\ Ag_{(s)} = Au_{(s)} + 3\ Ag^+{}_{(aq)}$$

c. L'équilibre des charges électriques n'est pas respecté. Il faut donc rééquilibrer la réaction.

$$Br_{2(aq)} + 2\ e^- = 2\ Br^-{}_{(aq)} \times 1$$

$$Cu^{2+}{}_{(aq)} + 2\ e^- = Cu_{(s)} \times 1$$

$$Br_{2(aq)} + Cu_{(s)} = Cu^{2+}{}_{(aq)} + 2\ Br^-{}_{(aq)}$$

d. L'équation n'est pas équilibrée. Il faut donc rééquilibrer la réaction.

$$Al^{3+}{}_{(aq)} + 3\ e^- = Al_{(s)} \times 2$$

$$Ni^{2+}{}_{(aq)} + 2\ e^- = Ni_{(s)} \times 3$$

$$2\ Al_{(s)} + 3\ Ni^{2+}{}_{(aq)} = 2\ Al^{3+}{}_{(aq)} + 3\ Ni_{(s)}$$

5. Bonnes réponses : **a.** et **c.**

Cette réaction fait intervenir aussi une réaction acido-basique de l'eau : $H_2O \rightarrow H^+ + HO^-$. C'est pour cela que le deuxième couple oxydant/réducteur intervient et qu'il y a production d'ions hydroxydes.

b. Le sodium est un réducteur.

d. Le sodium perd un électron.

6. Bonne réponse : **b.**

7. Bonne réponse : **c.**

D'après l'équation de la réaction : $\frac{n_{F_2}}{3} = \frac{n_{Al}}{2}$ soit $n_{F_2} = \frac{3 \cdot m_2}{2 \cdot M_{Al}}$

Donc : $[F_2] = \frac{n_{F_2}}{V_1} = \frac{3 \cdot m_2}{2 \cdot M_{Al} \cdot V_1} = 9 \cdot 10^{-2}$ mol·L^{-1}

8. Bonne réponse : **d.**

Les piles

1. Je fais le point sur mes connaissances

Lorsque les espèces chimiques participant à une réaction d'oxydoréduction sont séparées, on peut réaliser un transfert spontané et indirect d'électrons du réducteur vers l'oxydant, par l'intermédiaire d'un conducteur métallique (un fil de cuivre dans une pile).

1. Les électrodes

Généralement métalliques, elles sont l'espèce réductrice d'un couple Redox. Parfois, l'électrode est constituée d'un matériau électriquement conducteur mais inerte chimiquement comme le platine ($Pt_{(s)}$) ou le graphite ($C_{(s)}$). Une pile est constituée de deux électrodes :

- La cathode : électrode siège d'une réaction de réduction. C'est la borne positive ⊕. Il y a réduction cathodique ;
- L'anode : électrode siège d'une réaction d'oxydation. C'est la borne négative ⊖. Il y a oxydation anodique.

[IMPORTANT]

Pour se rappeler : **réduction cathodique**, les deux mots commencent par une consonne ; **oxydation anodique**, les deux mots commencent par une voyelle.

2. Sens du courant

Les électrons sont cédés par le réducteur à l'anode ; ils vont donc de la borne ⊖ vers la borne ⊕ à l'extérieur de la pile. Le courant électrique va à l'opposé ; de la borne ⊕ vers la borne ⊖.

3. La jonction électrochimique

Absolument nécessaire pour le fonctionnement d'une pile. En effet, elle permet d'une part de fermer le circuit électrique (continuité électrique sans mélange des solutions électrolytiques), et d'autre part d'assurer l'électroneutralité des solutions électrolytiques.

Cette jonction est soit une paroi poreuse, soit un pont salin/alcalin. Un pont salin est constitué d'un gel d'une solution électrolytique saline (type KCl) ayant des propriétés acides ; un pont alcalin est constitué d'un gel d'une solution électrolytique alcaline (type KOH) ayant des propriétés basiques.

4. Nomenclature et schéma

Une pile peut être symbolisée par l'enchaînement des espèces la constituant. Par convention la borne ⊖ est toujours à gauche :

$$\ominus\ Red_1/Ox_1//Ox_2/Red_2\ \oplus$$

Le schéma de la pile Daniell (Zn/Cu) est le suivant :

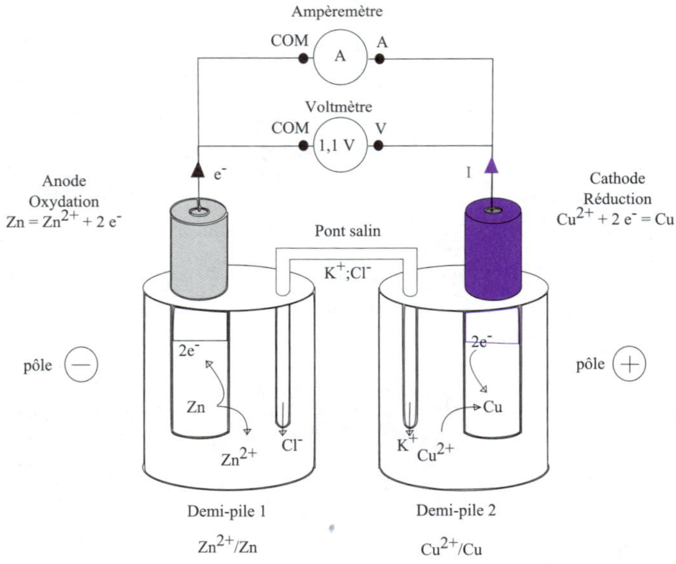

5. Aspect énergétique

Une pile est un générateur électrochimique de courant électrique. L'énergie chimique est alors transformée majoritairement en énergie électrique et minoritairement en énergie thermique (effet joule).

On définit la capacité Q d'une pile (charge maximale pouvant être débitée) :

$$Q_{(C)} = I_{(A)} \cdot t_{(s)} = n_{e^-(mol)} \cdot F_{(C\cdot mol^{-1})}$$

[IMPORTANT]

Le Faraday **F** est une constante. Il représente la charge d'une mole de charge élémentaire. Sa valeur est égale à **96 500 C·mol⁻¹**.

On définit aussi l'énergie massique W_m d'une pile :

$$W_{m\ (J \cdot kg^{-1})} = \frac{E_{(V)} \cdot Q_{(C)}}{m_{(kg)}}$$

2. Les mots clés

Anode :
Borne négative de la pile, siège d'une réaction d'oxydation ;

Cathode :
Borne positive de la pile, siège d'une réaction de réduction ;

Force électromotrice (f.é.m.) :
Notée *E*, mesurée en volts, est la tension mesurée aux bornes de la pile lorsque la pile ne débite pas ;

Jonction électrochimique :
Permet la connexion entre les 2 demi-piles.

[Les réactions d'oxydoréduction]

Les piles

1. Énoncés

1. Soit la pile constituée d'un circuit électrique, d'un ampèremètre, d'un pont salin et des couples : $Sn^{2+}_{(aq)}/Sn_{(s)}$ et $Pb^{2+}_{(aq)}/Pb_{(s)}$. L'électrode d'étain $Sn_{(s)}$ est la borne négative.

❑ **a.** L'anode est l'électrode d'étain $Sn_{(s)}$.

❑ **b.** L'équation de pile est : $Pb^{2+}_{(aq)} + Sn_{(s)} \rightarrow Pb^{(s)} + Sn^{2+}_{(aq)}$.

❑ **c.** L'électrode positive subit une oxydation cathodique.

❑ **d.** Le pont salin peut être composé de potasse (KOH) gélifiée.

2. Une pile débite un courant d'intensité I = 190 mA pendant 1 heure.

❑ **a.** La capacité de la pile est : $Q = 684$ C.

❑ **b.** La capacité de la pile est : $Q = 190$ Ah.

❑ **c.** Le nombre d'électrons échangés est : $n_{e^-} = 7{,}1 \cdot 10^{-3}$ mol.

❑ **d.** Le nombre d'électrons échangés est : $n_{e^-} = 14{,}2 \cdot 10^{-3}$ mol.

3. Soit la pile schématisée : $\ominus\ Ni_{(s)}/Ni^{2+}_{(aq)}//Ag^{+}_{(aq)}/Ag_{(s)}\ \oplus$.

❑ **a.** L'équation de pile est : $Ag^{+}_{(aq)} + Ni_{(s)} \rightarrow Ag_{(s)} + Ni^{2+}_{(aq)}$.

❑ **b.** Une oxydation anodique se produit au pôle négatif.

❑ **c.** Le pont salin utilisé empêche le mélange des solutions électrolytiques.

❑ **d.** La masse de l'électrode de nickel augmente.

4. Soit la pile constituée d'un circuit électrique, d'un ampèremètre, d'un pont salin et des couples : $Cu^{2+}_{(aq)}/Cu_{(s)}$ et $Cr^{3+}_{(aq)}/Cr_{(s)}$. La solution dans la demi-pile cuivre s'éclaircit.

❑ **a.** L'équation est : $3\ Cr^{3+}_{(aq)} + 2\ Cu_{(s)} \rightarrow 3\ Cr_{(s)} + 2\ Cu^{2+}_{(aq)}$.

❑ **b.** On observe un dépôt de cuivre $Cu_{(s)}$.

❑ **c.** Les ions $Cu^{2+}_{(aq)}$ sont consommés.

❑ **d.** Le nombre d'électrons échangés est égal à : $n_{e^-} = 2 \cdot n_{Cu}$.

5. On réalise une pile électrochimique à partir des couples d'oxydoréduction $Cu^{2+}_{(aq)}/Cu_{(s)}$ et $Fe^{2+}_{(aq)}/Fe_{(s)}$. Cette pile peut être schématisée de la façon suivante :

$$\ominus\ Fe_{(s)} / Fe^{2+}_{(aq)}, SO_4^{2-}{}_{(aq)} // Cu^{2+}_{(aq)}, SO_4^{2-}{}_{(aq)} / Cu_{(s)}\ \oplus$$

❏ **a.** La réaction de pile est : $Cu_{(s)} + Fe^{2+}_{(aq)} = Cu^{2+}_{(aq)} + Fe_{(s)}$.
❏ **b.** Le courant *I* débité par la pile sort par l'électrode de fer.
❏ **c.** L'électrode de cuivre est oxydée quand la pile fonctionne.
❏ **d.** La masse de l'électrode de cuivre augmente lors du fonctionnement de la pile.

PROBLÈME :

On dispose de 2 piles boutons dont les caractéristiques sont les suivantes :

Type	Tension à vide E	Énergie massique	Masse
Alcaline	1,5 V	82 $Wh{\cdot}kg^{-1}$	2,50 g
Oxyde d'argent	1,55 V	160 $Wh{\cdot}kg^{-1}$	1,78 g

6. À propos de capacité de pile :

❏ **a.** La capacité de la pile alcaline est : $Q = 136{,}7$ C.
❏ **b.** La capacité de la pile alcaline est : $Q = 492{,}0$ C.
❏ **c.** La capacité de la pile oxyde d'argent est : $Q = 183{,}7$ C.
❏ **d.** La pile oxyde d'argent est plus performante que l'alcaline.

7. La pile alcaline est placée dans un appareil consommant 0,5 mA :

❏ **a.** La pile peut fonctionner pendant 273 h.
❏ **b.** La pile peut fonctionner pendant 76 h.
❏ **c.** La pile peut fonctionner pendant 984 000 s.
❏ **d.** La pile peut fonctionner pendant 984 s.

8. L'autre pile est placée dans un appareil consommant 0,8 mA :

❏ **a.** Cette pile peut fonctionner pendant plus de 200 h.
❏ **b.** Cette pile peut fonctionner pendant plus de 10 jours.
❏ **c.** Cette pile est rechargeable.
❏ **d.** Cette pile doit être recyclée.

2. Corrigés

1. Bonnes réponses : **a.** et **b.**

c. L'électrode positive se nomme cathode, il y a une réduction cathodique.

d. Un pont salin est constitué de KCl gélifié.

2. Bonnes réponses : **a.** et **c.**

b. La capacité de la pile est :

$$Q = I \cdot t = 0,19 \times 1 = 0,19 \text{ Ah}$$

d. Le nombre d'électron échangé est :

$$n_{e^-} = \frac{Q}{F} = \frac{684}{96\,500} = 7,1 \cdot 10^{-3} \text{ mol}$$

3. Bonnes réponses : **b.** et **c.**

a. L'équation n'est pas équilibrée : $2\ Ag^+_{(aq)} + Ni_{(s)} \rightarrow 2\ Ag_{(s)} + Ni^{2+}_{(aq)}$.

d. L'électrode de nickel étant l'anode, il s'y déroule une oxydation. Le nickel solide se solubilise en ion Ni^{2+} ; l'électrode se désagrège, sa masse diminue.

4. Bonnes réponses : **b.**, **c.** et **d.**

a. L'énoncé indique que la solution de la demi-pile cuivre s'éclaircit, cela indique que les ions Cu^{2+} (couleur bleue en solution) sont consommés. Par conséquent, il faut réécrire l'équation :

$$2\ Cr_{(s)} + 3\ Cu^{2+}_{(aq)} \rightarrow 2\ Cr^{3+}_{(aq)} + 3\ Cu_{(s)}.$$

5. Bonne réponse : **d.**

a. D'après le schéma de pile, le pole négatif de la pile est l'électrode de fer, c'est donc l'anode où se déroule une réaction d'oxydation : $Fe_{(s)} \rightarrow Fe^{2+}_{(aq)} + 2\ e^-$. Par conséquent, il faut réécrire l'équation de pile :

$$Fe_{(s)} + Cu^{2+}_{(aq)} \rightarrow Fe^{2+}_{(aq)} + Cu_{(s)}.$$

b. Le courant sort toujours de l'électrode positive dans une pile, donc de l'électrode de cuivre. Par contre, les électrons sortent de l'anode de fer.

c. Si l'électrode de fer est oxydée, alors l'électrode de cuivre est réduite.

6. Bonnes réponses : **b.** et **d.**

a. La capacité de la pile alcaline est :

$$Q = \frac{W_m \cdot m}{E} = \frac{82 \times 2{,}5 \cdot 10^{-3} \times 3\,600}{1{,}5} = 492 \text{ C}$$

Il faut transformer les watt-heures (Wh) de l'énergie massique en watt-secondes (Ws) pour que la capacité soit en coulomb (C).

c. La capacité de la pile oxyde d'argent est :

$$Q = \frac{W_m \cdot m}{E} = \frac{160 \times 1{,}78 \cdot 10^{-3} \times 3\,600}{1{,}55} = 661{,}5 \text{ C}$$

Par conséquent, la pile oxyde d'argent est plus performante que la pile alcaline dans les mêmes conditions d'utilisation.

7. Bonnes réponses : **a.** et **c.**

b. et **d.** Le temps de fonctionnement de la pile alcaline est :

$$t = \frac{Q}{I} = \frac{492}{0{,}5 \cdot 10^{-3}} = 984\,000\text{s} = 273{,}3 \text{ h}$$

Il s'agit du temps de fonctionnement idéal, sans aucune perturbation du système.

8. Bonnes réponses : **a.** et **d.**

b. Le temps de fonctionnement de la pile oxyde d'argent est :

$$t = \frac{Q}{I} = \frac{661{,}5}{0{,}8 \cdot 10^{-3}} = 826\,875 \text{ s} = 229{,}7 \text{ h} = 9{,}26 \text{ jours}$$

Le temps de fonctionnement est donc inférieur à 10 jours.

c. Par définition, les piles ne sont pas rechargeables. Ce ne sont pas des accumulateurs (appelés aussi piles rechargeables). Il faut bien entendu recycler les piles, accumulateurs et batteries, pour éviter toutes sortes de pollution.

Chimie

[Les réactions acido-basiques]

FICHE COURS 80

[Les réactions acido-basiques]

Les réactions acido-basiques

1. Je fais le point sur mes connaissances

Une réaction acido-basique est une réaction se déroulant en solution aqueuse, caractérisée par un transfert de protons H^+ entre deux réactifs : un acide (AH) et une base (A^-).

1. Les couples Acide/Base

Par convention, dans un couple, l'acide est toujours placé à gauche. La demi-équation acido-basique s'écrit conventionnellement :

$$AH_{(aq)} = A^-{}_{(aq)} + H^+{}_{(aq)}$$

[IMPORTANT]

Les protons H^+ ne peuvent exister seul en solution aqueuse ; ils sont associés à une molécule d'eau pour former les ions oxoniums H_3O^+.

2. Les réactions acido-basiques

Une réaction acido-basique a lieu entre l'acide d'un couple (A_1H/A_1^-) et la base d'un deuxième couple (A_2H/A_2^-). On obtient alors l'équation acido-basique en combinant les deux demi-équations :

$$A_1H_{(aq)} + A^-_{2(aq)} \rightarrow A^-_{1(aq)} + A_2H_{(aq)}$$

3. Constante d'acidité et force des acides et des bases

Un acide réagissant avec l'eau possède une constante de réaction, appelée constante d'acidité (K_A) :

$$AH_{(aq)} + H_2O_{(l)} = A^-{}_{(aq)} + H_3O^+{}_{(aq)}$$

$$K_A = \frac{[A^-]_{eq} \cdot [H_3O^+]_{eq}}{[AH]_{eq}} \text{ et } pK_A = -\log(K_A)$$

Les acides et les bases sont divisés en deux familles : les faibles et les forts. Une espèce Forte est une espèce qui réagit totalement avec l'eau ; une espèce faible est une espèce qui réagit avec l'eau de façon limitée, son pK_A est compris entre 0 et 14.

4. pH

Par définition, pour des concentrations en acide inférieures à 0,1 $mol \cdot L^{-1}$:

$$pH = -\log[H_3O^+]$$

Le pH (potentiel Hydrogène) peut être mesuré à l'aide d'un pH-mètre lors d'un titrage acido-basique.

5. Autoprotolyse de l'eau

La réaction d'autoprotolyse de l'eau est :

$$H_2O_{(l)} + H_2O_{(l)} = H_3O^+_{(aq)} + HO^-_{(aq)}$$

La constante de réaction, nommée produit ionique de l'eau, est égale à :

$$K_e = [H_3O^+]_{eq} \cdot [HO^-]_{eq} = 10^{-14} \text{ à } 25°C$$

6. Échelle des pH

Par définition, à 25°C, le pH est compris entre 0 et 14. On représente l'échelle des pH de la façon suivante :

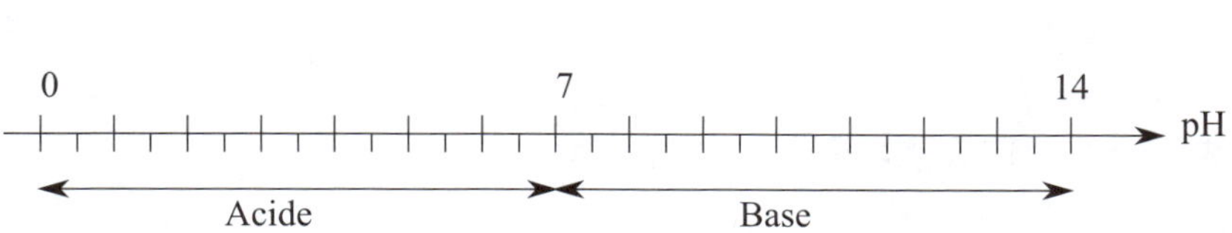

Une solution dont le pH est compris entre 0 et 7 est acide ; entre 7 et 14, elle est basique. À pH = 7, la solution est neutre.

7. Diagramme de prédominance

C'est la représentation de la distribution des espèces acide et basique conjuguées en solution aqueuse. Pour un acide faible mis en solution, on obtient l'équation de dissolution du paragraphe 3. Par passage de la constante au log, on obtient :

$$pH = pK_A + \log\left(\frac{[A^-]}{[AH]}\right)$$

Le pK_A étant une constante pour une espèce donnée, on remarque que lorsque le pH varie, le rapport des concentrations d'acide et de base varie. On peut le représenter sur une échelle des pH. Entre 0 et la valeur du pK_A, l'acide AH est majoritaire ; entre pK_A et 14, c'est l'espèce basique A^-.

8. Effet tampon

Une solution tampon est une solution dont le pH varie peu, même si l'on ajoute une quantité modérée d'acide ou de base, même si l'on dilue cette solution. Ces solutions sont préparées à partir d'un mélange équimolaire d'acide et de base conjuguée. On obtient alors $pH = pK_A$. Ces solutions sont généralement utilisées pour étalonner les pH-mètres.

9. Indicateur coloré

Un indicateur coloré est une espèce chimique dont les 2 formes du couple acide/base possèdent des couleurs différentes en solution. L'indicateur coloré est un acide faible qui possède un pK_A qui lui est propre. La zone de virage de l'indicateur coloré est comprise entre $pK_A - 1$ et $pK_A + 1$.

2. Les mots clés

Ampholyte :

Élément possédant des propriétés acide et basique car appartenant à deux couples acide/base différents (AH_2/AH^- et AH^-/A^{2-}) ;

Acide :

Élément capable de céder un ou des protons H^+ selon la théorie de Brönsted.

Acide Fort (AF) :

Acide réagissant de façon totale avec l'eau, sa constante d'acidité est supérieure à 1 ($pK_A < 0$). L'espèce acide présente en solution est alors l'ion oxonium H_3O^+.

Acide faible (Af) :

Acide réagissant de façon limitée avec l'eau, sa constante d'acidité est inférieure à 1 ($0 < pK_A < 14$). L'espèce acide présente en solution est alors l'acide AH.

Base :

Élément capable de capter un ou des protons H^+ selon la théorie de Brönsted.

Base Forte (BF) :

Base réagissant de façon totale avec l'eau, son pK_A est supérieure à 14 ($pK_A > 14$). L'espèce basique présente en solution est alors l'ion hydroxyde HO^-.

Base faible (Bf) :

Base réagissant de façon limitée avec l'eau, son pK_A est compris entre 0 et 14 ($0 < pK_A < 14$). L'espèce basique présente en solution est alors la base B.

Couple Acide/Base :

AH/A^- ou BH^+/B.

Indicateur coloré :

Couple acide/base dont les 2 espèces conjuguées possèdent des couleurs différentes.

Tampon :

Se dit d'une solution dont le pH ne varie presque pas. Les espèces acide et basique conjuguées étant dans les mêmes proportions.

FICHE EXERCICES 81

Les réactions acido-basiques

1. Énoncés

1. À propos d'acide et de base :

- ❑ **a.** Un acide en solution libère des ions oxonium.
- ❑ **b.** Un ampholyte est un acide.
- ❑ **c.** On passe d'un acide à une base par gain d'un proton H^+.
- ❑ **d.** Une base forte possède un pH supérieur à 14.

2. L'équation d'autoprotolyse de l'eau est :

- ❑ **a.** $H_3O^+_{(aq)} + HO^-_{(aq)} = H_2O_{(l)} + H_2O_{(l)}$
- ❑ **b.** $H_2O_{(l)} + H_2O_{(l)} = H_3O^+_{(aq)} + HO^-_{(aq)}$
- ❑ **c.** Cette réaction est totale.
- ❑ **d.** Sa constante d'acidité se nomme « produit ionique de l'eau », est notée K_e et vaut 10^{14}.

3. À propos du pH d'une solution tampon :

- ❑ **a.** $pH = -\log([H_3O^+])$
- ❑ **b.** $pH = +\log([H_3O^+])$
- ❑ **c.** $pH = pK_e + \log([HO^-])$
- ❑ **d.** $pH = pK_A$

4. Quelle est l'équation acido-basique correcte ?

- ❑ **a.** $CH_3NH_{2(aq)} + NH_{3(aq)} = CH_3NH^-_{(aq)} + NH^+_{4(aq)}$
- ❑ **b.** $H_2SO_{4(aq)} = HSO^-_{4(aq)} + H^+_{(aq)}$
- ❑ **c.** $CH_3CO_2H_{(aq)} + NH_{3(aq)} = CH_3CO^-_{2(aq)} + NH^+_{4(aq)}$
- ❑ **d.** $NO^-_{2(aq)} + H_3O^+_{(aq)} + e^- = HNO_{2(aq)} + H_2O^-_{(l)}$

5. À propos d'indicateur coloré :

- ❑ **a.** Les espèces en solution sont toujours colorées.
- ❑ **b.** Les couleurs des espèces acides et basiques sont complémentaires.
- ❑ **c.** Il peut exister une teinte sensible composée du mélange des couleurs des espèces acide et basique.
- ❑ **d.** Un indicateur coloré acido-basique ne présente qu'une unique zone de virage qui lui est caractéristique.

PROBLÈME :

Soit la réaction entre l'acide fluorhydrique et la soude. Le pH d'une solution d'acide fluorhydrique de concentration $C = 10^{-2}$ mol·L^{-1} est pH = 2,6.

6. L'acide fluorhydrique est :

- ❑ **a.** Un acide fort.
- ❑ **b.** Un acide faible.
- ❑ **c.** Une espèce amphotère.
- ❑ **d.** Un ampholyte.

7. Le pK_A de l'acide est :

- ❑ **a.** Le pK_A de cet acide est de 3,1.
- ❑ **b.** Le pK_A de cet acide est négatif.
- ❑ **c.** Le pK_A de cet acide est de 2,1.
- ❑ **d.** Le pK_A de cet acide est inférieur à 14.

8. La réaction avec la soude est :

- ❑ **a.** $H_3O^+ + HO^- = 2\ H_2O$
- ❑ **b.** $HF + HO^- \rightarrow F^- + H_2O$
- ❑ **c.** $H_3O^+ + HO^- \rightarrow 2\ H_2O$
- ❑ **d.** $HF + HO^- = F^- + H_2O$

9. La constante de réaction est :

- ❑ **a.** $K = 10^{-3,1}$
- ❑ **b.** $K = 10^{3,1}$
- ❑ **c.** $K = 10^{-10,9}$
- ❑ **d.** $K = 10^{10,9}$

2. Corrigés

1. Bonne réponse : **a.**

b. Un ampholyte est à la fois un acide et une base de deux couples acide/base différents.

c. On passe d'un acide à une base par perte d'un proton.

d. Une base forte possède un pK_A supérieur à 14. Le pH d'une solution est compris entre 0 et 14 à 25°C pour des concentrations (en acide ou base) inférieures à 1 $mol \cdot L^{-1}$. Le pH d'une base forte est inférieur à 14.

2. Bonne réponse : **b.**

c. La réaction d'autoprotolyse de l'eau est limitée.

d. Cette réaction possède une constante de réaction $K_e = 10^{-14}$.

3. Bonnes réponses : **a.**, **c.** et **d.**

Une solution tampon possède un pH égal à son pK_A. Le pH répond alors à la loi : $pH = -\log [H_3O^+] = pK_e - pOH = pK_e + \log [HO^-]$.

4. Bonne réponse : **c.**

a. Cette réaction fait intervenir 2 bases. Elle ne peut avoir lieu.

b. C'est une demi-équation acido-basique.

d. Ce n'est pas une équation acido-basique car il y a des électrons échangés.

5. Bonne réponse : **c.**

a. Les espèces acide et base d'un indicateur coloré possèdent des couleurs différentes en solution. Cela ne veut pas dire que les espèces acide et basique sont colorées. Par exemple, la phénolphtaléine est incolore pour un pH inférieur à 8,2 et rose au-delà.

b. Ce n'est pas obligatoire.

d. Généralement, un indicateur coloré possède une zone de virage, mais il arrive que certains indicateurs colorés en possèdent plusieurs ; par exemple, le bleu de thymol est rouge en dessous d'un pH de 2, jaune entre 2 et 8,5, puis bleu au-delà.

6. Bonne réponse : **b.**

Si l'acide fluorhydrique est un acide fort, alors son pH est :

$$pH = -\log C_{acide} = 2$$

Or le pH mesuré est de 2,6. Par conséquent, l'acide fluorhydrique est un acide faible.

7. Bonnes réponses : **a.**et **d.**

Comme l'acide fluorhydrique est faible, le pH répond à la loi :

$$pH = pK_A + \log\left(\frac{[F^-]_{eq}}{[HF]_{eq}}\right)$$

Soit :

$$pK_A = pH - \log\left(\frac{[H_3O^+]_{eq}}{[HF]_i - [H_3O^+]_{eq}}\right) = pH - \log\left(\frac{10^{-pH}}{C - 10^{-pH}}\right)$$

Le pK_A est égal à 3,1, par conséquent inférieur à 14.

8. Bonne réponse : **b.**

L'acide fluorhydrique étant faible, l'espèce en solution est HF. Par conséquent c'est l'acide HF qui réagit avec les ions hydroxydes de la soude. Cette réaction est totale, comme toutes les réactions entre des espèces forte et faible. (On le prouve par calcul dans le QCM suivant).

9. Bonne réponse : **d.**

La constante de réaction est :

$$K = Q_{r,\ eq} = \frac{[F^-]_{eq}}{[HF]_{eq} \times [HO^-]_{eq}} = \frac{K_A}{K_e} = \frac{10^{-pK_A}}{10^{-pK_A}} = 10^{pK_e - pK_A}$$

$$= 10^{10,9}$$

$K > 10^4$, la réaction est totale.

FICHE COURS 82

[Les réactions acido-basiques]

Titrages et dosages

1. Je fais le point sur mes connaissances

Un titrage est destructif ; l'espèce à titrer est détruite par la réaction chimique avec l'espèce titrante, la quantité de matière de l'espèce titrée est determinée par la quantité de matière de l'espèce titrante versée. Alors qu'un dosage n'est pas destructif ; La quantité de matière de l'espèce à doser est déterminée par spectroscopie (UV ou IR).

1. Le titrage pH-métrique

Il concerne généralement les titrages acido-basiques. L'observable est la variation de pH au cours du titrage. Les courbes ph $= f(V)$ ont une forme en S (titrage acide par base) ou en S inversé Ƨ (titrage base par acide). L'équivalence est alors déterminée par la méthode des tangentes (pH_{eq} ; V_{eq}).

2. Le titrage colorimétrique

Ce titrage concerne les titrages acido-basiques et d'oxydoréduction. Lors d'un titrage colorimétrique, l'observable est la couleur de la solution (disparition, changement ou apparition). Le changement de réactif limitant entraîne un changement de couleur.

Lors d'un titrage acido-basique, on rajoute à l'espèce titrée quelques gouttes d'indicateur coloré. Il est utilisé quelque fois en parallèle du titrage pH-mètrique.

Lors d'un titrage d'oxydoréduction, les espèces titrées/titrantes et/ou les produits formés sont colorés en solution. Il se peut que la couleur soit faible, auquel cas on peut rajouter un indicateur de fin de réaction.

3. Le titrage conductimétrique

Il concerne généralement les titrages acido-basiques. Il ne concerne que les espèces ioniques en solution. L'observable est la variation de la conductance G ou de la conductivité σ de la solution au cours du titrage. Les courbes $G = f(V)$ ou $\sigma = f(V)$ ont une forme en V. L'équivalence est alors déterminée au minimum des courbes. La quantité de matière ou la concentration de l'espèce titrée est déterminée par l'utilisation des équations suivantes :

- Conductivité σ en $S{\cdot}m^{-1}$: Loi de Kohlrausch

$$\sigma = \sum_i \lambda_i \cdot [X_i]$$

Où λ est la conductivité molaire ionique en $S{\cdot}m^2{\cdot}mol^{-1}$ et $[X_i]$ la concentration des ions en solution en $mol{\cdot}m^{-3}$.

- Conductance G en Siemens (S) :

$$G = \frac{\sigma \cdot S}{L} = K \cdot \sigma$$

Où S est la surface des électrodes en m^2 et L la distance les séparant en m. Ces valeurs sont souvent remplacées par la constante de cellule K en m.

[IMPORTANT]

Lors d'un titrage conductimétrique les concentrations sont exprimées en $mol{\cdot}m^{-3}$.

4. Le dosage par spectrophotométrie UV-visible

Le principe de ce dosage est la détermination de la concentration d'une espèce en solution par rapport à une droite d'étalonnage préalablement tracée. Il faut pour cela que l'espèce titrée absorbe une longueur d'onde λ caractéristique dans le domaine UV-visible, voir même dans le proche infrarouge. Pour les espèces colorées, cette valeur de λ correspond à la longueur d'onde de la couleur complémentaire de celle observée en solution.

On utilise pour cela la Loi de Beer-Lambert :

$$A = \varepsilon \cdot 1 \cdot C$$

Où A est l'absorbance (sans unité), ε le coefficient d'extinction molaire (en $L \cdot mol^{-1} \cdot cm^{-1}$), l l'épaisseur de la cuve d'analyse (en cm) et C la concentration (en $mol \cdot L^{-1}$).

Il arrive que l'analyse spectrophotométrique soit donnée en transmittance T, l'absorbance est alors donnée par la formule suivante :

$$A = \log\left(\frac{1}{T}\right)$$

2. Les mots clés

L'observable :

Paramètre physique indiquant l'équivalence d'un titrage. L'observable peut être le pH, la conductance, la couleur d'une solution.

Espèce titrée :

Espèce dont on ne connaît pas la quantité de matière (ou la concentration). Cette espèce est généralement placée dans le bécher.

Espèce titrante :

Espèce dont on connaît la quantité de matière grâce au volume de solution versée. Cette espèce est généralement placée dans la burette.

Conductance :

Notée G, mesurée en Siemens, est la capacité d'une solution à conduire le courant électrique.

Kohlrausch :

Loi permettant de déterminer la conductivité d'une solution en fonction de la concentration en ions de cette solution.

Beer-Lambert :

Loi permettant de déterminer la concentration d'une solution en fonction de son absorbance.

Absorbance :

Notée A, en %. Elle représente la capacité d'une solution à absorber une radiation.

Transmittance :

Noté T, en %. Elle représente la proportion de l'intensité lumineuse transmise par une solution.

Coefficient d'extinction molaire :

Noté ε, exprimé en $L{\cdot}mol^{-1}{\cdot}cm^{-1}$. Il est caractéristique d'une espèce en solution à une longueur d'onde donnée.

[Les réactions acido-basiques]
Titrages et dosages

FICHE EXERCICES 83

1. Énoncés

1. Soit les graphiques de titrage/dosage suivants :

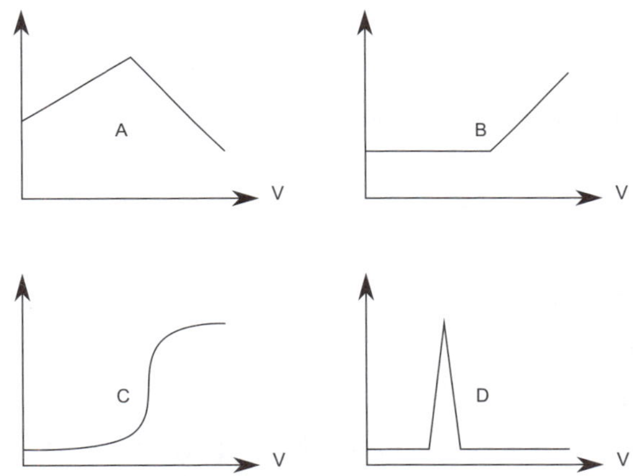

❑ **a.** Le graphique A représente un titrage conductimétrique.
❑ **b.** Le graphique B représente un titrage colorimétrique.
❑ **c.** Le graphique C représente un titrage pH-métrique.
❑ **d.** Le graphique D représente un dosage spectrophotométrique.

2. À propos de titrage pH-métrique acido-basique, lors du titrage :

❑ **a.** d'un acide fort par une base forte, le pH_{eq} est égal à 7.
❑ **b.** d'un acide faible par une base forte, le pH_{eq} est inférieur à 7.
❑ **c.** d'une base forte par un acide fort, le pH_{eq} est supérieur à 7.
❑ **d.** d'une base faible par un acide fort, le pH_{eq} est inférieur à 7.

3. Lors du titrage des ions chlorure Cl^- d'une eau par les ions argent Ag^+ :

❑ **a.** L'équation de réaction est : $Ag^+_{(aq)} + Cl^-_{(aq)} \rightarrow AgCl_{(s)}$.
❑ **b.** Le précipité est blanc et noircit à la lumière.

❑ **c.** On peut suivre ce titrage par conductimétrie.
❑ **d.** On peut suivre ce titrage par colorimétrie.

4. Pour le dosage spectrophotométrique d'une espèce colorée en solution absorbant à une longueur d'onde λ, la loi de Beer-Lambert est :

❑ **a.** $A_\lambda = \varepsilon_\lambda \cdot 1_\lambda \cdot C_\lambda$
❑ **b.** $A_\lambda = \varepsilon_\lambda \cdot 1 \cdot C$
❑ **c.** $A_\lambda = \varepsilon \cdot 1_\lambda \cdot C$
❑ **d.** $A_\lambda = \varepsilon \cdot 1 \cdot C_\lambda$

5. Si deux espèces colorées 1 et 2, de concentrations différentes, absorbent à la même longueur d'onde λ, alors :

❑ **a.** $A = \varepsilon \cdot 1 \cdot C$
❑ **b.** $A = \varepsilon \cdot 1 \cdot (C_1 + C_2)$
❑ **c.** $A = \varepsilon_1 \cdot 1 \cdot C_1 + \varepsilon_2 \cdot 1 \cdot C_2$
❑ **d.** $A = (\varepsilon_1 + \varepsilon_2) \cdot 1 \cdot C$

PROBLEME :

On réalise le titrage d'un volume V_1 = 20 mL d'une solution d'ion ferreux par du permanganate de potassium acidifié de concentration C_2 = 0,01 mol·L^{-1}. L'équivalence est obtenue pour $V_{2(\text{éq})}$ = 13 mL.

6. L'équivalence correspond :

❑ **a.** au moment où il y a changement du réactif limitant.
❑ **b.** à l'apparition de la couleur violette.
❑ **c.** à la disparition de la couleur violette.
❑ **d.** au moment où : $n_1 = n_2$.

7. À propos du titrage :

❑ **a.** On peut effectuer un titrage pH-métrique.
❑ **b.** On peut effectuer un titrage colorimétrique.
❑ **c.** On peut effectuer un titrage conductimétrique.
❑ **d.** On peut effectuer un dosage spectrophotométrique.

8. La concentration en ion ferreux est :

❏ **a.** $C_1 = 0{,}65.10^{-2}\ \text{mol·L}^{-1}$.

❏ **b.** $C_1 = 3{,}25.10^{-2}\ \text{mol·L}^{-1}$.

❏ **c.** $C_1 = 0{,}13.10^{-2}\ \text{mol·L}^{-1}$.

❏ **d.** $C_1 = 7{,}69.10^{-2}\ \text{mol·L}^{-1}$.

2. Corrigés

1. Bonne réponse : **c.**

a. Ce type de graphique ne correspond à aucun type de dosage. Un dosage conductimétrique représente au graphique B (courbe en V).

b. Un dosage colorimétrique ne possède pas de représentation graphique. Il s'agit juste de repérer l'apparition, le changement ou la disparition d'une couleur.

d. Un dosage spectrophotométrique n'a pas de représentation graphique. Cependant, il faut tracer une droite étalon pour déterminer la concentration de l'espèce inconnue.

2. Bonnes réponses : **a.** et **d.**

a. L'équation de titrage est : $H_3O^+ + HO^- \rightarrow 2\ H_2O$. À l'équivalence, le pH est celui de l'eau pure, c'est-à-dire 7.

b. L'équation de titrage est : $AH + HO^- \rightarrow A^- + H_2O$. À l'équivalence, le pH est celui d'une base en solution, c'est-à-dire supérieur à 7.

c. Voir réponse **a.**

d. L'équation de titrage est : $H_3O^+ + B \rightarrow BH^+ + H_2O$. À l'équivalence, le pH est celui d'un acide en solution, c'est-à-dire inférieur à 7.

3. Bonnes réponses : **a.**, **b.** et **c.**

Lors du titrage, il y a consommation des ions Cl^- présents en solution et des ions Ag^+ versé jusqu'à l'équivalence, la conductance de la solution diminue. Après l'équivalence, les ions Cl^- ont disparu et on continue à ajouter des ions Ag^+, la conductance de la solution augmente. Il est possible d'effectuer un titrage conductimétrique.

d. Lors du titrage, il y a production d'une espèce colorée qui précipite au fond du bécher, elle n'est pas en solution. Il est impossible d'effectuer un titrage colorimétrique.

4. Bonne réponse : **b.**

La loi de Beer-Lambert s'énonce pour une espèce qui absorbe une certaine longueur d'onde λ. Seul le coefficient d'extinction molaire varie avec la longueur d'onde ; la longueur de la cuve est un paramètre fixe, ainsi que la concentration de la solution que l'on souhaite déterminer.

5. Bonne réponse : **c.**

Les 2 solutions absorbent à la même longueur d'onde. Donc l'absorption de la solution 1 est : $A_1 = \varepsilon_1 \cdot l \cdot C_1$, celle de la solution 2 est : $A_2 = \varepsilon_2 \cdot l \cdot C_2$. L'absorbance mesurée est la somme des 2 absorbances.

6. Bonnes réponses : **a.** et **b.**

L'équation de la réaction est une équation d'oxydoréduction :

$$MnO_4^- + 8\ H^+ + 5\ Fe^{2+} \rightarrow Mn^{2+} + 4\ H_2O + 5\ Fe^{3+}$$

L'espèce présente en solution initialement est l'espèce Fe^{2+}. Lors du titrage, les ions permanganate sont ajoutés en continu par la réaction. À l'équivalence, toutes les espèces sont consommées. L'apparition de la couleur violette due aux ions permanganate indique le dépassement de l'équivalence.

d. À l'équivalence : $n_1 = 5n_2$.

7. Bonnes réponses : **b.** et **c.**

a. Il est impossible d'effectuer un titrage pH-métrique pour déterminer une équivalence. On peut cependant suivre l'évolution du pH au cours du titrage car la réaction consomme des protons.

d. La production de la couleur n'est pas progressive. Il est impossible de réaliser un dosage.

8. Bonne réponse : **b.**

D'après la réponse **6. d.** : $n_1 = 5n_2$. Soit : $C_1 \cdot V_1 = 5C_2 \cdot V_2$.
D'où :

$$C_1 = \frac{5 \cdot C_2 \cdot V_2}{V_1} = \frac{5 \cdot 0{,}01 \cdot 13 \cdot 10^{-3}}{20 \cdot 10^{-3}} = 3{,}25 \cdot 10^{-2}\ \text{mol}\cdot\text{L}^{-1}$$

Chimie

[La chimie organique]

FICHE COURS 84

[La chimie organique]

Les familles de composés organiques

1. Je fais le point sur mes connaissances

Par définition, la chimie organique est la chimie des composés du carbone. Un exemple sera donné pour chaque famille pour une molécule portant 3 carbones.

1. Les familles carbonées

Famille	Fonction *Suffixe*	Formule brute	Représentation
Alcane	/ *-ane*	C_nH_{2n+2}	$CH_3-CH_2-CH_3$
Alcène	/ *-ène*	C_nH_{2n}	$CH_3-CH=CH_2$
Alcyne	/ *-yne*	C_nH_{2n-2}	$CH_3-C\equiv CH$

Les familles carbonées sont les plus simples. Elles sont constituées uniquement de carbone et d'hydrogène ; ce sont des hydrocarbures.
Les alcanes ne sont pas caractérisables. Les alcènes, par contre, sont caractérisables par l'eau de brome.
Les molécules peuvent être cycliques, ce sont des cycloalcanes.

2. Les familles oxygénées

Famille	Fonction *Suffixe*	Formule brute	Représentation
Alcool	Hydroxyle *-ol*	$C_nH_{2n+2}O$	$CH_3-CH_2-CH_2-OH$
Aldéhyde	Carbonyle *-al*	$C_nH_{2n}O$	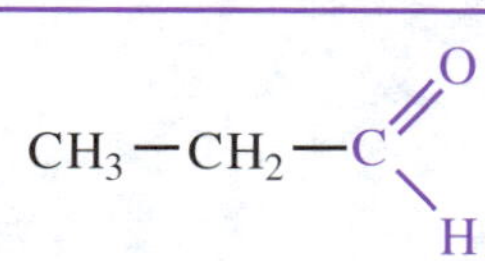

Famille	Fonction *Suffixe*	Formule brute	Représentation
Cétone	Carbonyle *-one*	$C_nH_{2n}O$	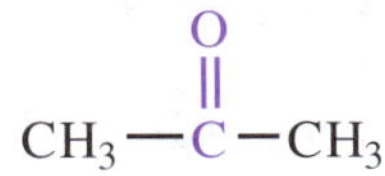
Acide Carboxylique	Carboxyle *Acide* *-oïque*	$C_nH_{2n}O_2$	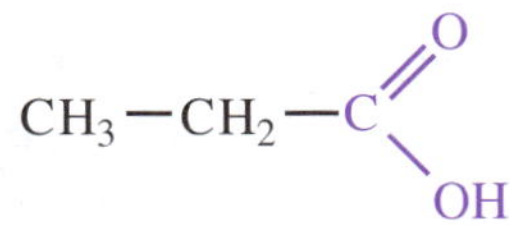
Ester	Ester *-oate de ...*	$C_nH_{2n}O_2$	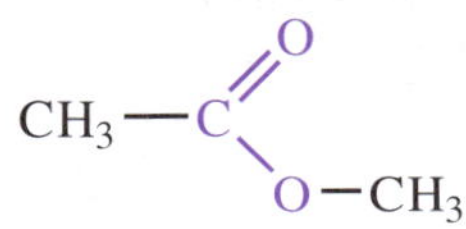

Les familles oxygénées sont les plus connues (alcool et acide).

Les alcools sont divisés en 3 classes (primaires, secondaires et tertiaires) en fonction de la position du groupe hydroxyle sur la chaîne carbonée.

Les aldéhydes et cétones possèdent la même fonction chimique (carbonyle) ; la différence réside dans la position de la fonction (respectivement en bout ou en milieu de chaîne). Ces deux familles sont caractérisables par la 2,4-DNPH (précipité jaune). Pour les différencier, il faut procéder à un test à la liqueur de Fehling (précipité rouge brique) ou au réactif de Tollens (miroir d'argent) qui sera positif uniquement pour les aldéhydes.

Les acides carboxyliques sont caractérisés par un test au papier pH (acide). La fonction se trouve toujours en bout de chaîne.

Les esters sont caractéristiques des molécules odorantes (fruits mûrs et huiles essentielles). La fonction se trouve en milieu de molécule.

3. Les familles azotées

Famille	Fonction *Suffixe*	Formule brute	Représentation
Amine	Amino *-amine*	$C_nH_{2n+3}N$	$CH_3-CH_2-CH_2-NH_2$
Amide	Amide *-amide*	$C_nH_{2n+1}ON$	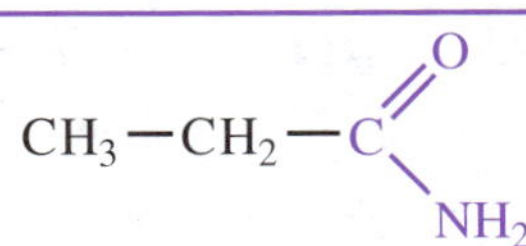

Les amines sont caractérisées par un test au papier pH (basique). Les amines sont divisées en 3 classes (primaires, secondaires et tertiaires) en fonction du nombre de chaîne carbonée liée à l'azote.

4. La chiralité

Cette isomérie concerne toutes les familles organiques à partir du moment où un carbone porte 4 substituants différents ; ce carbone est alors appelé asymétrique, noté C*. Cela entraine la formation de 2 molécules non superposables, images l'une de l'autre dans un miroir. On les appelle énantiomères.

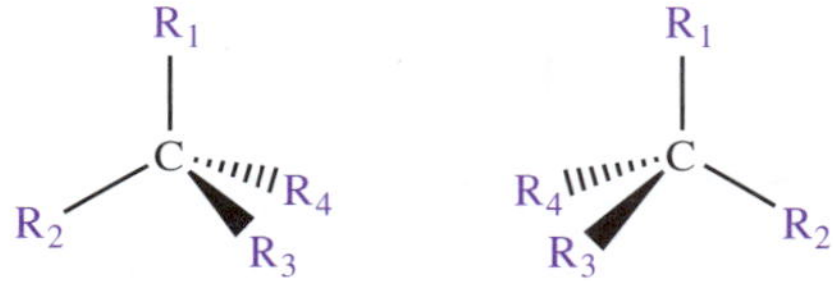

S'il existe 2 centres chiraux dans une molécule sur des carbones voisins, il est possible d'écrire 4 molécules différentes.

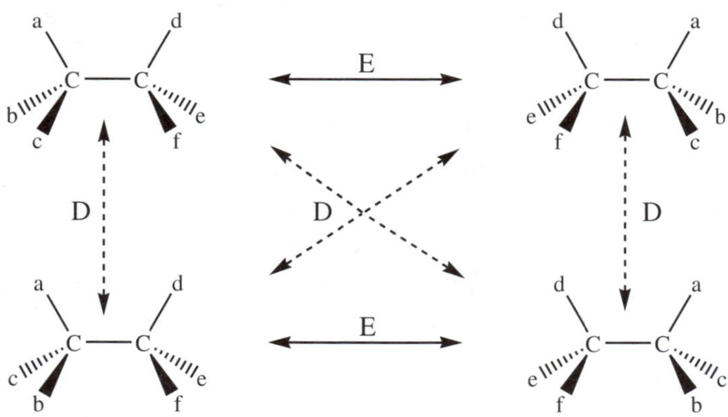

Entre ces 4 molécules, il existe des relations d'énantiomériés (E) et de diastéréoisomériés (D). Elles possèdent des propriétés chimiques et physiques différentes.

5. L'isomérie spatiale

Cette isomérie concerne la famille des alcènes. La double liaison entre les deux carbones est rigide, elle empêche la libre rotation. Par conséquent, si chaque carbone impliqué dans la double liaison porte des groupements différents, la molécule peut prendre deux représentations spatiales différentes non superposables. Si les groupements les plus importants sont du même côté, l'isomère est Z (*zusammen* : ensemble en allemand), s'ils sont opposés, l'isomère est E (*entgegen* : contre, à l'opposé).

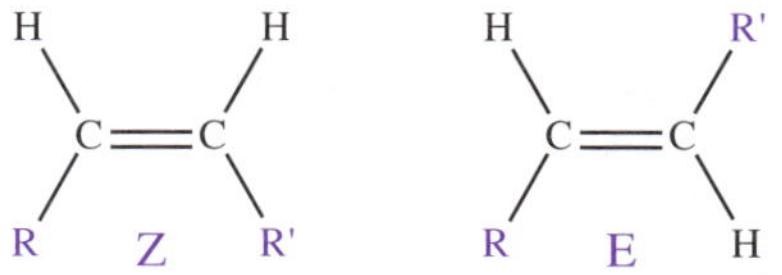

Ces molécules sont appelées stéréoisomères. Ces molécules possèdent des propriétés physiques et chimiques différentes.

6. La nomenclature

Le nom des molécules est donné en fonction :

- du nombre de carbone qui compose la chaîne carbonée principale (préfixe). Se reporter au tableau ;
- de la fonction chimique (suffixe) ;
- des ramifications portées par la chaîne carbonée principale (numéro de position et suffixe -yle) ;
- L'isomérie spatiale (numéro de position).

Tableau des préfixes :

Nombre de C	1	2	3	4	5	6	7	8	9	10
Préfixe	méth	éth	prop	but	pent	hex	hept	oct	non	dec

Les molécules organiques peuvent porter plusieurs fonctions. La fonction principale sera alors la plus oxygénée.

2. Les mots clés

Hydrocarbure :

Molécule composée de carbone et d'hydrogène.

Alcool :
Famille organique portant une fonction hydroxyle OH.

Acide carboxylique :
Famille organique portant une fonction carboxyle CO_2H.

Aldéhyde :
Famille organique portant une fonction carbonyle CHO.

Cétone :
Famille organique portant une fonction carbonyle CO.

Ester :
Famille organique portant une fonction carboxyle CO_2R.

Amine :
Famille organique portant une fonction amino NH_2.

Amide :
Famille organique portant une fonction amide $CONH_2$.

Enantiomères :
Molécules de même formule brute, de même formule semi-développée, mais de formules développées différentes. Elles possèdent un centre chiral.

Stéréoisomères :
Alcènes possédant 2 représentations spatiales différentes pour une même formule semi-développée.

FICHE EXERCICES 85

Les familles de composés organiques

1. Énoncés

1. Soit une molécule organique de formule brute C_7H_{12} :

❑ **a.** La molécule peut être un alcane.
❑ **b.** La molécule peut être un alcyne.
❑ **c.** La molécule peut être un alcool.
❑ **d.** La molécule peut être un aldéhyde.

2. Soit une molécule organique de formule brute C_4H_8O :

❑ **a.** La molécule peut être un alcane.
❑ **b.** La molécule peut être un acide carboxylique.
❑ **c.** La molécule peut être un aldéhyde.
❑ **d.** La molécule peut être une cétone.

3. Soit un alcool de formule brute $C_4H_{10}O$:

❑ **a.** L'alcool peut être primaire.
❑ **b.** L'alcool peut être secondaire.
❑ **c.** L'alcool peut être tertiaire.
❑ **d.** L'alcool peut être quaternaire.

4. Soit la formule semi-développée suivante :

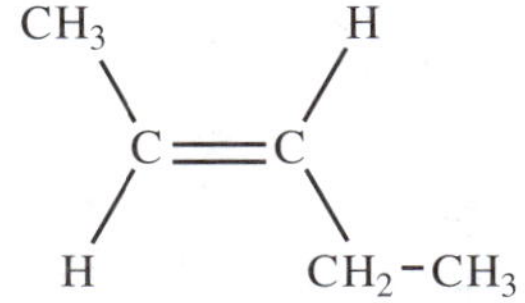

❑ **a.** La molécule est un alcène de configuration E.
❑ **b.** La molécule est un alcène de configuration Z.
❑ **c.** Le nom de la molécule est : (E)-pentène.
❑ **d.** Le nom de la molécule est : (Z)-pent-2-ène.

5. Soit la molécule suivante :

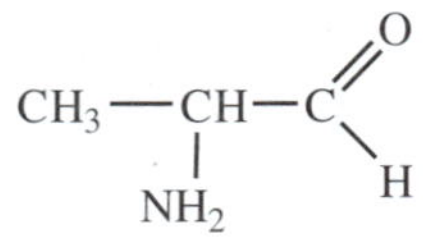

❑ **a.** Cette molécule possède un centre chiral, c'est-à-dire, un carbone asymétrique.

❑ **b.** Cette molécule est un acide aminé, l'alanine.

❑ **c.** Le nom de la molécule est : acide 2-aminopropanoïque.

❑ **d.** Cette molécule existe sous 2 formes énantiomères.

2. Corrigés

1. Bonne réponse : **b.**

a. La formule brute d'un alcane est C_nH_{2n+2} soit C_7H_{16}.

c. La molécule ne peut être un alcool car il n'y a pas d'oxygène dans la formule brute.

d. La molécule ne peut être un aldéhyde car il n'y a pas d'oxygène dans la formule brute.

2. Bonnes réponses : **c.** et **d.**

La molécule peut être indifféremment un aldéhyde ou une cétone ; les deux familles répondent à la même formule brute. Les représentations peuvent être les suivantes :

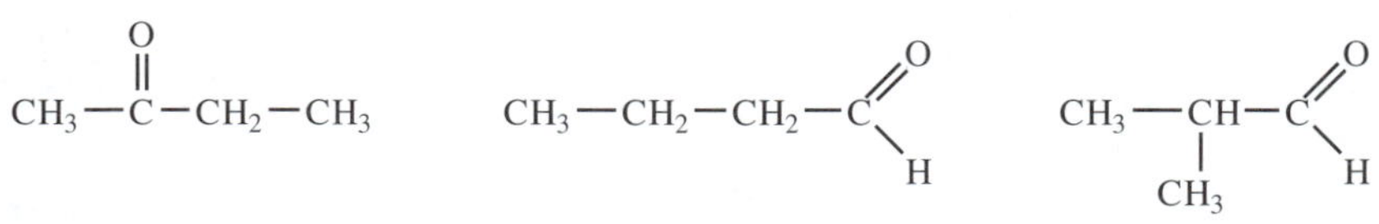

a. Impossible, présence d'un oxygène dans la formule brute.

b. Un acide carboxylique nécessite la présence de 2 oxygènes dans la formule brute.

3. Bonnes réponses : **a. b.** et **c.**

Il est possible d'écrire 4 formules semi-développées différentes :

Alcool primaire

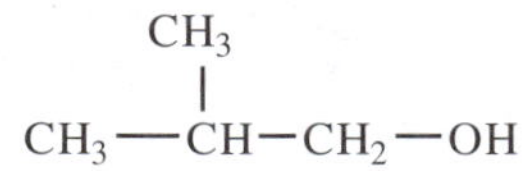

Alcool primaire

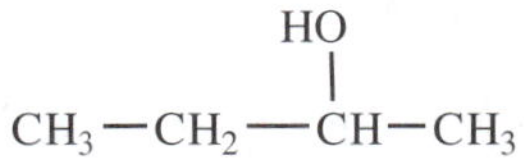

Alcool secondaire

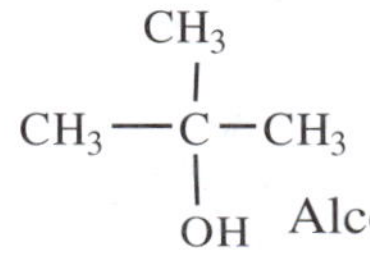

Alcool tertiaire

d. Cette classe d'alcool n'existe pas !

4. Bonne réponse : **a.**

c. Le nom de la molécule est : (E)-pent-2-ène.

5. Bonnes réponses : **a.** et **d.**

Le carbone n° 2 porte 4 substituants différents, ce carbone est donc asymétrique. Par conséquent, il est possible d'écrire 2 formules développées différentes, les molécules seront appelées énantiomères.

b. La molécule n'est pas un acide carboxylique, mais un aldéhyde (présence d'un groupe fonctionnel carbonyle CHO). Un acide aminé est une molécule possédant une fonction carboxyle (CO_2H) et une fonction amino (NH_2).

c. Le nom de la molécule est : 2-amino-propanal.

FICHE COURS 86

[La chimie organique]

Les réactions chimiques

1. Je fais le point sur mes connaissances

Les réactions chimiques permettent de modifier, de transformer une molécule simple (réactif) en molécule complexe à valeur ajoutée (produit).

1. La réaction de combustion

Cette réaction est couramment utilisée pour les hydrocarbures. Il s'agit d'une réaction d'oxydation totale en présence de dioxygène. Le réactif est transformé en dioxyde de carbone et en eau.

$$C_xH_y \xrightarrow{O_2} x\,CO_2 + \frac{y}{2}\,H_2O$$

Les réactions de combustion sont exothermiques, elles dégagent de l'énergie. Ce dégagement d'énergie est mis à profit par exemple dans les moteurs à explosion.

2. La réaction d'oxydation

Lors de ce type de réaction chimique, le but est de transformer une fonction chimique en une autre fonction plus oxygénée. Pour cela, on utilise un oxydant (type $KMnO_4$ ou $K_2Cr_2O_7$) en milieu acide.

Les alcools primaires et secondaires sont facilement oxydables en aldéhydes et cétones respectivement.

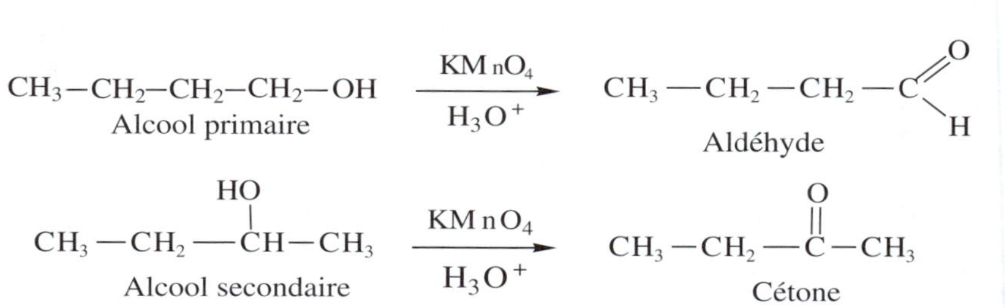

Par contre les alcools tertiaires ne sont pas oxydables.

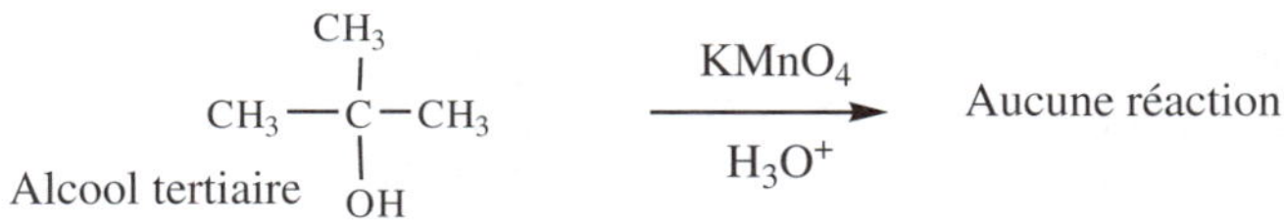

De la même façon, les aldéhydes sont oxydables en acide carboxylique alors que les cétones ne sont pas oxydables.

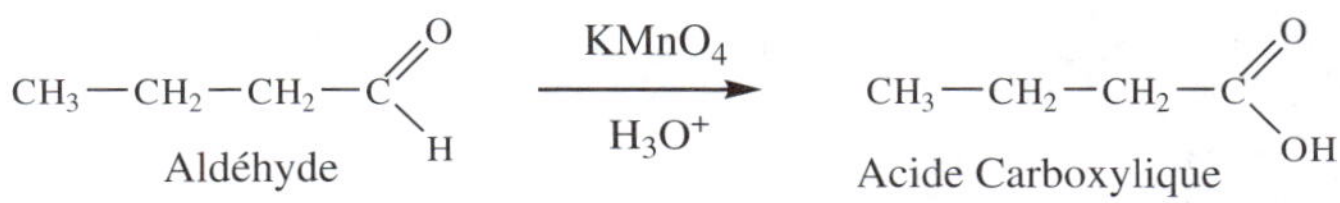

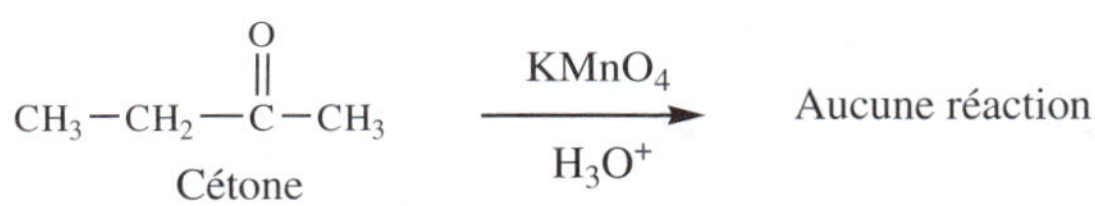

3. La réaction de substitution

Comme son nom l'indique, dans ce type de réaction, on remplace un groupe fonctionnel par un autre groupe fonctionnel.

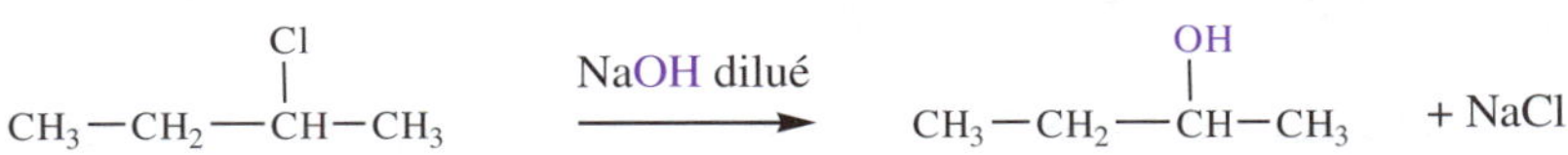

La réaction d'estérification peut être assimilée à une réaction de substitution :

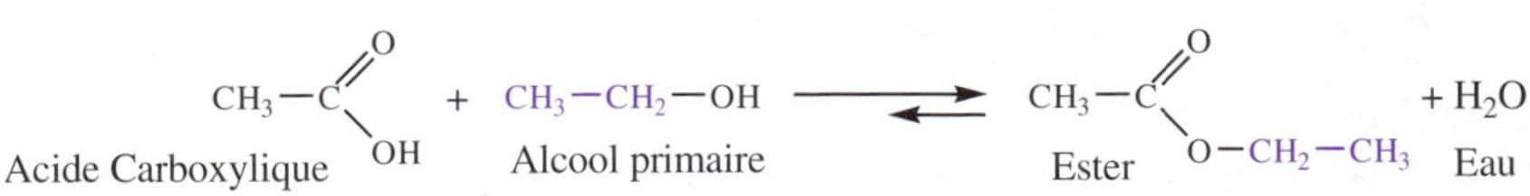

4. La réaction d'addition

Dans ce type de réaction, on ajoute des atomes ou des groupes d'atomes à une molécule qui est généralement un alcène. La réaction d'addition d'eau sur un alcène (hydratation) permet de créer un alcool.

On peut remplacer l'eau par un hydracide (HX), permettant ainsi de créer un alcane halogéné.

5. La réaction d'élimination

Lors de cette réaction, une molécule va perdre des atomes ou groupes d'atomes. Généralement, il y a formation d'une double liaison (alcène). La déshydratation d'un alcool permet d'obtenir un alcène et de l'eau.

La réaction d'oxydation est une réaction particulière d'élimination ; il y a perte d'hydrogène.

6. La réaction de polymérisation

Cette réaction est aussi appelée réaction de polyaddition. Une molécule appelée monomère (généralement un alcène) va réagir sur elle-même pour former une très grande molécule : un polymère.

2. Les mots clés

Addition :
Un groupe d'atome est ajouté sur une molécule.

Élimination :
Un groupe d'atome est enlevé d'une molécule.

Substitution :
Un groupe d'atome est changé sur une molécule.

Oxydation :
Changement de fonction d'une molécule.

Polymérisation :
Réaction d'une molécule sur elle-même pour augmenter la longueur de la chaîne carbonée.

Les réactions chimiques

1. Énoncés

1. Lors d'une réaction :

- ❑ **a.** d'addition, la masse molaire de la molécule augmente.
- ❑ **b.** de substitution, la masse molaire de la molécule augmente.
- ❑ **c.** d'élimination, la masse molaire de la molécule augmente.
- ❑ **d.** d'oxydation, la masse molaire de la molécule augmente.

2. Lors de la réaction d'oxydation du propan-1-ol :

- ❑ **a.** il y a formation de propène.
- ❑ **b.** il y a formation de propanal.
- ❑ **c.** il y a formation de propanone.
- ❑ **d.** il y a formation d'acide propanoïque.

3. Pour former un alcool :

- ❑ **a.** On peut déshydrater un acide carboxylique.
- ❑ **b.** On peut substituer un dérivé halogéné par de la soude.
- ❑ **c.** On peut réduire un aldéhyde.
- ❑ **d.** On peut hydrater un alcène.

4. Soit la réaction suivante :

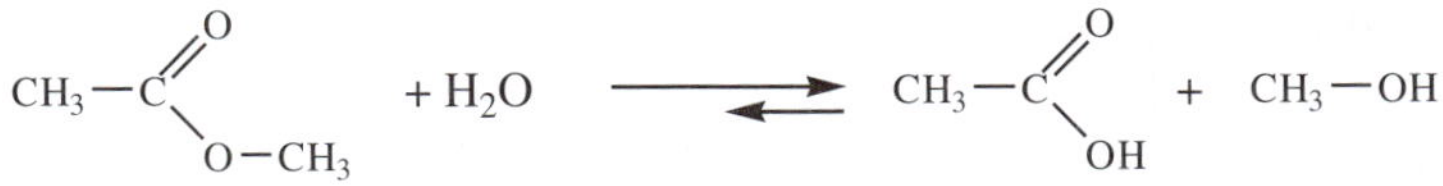

- ❑ **a.** C'est une réaction d'addition.
- ❑ **b.** C'est une réaction d'estérification.
- ❑ **c.** C'est une réaction d'hydrolyse.
- ❑ **d.** C'est une réaction de substitution.

5. Soit la réaction suivante :

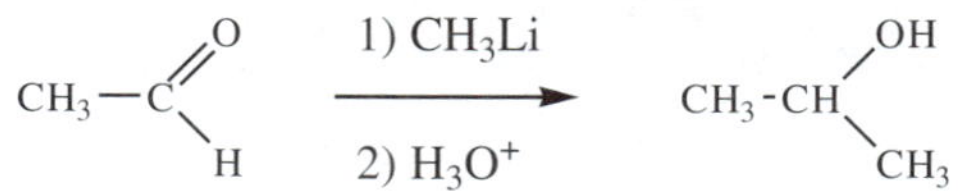

- ❑ **a.** Il y a modification de la chaîne carbonée.
- ❑ **b.** Il y a modification de la fonction chimique.
- ❑ **c.** C'est une réaction de réduction.
- ❑ **d.** C'est une réaction d'addition.

PROBLÈME

Soit les schémas réactionnels suivants :

$$A \xrightarrow[H_3O^+]{KMnO_4} B \quad \text{et} \quad A \xrightarrow[\text{Chauffage}]{H_2SO_4} C$$

La molécule A est un alcool. Lorsqu'elle subit une réaction de combustion, il y a formation de 3 molécules de dioxyde de carbone et de 4 molécules d'eau. La molécule B donne un résultat positif lors du test à la 2,4-DNPH et négatif à la liqueur de Fehling.

6. La molécule A est :

- ❑ **a.** le propan-1-ol.
- ❑ **b.** l'éthanol.
- ❑ **c.** le propène.
- ❑ **d.** le propan-2-ol.

7. La molécule B est :

- ❑ **a.** le propanal.
- ❑ **b.** l'éthanal.
- ❑ **c.** l'acide éthanoïque.
- ❑ **d.** la propanone.

8. La molécule C :

- ❑ **a.** est le propène.
- ❑ **b.** est l'éthylène.
- ❑ **c.** peut se polymériser.
- ❑ **b.** est saturée.

2. Corrigés

1. Bonne réponse : **a.**

b. Lors de la réaction de substitution, on remplace un atome (ou groupe d'atome) par un autre atome (ou groupe d'atome). Si on remplace un OH par un Cl, la masse molaire augmente ; si c'est le contraire, la masse molaire diminue.

c. Lors d'une réaction d'élimination, on retire un groupe d'atome, la masse molaire diminue.

d. Lors d'une réaction d'oxydation, il y a modification de la fonction chimique. On ne peut pas généraliser pour l'évolution de la masse molaire. Si la molécule de départ est un alcool qui se transforme en carbonyle, la masse molaire diminue ; si elle se transforme en carboxyle, la masse molaire augmente.

2. Bonnes réponses : **b.** et **d.**

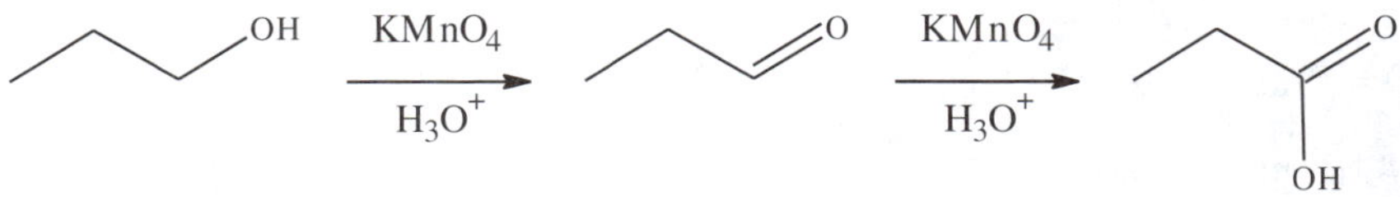

Lors de l'oxydation du propan-1-ol, il y a formation de propanal si l'oxydant est introduit en défaut, d'acide propanoïque si l'oxydant est en excès.

a. Le propène est obtenu par déshydratation du propan-1-ol.

c. La propanone est obtenue par oxydation du propan-2-ol.

3. Bonnes réponses : **b.**, **c.** et **d.**

a. Pour former un alcool, il faut réduire un acide carboxylique.

4. Bonnes réponses : **c.** et **d.**

La réaction est une substitution ; on remplace un CH_3 par un H. Cette réaction est une hydrolyse d'ester ; c'est la réaction inverse de l'estérification.

5. Bonnes réponses : **a.**, **b.**, **c.** et **d.**

Lors de ce schéma réactionnel, on ajoute un groupement CH_3 sur la chaîne carbonée ; en même temps, il y a modification de la fonction chimique (aldéhyde en alcool), c'est une réduction.

6. Bonne réponse : **d.**

La molécule A est un alcool, elle est donc de formule $C_nH_{2n+2}O$. La réaction de combustion est de type :

$$C_nH_{2n+2}O \quad + O_2 \longrightarrow n\,CO_2 + (n+1)\,H_2O$$

On en déduit que $n = 3$. La formule de l'alcool est C_3H_8O. La molécule A est soit le propan-1-ol soit le propan-2-ol.

Lorsque l'on oxyde cet alcool A à l'aide d'un oxydant en défaut, il se transforme respectivement soit en aldéhyde soit en cétone. Le composé B réagit positivement à la 2,4-DNPH, ce qui prouve qu'il y a un groupement carbonyle. Le composé B réagit négativement à la liqueur de Fehling, ce qui prouve que le groupement carbonyle est celui d'une cétone. Par conséquent la molécule A est un alcool secondaire.

7. Bonne réponse : **d.**

Voir démonstration QCM 6.

8. Bonnes réponses : **a.** et **c.**

La réaction de A en C est une réaction de déshydratation (réaction d'élimination). Il y a formation d'un alcène : le propène. C'est un composé insaturé (présence d'une double liaison). Ce propène peut facilement se polymériser pour former du polypropène (nom courant polypropylène).

FICHE COURS 88

Analyse des composés organiques et rendement

1. Je fais le point sur mes connaissances

Lorsqu'une molécule organique est synthétisée par un chimiste, celui-ci lui fait subir une série d'analyses pour confirmer la structure chimique. Les molécules peuvent réagir lorsqu'elles sont soumises à une excitation par l'intermédiaire de radiation (ultraviolet, visible, infrarouge) ou d'un champ magnétique. Les informations qui sont tirées des spectres permettent de déterminer les types de liaisons chimiques impliqués dans les molécules, les groupes caractéristiques présents et leur environnement.

1. La spectroscopie UV-visible

La spectroscopie UV-visible fournit des renseignements sur les électrons formant les liaisons chimiques.
Certaines molécules organiques sont colorées en solution. L'analyse du spectre UV-visible d'une molécule permet de confirmer sa présence en solution par comparaison à une banque de donnée.

2. La spectroscopie infrarouge

La spectroscopie infrarouge fournit des renseignements sur les atomes impliqués dans les liaisons chimiques.
Le spectre infrarouge d'une molécule organique est la représentation de la transmittance T (en %) d'un échantillon en fonction du nombre d'onde σ (entre 4 000 et 400 cm^{-1}).
Les bandes d'adsorption qui en résultent sont caractéristiques de groupes d'atomes. Ces bandes caractéristiques se trouvent entre 4 000 et 1 400 cm^{-1}.

Famille	Groupe détecté	Bandes d'adsorption	
		Aspect	Nombre d'ondes $\sigma(cm^{-1})$
Alcane	CH_3–	1 fine	2 975-2 950
	–CH_2–	1 fine	2 940-2 920
	–CH–	1 fine	2 890-2 880
Alcène	C=C	1 fine	1 680-1 620
	C=CH–	1 fine	3 050-3 000
	C=CH_2	1 fine	3 100-3 075
Alcyne	C≡C	1 fine	2 260-2 100
	C≡C–H	1 fine	3 340-3 100
Alcool	–OH libre	1 fine	3 640-3 610
	–OH lié	1 large	3 580-3 200
Amine	–NH_2	2 fines	3 400-3 250
	–NH–	1 fine	3 500-3 300
Cétone	C=O	1 fine	1 745-1 705
Aldéhyde	C=O	1 fine	1 740-1 685
	CO–H	1 fine	2 840-2 650
Acide carboxylique	C=O	1 fine	1 725-1 700
	CO–OH libre	1 fine	3 550-3 500
	CO–OH lié	1 large	3 300-2 500
Anhydride d'acide	CO–O–CO	2 fines	1 840-1 740
Ester	CO–O–	1 fine	1 750-1 705
	C=O	1 fine	1 680-1 630
Amide	CO–NH_2	1 fine	1 650-1 590
	–NH_2	1 large	3 500-3 200

3. La spectroscopie RMN

La spectroscopie RMN ^1H (résonnance magnétique nucléaire du proton) fournit des renseignements sur les atomes d'hydrogène de la molécule et leur environnement proche lorsque la molécule organique est placée dans un champ magnétique.

Le spectre RMN d'une molécule organique est la représentation de l'intensité du signal (en unité arbitraire) d'un échantillon en fonction du déplacement chimique δ (en ppm).

Sur le spectre acquis, on découvre des signaux qui délivrent de nombreux renseignements :

- Le nombre de protons engagés dans le signal ; c'est-à-dire le nombre de protons équivalents portés par un carbone (hauteur du signal).
- L'environnement de ces protons ; c'est-à-dire le nombre de protons portés par les carbones voisins (multiplicité du signal).
- Le déplacement chimique ; c'est-à-dire l'environnement des protons (insaturation, hétéroatomes...).

[REMARQUE]

Si l'hydrogène voit n atomes d'hydrogène voisin, le signal comportera n+1 pics. C'est la multiplicité. La hauteur relative du signal répond au triangle de Pascal.

Lorsqu'un proton se trouve à proximité d'une insaturation (C=C, C=O...) ou d'un hétéroatome très électronégatif, le déplacement chimique est exagéré, il augmente. On dit qu'il est déblindé.

Il est à noter qu'il existe aussi une spectroscopie RMN du carbone.

Famille	Proton détecté	Déplacement chimique δ (ppm)
Alcane	$-CH_n-$	0,5-1,9
Alcène	$-C=CH-R$	4,5-8,0
	$-C=C-CH_n-$	2,0-3,0
	$-C=CH_2$	4,5-6,3
Alcool, Amine	$-CH_n-OH$	1,5-6,0
	$-CH_n-NHn$	
	$-CH_n-OH$	3,1-4,1
	$-CH_n-NHn$	
Aromatique	C_6H_nX-H	6,5-8,0
	C_6H_5-H	7,3
Aldéhyde	$R-CO-H$	9,5-10,0
	$-CHn-CHO$	2,2-3,1

Famille	Proton détecté	Déplacement chimique δ (ppm)
Cétone	$-CO-CH_n-$	2,2-3,1
	propanone	2,05
Acide carboxylique	$R-CO_2H$	9,0-12,0
	$-CH_n-CO_2H$	2,2-3,1
	$H-CO_2H$	8,2-9,2
Ester	$H-CO-OR$	8,2-9,2
	$R-CO-O-CH_n-$	4,5-6,8

4. Le rendement d'une réaction

Lors de la synthèse d'un composé organique, le chimiste cherche à obtenir le meilleur rendement possible. Le rendement, noté Rdt, est un pourcentage et est défini comme suit :

$$\text{Rdt} = \frac{\text{masse}_{expérimentale}}{\text{masse}_{théorique}} \times 100$$

La masse expérimentale est la masse recueillie après purification du composé ; la masse théorique est la masse obtenue si la réaction est totale. Le rendement peut aussi être le rapport des quantités de matières expérimentales et théoriques.

Pour augmenter le rendement d'une réaction non totale, le chimiste peut jouer sur plusieurs paramètres :

- L'utilisation d'un réactif en excès pour déplacer l'équilibre d'une réaction limitée.
- L'utilisation d'un catalyseur sélectif permettant d'augmenter la vitesse de formation d'un produit donné lorsque plusieurs produits peuvent être formés,
- Le changement d'un réactif permettant de rendre totale une réaction limitée habituellement.

2. Les mots clés

Spectre d'absorption :
Spectre Infrarouge d'une molécule.

Bande d'absorption :
Pic caractéristique d'un groupe d'atome d'une molécule obtenu par spectroscopie infrarouge.

RMN :
Résonnance Magnétique Nucléaire, méthode permettant de connaître le nombre de proton et leur position dans une molécule.

Rendement :
Efficacité d'une synthèse.

Analyse des composés organiques et rendement

1. Énoncés

1. Soit la propanone :

❑ **a.** L'analyse par Infrarouge révèle 1 pic caractéristique à 1 730 cm^{-1}.

❑ **b.** L'analyse par Infrarouge révèle 2 pics caractéristiques à 2 970 cm^{-1} et 1 730 cm^{-1}.

❑ **c.** L'analyse RMN ^{1}H révèle 1 pic.

❑ **d.** L'analyse RMN ^{1}H révèle 2 pics.

2. Soit la molécule de propan-1-ol. L'analyse RMN donne :

❑ **a.** 1 singulet.

❑ **b.** 1 doublet.

❑ **c.** 1 triplet.

❑ **d.** 1 quadruplet.

3. Soit le spectre RMN suivant :

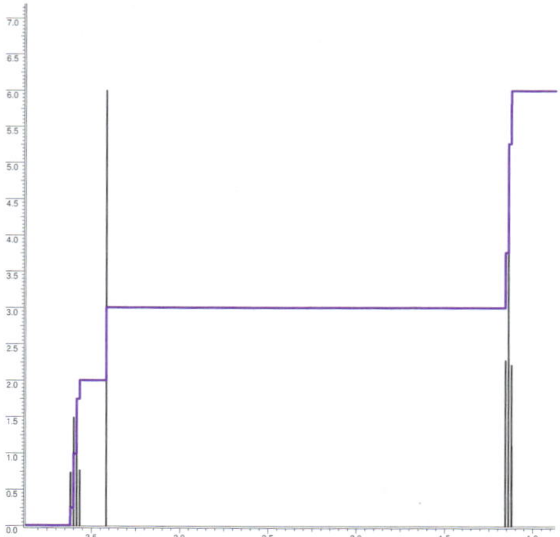

❑ **a.** La molécule analysée est l'acide propanoïque.

❑ **b.** La molécule analysée est l'éthanol.

❑ **c.** La molécule analysée est l'éthanamine.

❑ **d.** La molécule analysée est le propan-1-ol.

4. Pour vérifier la présence du produit de réaction suivante :

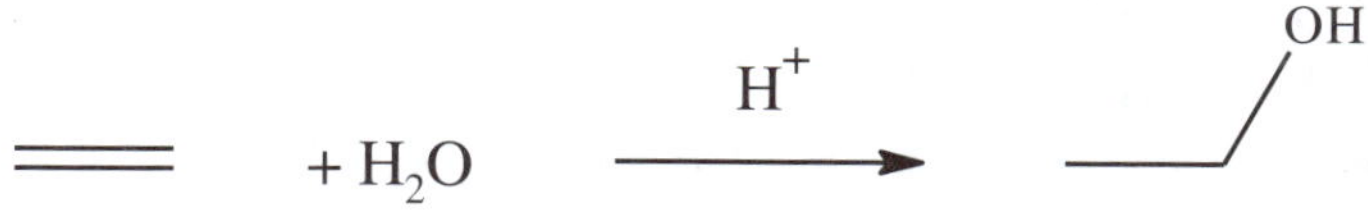

❑ **a.** Par analyse infrarouge, on remarque la présence d'une bande large entre 3 580 et 3 200 cm^{-1}.

❑ **b.** Par analyse infrarouge, on remarque la présence d'une bande large autour de 2 970 cm^{-1}.

❑ **c.** Par analyse infrarouge, on remarque la présence d'une bande fine autour de 2 930 cm^{-1}.

❑ **d.** Par analyse infrarouge, on remarque la présence d'une bande fine autour de 1 730 cm^{-1}.

5. Soit le spectre infrarouge du composé de formule brute $C_8H_{16}O_2$:

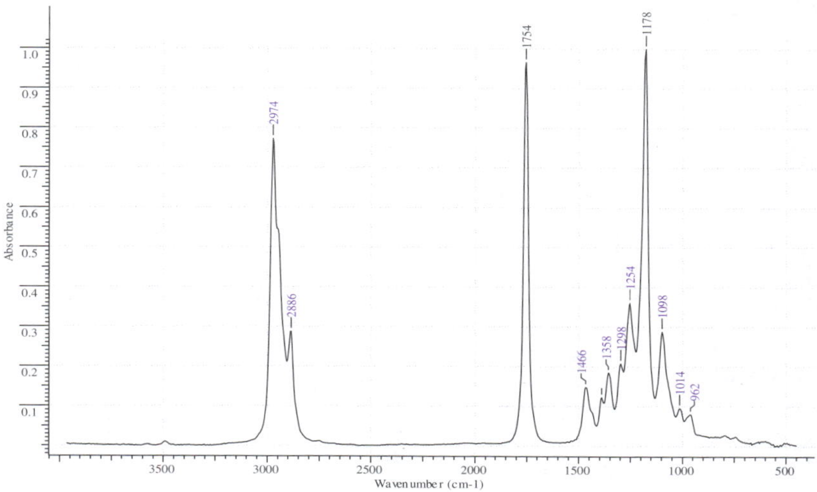

❑ **a.** La molécule est l'acide octanoïque.

❑ **b.** La molécule peut être l'éthanoate d'héxyle.

❑ **c.** La molécule peut être le butanoate de butyle.

❑ **d.** La molécule est l'octan-2,7-dione.

PROBLÈME :

On hydrolyse une masse m_A = 1,32 g d'un composé A de formule brute $C_4H_8O_2$. Il se forme un composé B et un composé C. Le composé B est dosé par de la soude molaire en présence d'un indicateur coloré approprié. Il faut verser un volume $V_{B,eq}$ = 4,5 mL pour obtenir l'équivalence. Pour identifier les composés B et C, on les analyse par spectroscopie RMN. On obtient les spectres suivants :

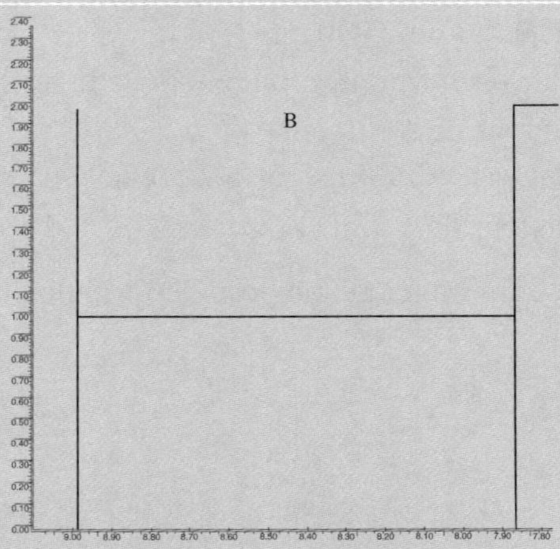

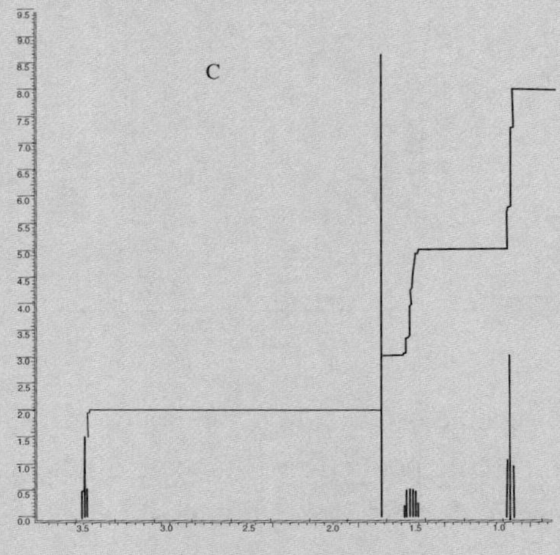

Identifiez les molécules A, B et C, puis calculez le rendement de la réaction.

6. La molécule B est :

- ❑ **a.** l'acide méthanoïque.
- ❑ **b.** l'acide éthanoïque.
- ❑ **c.** l'acide propanoïque.
- ❑ **d.** l'acide butanoïque.

7. La molécule C est :

- ❑ **a.** le méthanol.
- ❑ **b.** l'éthanol.
- ❑ **c.** le propan-1-ol.
- ❑ **d.** le propan-2-ol.

8. La molécule A est :

- ❑ **a.** le propanoate de méthyle.
- ❑ **b.** l'éthanoate d'éthyle.
- ❑ **c.** le méthanoate de 1-méthyléthyle.
- ❑ **d.** le méthanoate de propyle.

9. Le rendement de la réaction est :

- ❑ **a.** Rdt = 10 %.
- ❑ **b.** Rdt = 30 %.
- ❑ **c.** Rdt = 70 %.
- ❑ **d.** Rdt = 100 %.

2. Corrigés

1. Bonnes réponses : **b.** et **c.**

b. La propanone, de nom commun acétone, est une cétone. La spectroscopie Infrarouge de la molécule montrera un pic à 1 730 cm^{-1} correspondant à la bande d'absorption du C=O. Il y aura aussi un pic caractéristique des CH_3 à 2970 cm^{-1}.

c. L'analyse RMN de l'acétone fournit un seul pic. En effet, tous les hydrogènes sont équivalents. Le signal aura une hauteur équivalente à 6 protons et son déplacement chimique sera de 2,05 ppm.

2. Bonne réponse : **a.**

$$\underset{3}{CH_3}-\underset{2}{CH_2}-\underset{1}{CH_2}-OH$$

Le propan-1-ol a la structure suivante :

a. Le singulet correspond à l'hydrogène de la fonction hydroxyle (≈ 1,7 ppm ; intensité 1).

b. Le doublet n'est pas un signal de la molécule.

c. Il n'y a pas 1 triplet, mais 2 triplets. Le premier triplet correspond aux 3 hydrogènes du carbone n° 3 qui ne voient que les 2 hydrogènes du carbone n° 2 (2 H donc 2 + 1 = 3 pics, soit un triplet). Le second triplet correspond aux 2 hydrogènes du carbone n° 1 qui ne voient que les 2 hydrogènes du carbone n° 2. Il y aurait donc un triplet d'intensité 3 (≈ 1 ppm) et un triplet d'intensité 2 (≈ 3,5 ppm).
d. Le quadruplet n'est pas un signal de la molécule. Par contre, il manque un signal de la molécule de propan-1-ol ; c'est celui des 2 hydrogènes du carbone n° 2 qui voient les 2 hydrogènes du carbone n° 1 et les 3 hydrogènes du carbone n° 3 (5 H donc 5 + 1 = 6 pics, soit un sextuplet d'intensité 2).

3. Bonne réponse : **b.**

b. Le spectre RMN présente 3 pics, cela signifie qu'il y a 3 types d'hydrogènes. Il y a un quadruplet (intensité 2 ; 3,6 ppm), un singulet (intensité 1 ; 3,4 ppm) et un triplet (intensité 3 ; 1,15 ppm). Le triplet d'intensité 3 correspond au groupe CH_3 voyant un groupe CH_2. Le quadruplet d'intensité 2 correspond au groupe CH_2 voyant un groupe CH_3. La molécule comporte donc un groupe CH_3-CH_2. Le singulet d'intensité 1 correspond à un hydrogène isolé. Parmi les propositions, il y a 2 molécules possibles : l'éthanol et l'acide propanoïque. Ce qui permet de différencier l'acide de l'alcool, c'est la valeur de déplacement chimique. L'hydrogène d'une fonction acide se trouve entre 9 et 12 ppm (très fortement déblindé), alors que celui d'un alcool est entre 1,5 et 6 ppm.
c. L'éthanamine ne correspond pas car le singulet aurait été d'intensité 2.
d. Le propan-1-ol ne possède pas les bons signaux (*cf.* QCM 2.).

4. Bonnes réponses : **a.** et **c.**

La réaction est une addition, il y a formation d'éthanol.
a. L'analyse infrarouge montrera une bande large entre 3 580 et 3 200 cm^{-1} correspondant au groupe OH lié par liaison hydrogène.
b. L'analyse infrarouge montrera une bande *fine* vers 2 970 cm^{-1} correspondant au groupe CH_3.
c. L'analyse infrarouge montrera une bande fine vers 2 930 cm^{-1} correspondant au groupe CH_2.

d. Il n'y aura aucune bande vers 1 730 cm^{-1}. Cela ne correspond pas aux différents groupes présents dans la molécule.

5. Bonnes réponses : **b.** et **c.**

L'analyse infrarouge montre une bande caractéristique à 1 754 cm^{-1}. C'est une bande trop haute pour que la molécule soit un acide ou une cétone. Par contre cela correspond aux esters. Cependant rien ne nous permet de différencier les 2 esters nommés.

6. Bonne réponse : **a.**

Le spectre RMN de la molécule B présente 2 singulets (9 ppm hauteur 1 et 7,9 ppm hauteur 1). La molécule ne comporte par conséquent que 2 hydrogènes. De plus on sait que la molécule B est dosée par de la soude ; il s'agit d'un dosage acide/base. La molécule B est donc l'acide méthanoïque.

7. Bonne réponse : **d.**

Le spectre de la molécule C correspond au propan-1-ol (*cf.* QCM 2).

8. Bonne réponse : **d.**

La molécule A est hydrolysée et donne un acide carboxylique et un alcool.
A est donc un ester : le méthanoate de propyle.

9. Bonne réponse : **b.**

Pour calculer le rendement Rdt, il faut connaître la quantité de matière (ou masse) introduite initialement, et connaître la quantité transformée. Pour connaître la masse transformée, il faut connaître la quantité de matière ayant réagi. Pour cela on connaît la quantité de matière d'acide formé :

$$n_{acide\ carboxylique} = n_{base\ versée}$$

Soit :

$$n_{acide\ carboxylique} = C_b \cdot V_b = 1 \times 4{,}5 \cdot 10^{-3} = 4{,}5 \cdot 10^{-3} \text{ mol}$$

La masse ayant réagi est :

$$m_{ester\ réagi} = n_{acide\ carboxylique} \cdot M_{ester} = 4{,}5 \cdot 10^{-3} \times 88 = 0{,}396 \text{ g}$$

La masse d'ester engagé est de 1,32 g.
Le rendement de la réaction est donc :

$$\text{Rdt} = \frac{0,396}{1,32} \times 100 = 30$$

La réaction n'est pas terminée, car normalement le rendement d'une réaction d'hydrolyse d'un ester est de 33 %.

Chimie

[Cinétique et catalyse]

FICHE COURS 90

[Cinétique et catalyse]

Cinétique chimique

1. Je fais le point sur mes connaissances

Un chimiste se doit de connaître la vitesse de la réaction qu'il réalise. En effet, la durée d'une réaction est un paramètre important du point de vue financier (rentabilité de la synthèse).

1. Les réactions lentes ou rapides

À l'échelle humaine, on distingue trois catégories :

- Les transformations quasi instantanées : la durée d'évolution du système est inférieure ou égale à la durée de persistance rétinienne, soit environ un dixième de seconde (cas des réactions de dosage acide/base) ;
- Les transformations lentes : elles se déroulent sur des durées de l'ordre de quelques secondes à quelques heures (cas des réactions d'oxydation) ;
- Les transformations extrêmement lentes : la réaction dure plus d'une journée (cas des réactions d'oxydation des métaux).

2. Les vitesses de réaction

Pour décrire l'évolution temporelle d'un système chimique, on utilise une équation de vitesse qui caractérise globalement la réaction. La vitesse de réaction s'exprime en fonction de l'avancement (V : volume réactionnel) :

$$v = \frac{1}{V} \cdot \frac{\mathrm{d}x}{\mathrm{d}t}$$

Pour une réaction chimique : $a\,A + b\,B = c\,C + d\,D$, on peut définir la vitesse de réaction en fonction de chaque réactif ou produit :

$$v = -\frac{1}{a} \cdot \frac{\mathrm{d}[A]}{\mathrm{d}t} = -\frac{1}{b} \cdot \frac{\mathrm{d}[B]}{\mathrm{d}t} = \frac{1}{c} \cdot \frac{\mathrm{d}[C]}{\mathrm{d}t} = \frac{1}{d} \cdot \frac{\mathrm{d}[D]}{\mathrm{d}t}$$

De même, il est possible de définir des vitesses de formation de produit ou de disparition de réactif :

$$v_{disparition\ de\ A} = -\frac{d[A]}{dt}$$

$$v_{formation\ de\ C} = \frac{d[C]}{dt}$$

Ainsi la vitesse globale de réaction peut s'exprimer en fonction des vitesses de formation ou disparition :

$$v = \frac{v_{disparition\ de\ A}}{a} = \frac{v_{formation\ de\ C}}{c}$$

[IMPORTANT]

La vitesse de réaction diminue toujours au cours d'une réaction ! Hormis dans les réactions auto-catalysée, où elle augmente puis diminue.

3. Le temps de demi-réaction

Le temps de demi-réaction, noté $t_{1/2}$, correspond à la durée nécessaire, à partir de l'instant initial, pour que l'avancement x de la réaction soit parvenu à la moitié de sa valeur finale x_f (dans le cas d'une réaction totale, il s'agit de la valeur maximale x_{max}).

$$x_{t_{1/2}} = \frac{x_f}{2}$$

On ne peut calculer le temps de demi-réaction que pour les réactions lentes.

[IMPORTANT]

Le temps de demi-réaction ne correspond pas à la moitié du temps nécessaire pour réaliser la réaction.

Généralement, le temps de demi-réaction est obtenu à partir d'un graphique représentant l'avancement ou la concentration d'un produit ou réactif en fonction du temps.

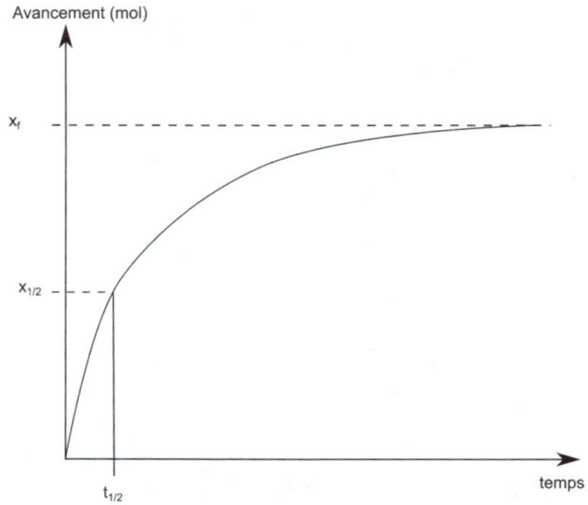

4. Suivi de réaction

Par définition, il est impossible de suivre une réaction instantanée. Seules les réactions lentes sont susceptibles d'être étudiées, analysées dans le temps.

[IMPORTANT]

La méthode de suivi d'une réaction va dépendre du temps de demi-réaction. En effet celui-ci doit être très inférieur au temps de réponse de l'appareil de suivi utilisé.

Les méthodes de suivi peuvent être, par exemple :

- La Chromatographie Couche Mince (CCM) ;
- La spectroscopie d'absorption UV-visible-proche IR ;
- La manométrie (mesure de pression)...

5. Facteurs cinétiques

Pour accélérer (augmentation de la rentabilité) ou ralentir (observation des mécanismes) une réaction chimique, le chimiste peut jouer sur plusieurs facteurs :

- La température : en l'augmentant, la vitesse de réaction augmente et le temps de demi-réaction diminue. À l'inverse, une diminution de la température entraine une baisse de la vitesse de réaction et une augmentation du temps de demi-réaction ;

- La concentration de tous les réactifs : plus les solutions sont concentrées en réactifs, plus la probabilité de chocs efficaces entre les réactifs augmente, la vitesse augmentera donc ;
- La nature du solvant (protique/aprotique et/ou polaire/apolaire) : le solvant a pour rôle de solubiliser correctement le(s) réactif(s) et/ou le(s) produit(s). Meilleure est la solubilisation, meilleure sera la synthèse ;
- L'utilisation d'un catalyseur : voir Fiche 92.

Un schéma peut permettre de le visualiser :

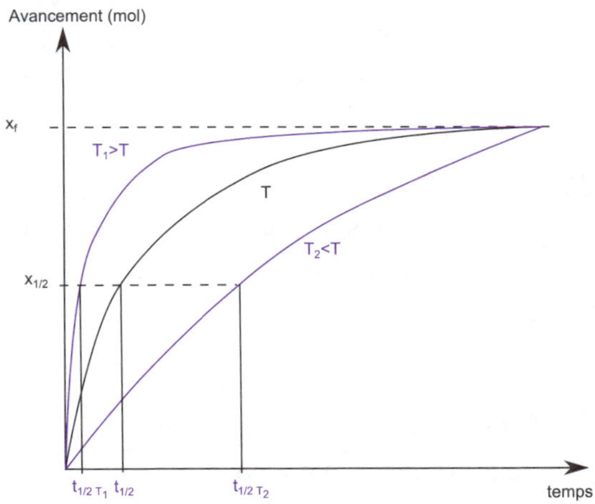

[IMPORTANT]

Ces facteurs cinétiques permettent d'augmenter la vitesse de réaction, mais ne permettent pas d'augmenter le rendement d'une réaction. L'état final de la réaction est le même !

2. Les mots clés

Facteurs cinétiques :

Conditions opératoires permettant d'accélérer ou de diminuer la vitesse d'une réaction.

Temps de demi-réaction :

Durée nécessaire pour convertir la moitié des réactifs ou pour obtenir la moitié des produits.

Cinétique chimique

1. Énoncés

1. Au cours d'une transformation chimique, la vitesse de réaction :

❑ **a.** Augmente au cours du temps.
❑ **b.** Diminue au cours du temps.
❑ **c.** Reste constante.
❑ **d.** Diminue ou augmente selon le système considéré.

2. La valeur de la vitesse de réaction à un instant donné :

❑ **a.** Dépend de la température du système.
❑ **b.** Dépend du volume du mélange réactionnel.
❑ **c.** Dépend de la concentration des réactifs.
❑ **d.** Dépend du solvant du système réactionnel.

3. Pour augmenter une vitesse de réaction :

❑ **a.** On peut augmenter la température.
❑ **b.** On peut diminuer la concentration des réactifs.
❑ **c.** On peut changer le solvant.
❑ **d.** On peut utiliser un catalyseur.

4. On utilise la spectroscopie d'absorption UV-visible :

❑ **a.** Pour suivre une réaction instantanée.
❑ **b.** Pour suivre une réaction lente.
❑ **c.** Pour suivre une réaction extrêmement lente.

5. Le temps de demi-réaction :

❑ **a.** Augmente lorsque la température augmente.
❑ **b.** Augmente lorsque la concentration des réactifs augmente.
❑ **c.** Diminue lorsqu'on utilise un catalyseur.
❑ **d.** Diminue lorsqu'on augmente température et concentration.

PROBLÈME

On réalise plusieurs expériences dont les données se trouvent dans le tableau ci-dessous. La réaction chimique se déroule entre les ions iodure I^- d'une solution S_1 d'iodure de potassium (C_1 = 2.10^{-2} mol·L^{-1}) et les ions peroxodisulfate $S_2O_8^{2-}$ d'une solution S_2 de peroxodisulfate de sodium (C_2 = 5.10^{-3} mol·L^{-1}).

Expérience	V_1 (mL)	V_2 (mL)	V_{eau} (mL)	V_{total} (mL)	Température (°C)
1	1	1	2	4	25
2	1	1,5	1,5	4	25
3	2	1	1	4	25
4	1	1	2	4	50
5	1	1	2	4	10
6	2	2	0	4	25

La réaction chimique est :

$$2\ I^- + S_2O_8^{2-} \rightarrow I_2 + 2\ SO_4^{2-}$$

On distingue l'apparition d'une couleur jaune-brun, due au diiode formé par la réaction, au bout d'environ 2 minutes.

6. À propos de la réaction :

❑ **a.** La réaction est rapide.
❑ **b.** Toutes les expériences ont le même réactif limitant.
❑ **c.** Toutes les expériences sont comparables entre elles.
❑ **d.** Toutes les expériences ont le même avancement final.

7. La réaction peut être suivie par :

❑ **a.** Spectroscopie UV-visible.
❑ **b.** Conductimétrie.
❑ **c.** Spectroscopie RMN.
❑ **d.** pH-métrie.

8. D'un point de vue cinétique :

❑ **a.** L'expérience n° 1 est plus rapide que la réaction n° 2.
❑ **b.** L'expérience n° 1 est plus rapide que la réaction n° 3.
❑ **c.** L'expérience n° 1 est plus rapide que la réaction n° 4.
❑ **d.** L'expérience n° 1 est plus rapide que la réaction n° 5.

9. Un suivi de la réaction a permis de tracer le graphique suivant :

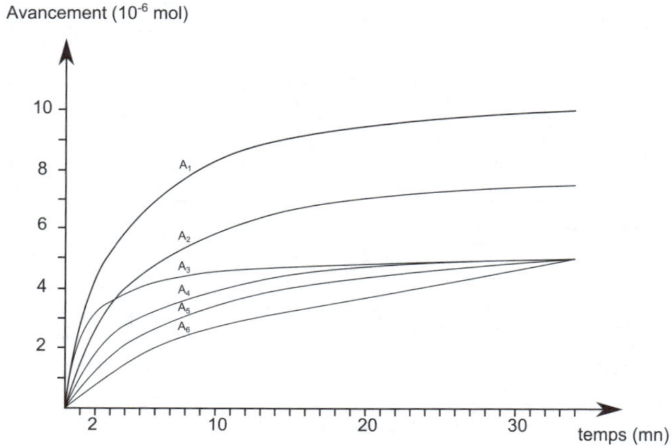

❑ **a.** La courbe A_1 correspond à l'expérience n° 1.
❑ **b.** La courbe A_5 correspond à l'expérience n° 1.
❑ **c.** La courbe A_6 correspond à l'expérience n° 5.
❑ **d.** La courbe A_2 correspond à l'expérience n° 4.

10. Le temps de demi-réaction :

❑ **a.** De la réaction n° 1 est d'environ 5 mn 30 s.
❑ **b.** De la réaction n° 3 est d'environ 1 mn 15 s.
❑ **c.** De la réaction n° 5 est d'environ 5 mn 30 s.
❑ **d.** De la réaction n° 6 est d'environ 8 mn 30 s.

2. Corrigés

1. Bonne réponse : **b.**

b. La vitesse de réaction diminue toujours au cours du temps. Elle est maximale à $t = 0$. Seulement dans les réactions auto-catalysées, extrêmement rares, la vitesse augmente puis diminue au cours du temps.

2. Bonnes réponses : **a.** et **c.**

a. Pour toutes réactions chimiques, la température permet d'augmenter la vitesse de réaction.

b. Le volume de la réaction est une constante, il n'intervient pas dans la vitesse à un instant donné.

c. La loi de vitesse dépend de la concentration en réactif (voir Fiche 90, **1.2.**). C'est pour cela que la vitesse diminue au fur et à mesure de la réaction étant donné que les réactifs sont consommés (la concentration diminue).

d. À un instant donné, le solvant n'intervient pas dans la vitesse. Par contre si la même réaction est conduite dans 2 solvants différents, cela peut entraîner des vitesses différentes.

3. Bonnes réponses : **a.**, **c.** et **d.**

b. Il faut augmenter la concentration des réactifs.

c. Il est envisageable de changer le solvant pour augmenter la vitesse de réaction (passer d'un solvant apolaire à polaire pour des réactions mettant en jeu des protons).

4. Bonne réponse : **b.**

a. Une réaction instantanée dure moins d'une seconde, on ne peut donc suivre la réaction par spectroscopie UV-visible.

c. Une réaction extrêmement lente dure plus d'une journée, il ne sert à rien de suivre la réaction par spectrophotométrie.

5. Bonnes réponses : **c.** et **d.**

a. Le temps de demi-réaction diminue lorsque la température augmente.

b. Le temps de demi-réaction diminue lorsque la concentration augmente.

PROBLÈME

Pour répondre aux questions, il faut dresser un tableau d'avancement

État	**Avancement**	**Équation de réaction** $2\ I^- + S_2O_8^{2-} \rightarrow I_2 + 2\ SO_4^{2-}$			
Initial	0	n_1	n_2	0	0
Instant *t*	x_f	$n_1 - 2\ x_f$	$n_2 - x_f$	x_f	$2\ x_f$

On peut ainsi remplir le tableau suivant : ($n = C.V$)

Exp.	n_1 (10^{-6} mol)	n_2 (10^{-6} mol)	x_f (10^{-6} mol)	Temps demi-réaction (mn)	Courbe
1	20	5	5	5,5	A_5
2	20	7,5	7,5	3,5	A_2
3	40	5	5	1,25	A^3
4	20	5	5	3,5	A_4
5	20	5	5	8,5	A_6
6	40	10	10	2,75	A_1

6. Bonne réponse : **b.**

a. On voit apparaître la couleur caractéristique du diiode au bout de 2 minutes, cela signifie que la réaction est lente.

b. D'après le tableau ci-dessus.

c. On ne peut comparer des réactions entre elles que si un seul paramètre varie.

d. D'après le tableau ci-dessus.

7. Bonnes réponses : **a.** et **b.**

a. On voit apparaître la couleur caractéristique du diiode au bout de 2 minutes, cela signifie que la solution se colore au fur et à mesure. On peut donc suivre la réaction par spectroscopie UV-visible.

b. Il y a des ions en solutions, on peut donc suivre la réaction par conductimétrie.

c. Il n'y a pas de molécules organiques portant des hydrogènes d'engagées dans la réaction. Une étude par spectroscopie RMN n'apporterait aucun résultat.

d. Aucun acide, ni aucune base ne réagit. Un suivi pH-métrique de la réaction ne peut se faire.

8. Bonne réponse : **d.**

a. Entre les expériences 1 et 2, seule la concentration en peroxodisulfate varie. Elle est plus faible dans l'expérience 1, la vitesse de réaction sera alors plus faible.

b. Entre les expériences 1 et 3, seule la concentration en ions iodure varie. Elle est plus forte dans l'expérience 3, la vitesse de réaction sera alors plus élevée.
c. Entre les expériences 1 et 4, seule la température varie. Elle est plus forte dans l'expérience 4, la vitesse de réaction sera alors plus forte.
d. Entre les expériences 1 et 5, seule la température varie. Elle est plus faible dans l'expérience 5, la vitesse de réaction sera alors plus faible.

9. Bonnes réponses : **b.** et **c.**

La courbe A_1 possède une asymptote horizontale à 10.10^{-6} mol. Cela correspond à l'expérience n° 6.
La courbe A_2 possède une asymptote horizontale à $7{,}5.10^{-6}$ mol. Cela correspond à l'expérience n° 2.
Les courbes A_3, A_4, A_5 et A_6 possèdent une asymptote horizontale à 5.10^{-6} mol. On ne peut pas différencier les expériences. Il faut regarder les autres paramètres.
La courbe A_3 démarre comme la courbe A_1. La vitesse initiale de la réaction est sensiblement la même, il y a la même concentration en réactif en excès. Cela correspond à l'expérience n° 3.
La courbe A_4 est plus élevée que A_5 et A_6 respectivement. La différence entre les expériences 1, 4 et 5 est la température. Plus celle-ci est élevée, plus la réaction est rapide. Ainsi, la courbe A_4 correspond à l'expérience n° 4 ; la courbe A_5 correspond à l'expérience n° 1 ; la courbe A_6 correspond à l'expérience n° 5.

10. Bonnes réponses : **a.** et **b.**

Pour trouver les temps de demi-réaction, il faut tracer $x_{1/2}$ sur le graphique et extraire les valeurs (celles-ci sont données dans le tableau).

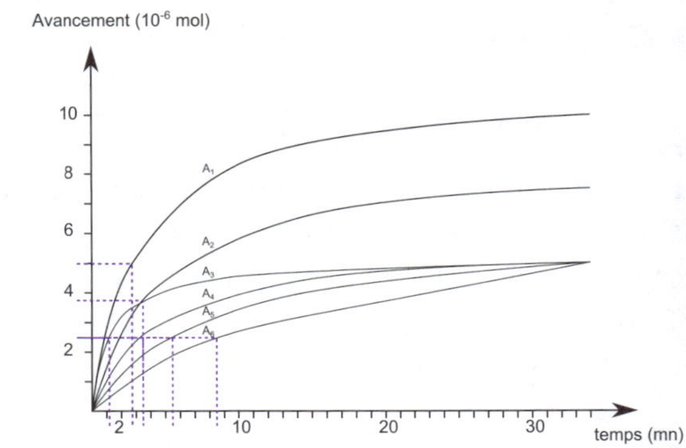

La catalyse

1. Je fais le point sur mes connaissances

Un catalyseur est une espèce chimique qui permet d'augmenter la vitesse d'une réaction chimique (et de diminuer le temps de demi-réaction) mais qui ne figure pas dans l'équation de cette réaction. Le catalyseur peut être consommé par la réaction chimique, mais est régénéré à la fin de celle-ci.
Une réaction dont la vitesse est contrôlée par la présence d'un catalyseur est dite catalysée.
Il existe 3 types de catalyse.

1. La catalyse hétérogène

Lorsque le catalyseur est solide et que les réactifs sont gazeux ou en solution aqueuse, on parle de catalyse hétérogène (phases différentes). Le plus souvent, les catalyseurs hétérogènes sont des métaux supportés. Les réactions chimiques se déroulent à la surface du catalyseur. Par conséquent, plus le catalyseur possède de surface accessible, appelée surface active, plus la réaction se déroulera rapidement. Pour augmenter la surface d'un catalyseur, on l'utilise souvent sous une forme très divisée : poudre, mousse ou fils très fins tissés sous forme de toile.

[IMPORTANT]

Le catalyseur est le plus souvent solide. Il est donc facilement séparable du milieu réactionnel et peut donc être réutilisé.

2. La catalyse homogène

Lorsque le catalyseur et les réactifs sont dans la même phase (gazeuse ou aqueuse), on parle de catalyse homogène. Le plus souvent, les catalyseurs homogènes sont des métaux en solution (forme ionique).
Tous les réactifs étant en solution, plus la concentration en catalyseur est grande, plus la réaction se déroulera rapidement.

[IMPORTANT]

Le catalyseur étant en solution, il est très difficilement séparable du milieu réactionnel. Il faut généralement passer par une étape de floculation/décantation/filtration.

3. La catalyse enzymatique

Les molécules biologiques agissant comme catalyseurs sont appelées enzymes. Ainsi, lorsqu'une réaction est catalysée par une enzyme, on parle de catalyse enzymatique.

Dans une catalyse enzymatique, les réactifs sont en solution, dans la même phase liquide que le catalyseur. La catalyse enzymatique constitue un cas particulier de catalyse homogène.

Les enzymes catalysent des réactions qui se déroulent généralement en milieu biologique. Celles-ci s'effectuent à la température de l'organisme qui les abrite (37 °C pour l'Homme) et dans des conditions de pH souvent peu éloignées de la neutralité (pH ≈ 7). Par conséquent, les réactions catalysées par les enzymes se caractérisent par leur grande douceur.

4. Spécificité d'un catalyseur

Par définition, un catalyseur est spécifique d'une réaction chimique ; il n'augmente que la vitesse de cette réaction. Par exemple :

$$2\,CH_3CH_2OH + O_2 \xrightarrow{[Cu]} 2\,CH_3CHO + 2\,H_2O$$

Cependant, il peut aussi catalyser la réaction du méthanol en méthanal.

La particularité des enzymes est leur double spécificité ; elles ne catalysent qu'une seule réaction pour un seul réactif, appelé substrat.

[IMPORTANT]

Si une réaction est équilibrée (non totale), le catalyseur accélère les 2 réactions opposées.

5. Sélectivité d'un catalyseur

Un catalyseur possède aussi la capacité d'être sélectif. Il est très rare que la transformation d'un système chimique puisse être décrite par une réaction chimique unique. Lorsque plusieurs réactions ont lieu simultanément, un catalyseur peut accroître la vitesse de l'une d'entre elles de façon sélective.

Par exemple, le chauffage de vapeur d'éthanol peut entraîner la production d'éthanal et d'éthylène. L'utilisation d'un catalyseur permet d'orienter sélectivement la formation du produit qui intéresse le chimiste.

$$CH_2 = CH_2 \xleftarrow{[Al_2O_3]} CH_3 - CH_2 - OH \xrightarrow{[Cu]} CH_3 - CHO$$

2. Les mots clés

Catalyseur :
Réactif chimique prenant part à la réaction, permettant de l'accélérer sans être consommé.

Catalyse homogène :
Lorsque tous les réactifs et le catalyseur se trouvent dans la même phase.

Catalyse hétérogène :
Lorsque les réactifs se trouvent dans une phase différente de celle du catalyseur.

Catalyse enzymatique :
Cas particulier de la catalyse homogène, le catalyseur est un produit biologique : une enzyme.

Spécificité :
Caractère d'un catalyseur ne permettant d'augmenter la vitesse que d'une seule réaction chimique.

Sélectivité :
Caractère d'un catalyseur permettant d'orienter la réaction chimique dans un seul sens lorsque plusieurs sens sont possibles.

La catalyse

1. Énoncés

1. En catalyse homogène :

- ❑ **a.** Le catalyseur est consommé par la réaction chimique.
- ❑ **b.** Le catalyseur est toujours en phase aqueuse.
- ❑ **c.** Le catalyseur se trouve dans la même phase que les réactifs.
- ❑ **d.** La vitesse de la réaction est proportionnelle à la concentration du catalyseur.

2. En catalyse hétérogène :

- ❑ **a.** L'efficacité d'un catalyseur est d'autant plus grande que sa surface est grande.
- ❑ **b.** Le catalyseur est toujours sous forme solide.
- ❑ **c.** Le catalyseur permet de diminuer le temps de demi-réaction.
- ❑ **d.** La surface du catalyseur est le lieu où se déroule la réaction.

3. En catalyse enzymatique :

- ❑ **a.** La réaction se déroule à température ambiante.
- ❑ **b.** Le catalyseur est spécifique d'une réaction mais pas d'un substrat.
- ❑ **c.** Le catalyseur est d'origine biologique, donc très sensible aux variations de température et de pH.
- ❑ **d.** Le catalyseur est consommé puis régénéré par la réaction chimique.

4. L'eau oxygénée (peroxyde d'hydrogène) peut se dismuter selon la réaction suivante :

$$2\ H_2O_{2\ (l)} \rightarrow 2\ H_2O_{\ (l)} + O_{2\ (g)}$$

Cette réaction peut être catalysée par une solution d'ions ferriques, par un fil de platine ou par la catalase (enzyme).

❑ **a.** Les ions ferriques sont catalyseurs de la réaction.
❑ **b.** La réaction utilisant la catalase est une catalyse homogène.
❑ **c.** Le fil de platine est un catalyseur hétérogène.
❑ **d.** On pourrait utiliser une mousse de platine à la place du fil.

5. Soit la réaction d'estérification suivante :

$$CH_3CO_2H + CH_3OH = CH_3CO_2CH_3 + H_2O$$

Cette réaction est lente et limitée.

❑ **a.** Cette réaction peut être accélérée en utilisant un catalyseur acide, tel l'acide sulfurique.
❑ **b.** En utilisant un catalyseur, seule la réaction directe est favorisée.
❑ **c.** En utilisant un catalyseur, la réaction devient totale.
❑ **d.** Si le catalyseur utilisé est l'acide sulfurique, la catalyse est hétérogène.

6. On dit qu'un catalyseur est sélectif :

❑ **a.** S'il augmente la vitesse de formation d'un produit au détriment d'un autre.
❑ **b.** S'il agit de façon non prévisible sur les réactifs.
❑ **c.** S'il nécessite des conditions de température et/ou pression particulières pour agir.
❑ **d.** S'il augmente la vitesse d'évolution d'une transformation de façon privilégiée.

2. Corrigés

1. Bonne réponse : **c.**

a. Le catalyseur peut être consommé par la réaction, mais est régénéré à la fin de celle-ci. Au final, le catalyseur n'est pas consommé par la réaction.

b. En catalyse homogène, le catalyseur doit se trouver dans la même phase que les réactifs. Il n'est pas toujours en solution aqueuse. Il se peut que le catalyseur et les réactifs soient en phase gazeuse.

d. La vitesse d'une réaction catalysée (homogène) est augmentée par rapport à une réaction sans catalyseur. Cependant, rien ne permet d'affirmer que la vitesse soit proportionnelle à la concentration du catalyseur.

2. Bonnes réponses : **a.**, **c.** et **d.**

b. Le catalyseur doit se trouver dans un état différent de celui des réactifs. Il se trouve généralement sous forme solide, mais ce n'est pas une généralité. Des réactifs gazeux peuvent réagir par barbotage dans un catalyseur liquide.

3. Bonnes réponses : **c.** et **d.**

a. En enzymatique, on travaille à des températures proches des milieux biologiques (≈ 37 °C).

b. Le catalyseur enzymatique est doublement spécifique : spécifique d'une réaction et spécifique d'un substrat.

4. Bonnes réponses : **a.**, **b.**, **c.** et **d.**

a. Ce sont des catalyseurs homogènes.

b. La catalyse enzymatique est un cas particulier de la catalyse homogène.

d. L'utilisation de la mousse à la place du fil permet d'augmenter la surface active du catalyseur, la réaction se déroulera plus rapidement.

5. Bonne réponse : **a.**

b. Le catalyseur augmente la vitesse des 2 réactions inverses.

c. L'utilisation d'un catalyseur ne permet pas de rendre totale une réaction limitée.

d. L'acide sulfurique est un liquide, les réactifs sont liquides, la catalyse est homogène.

6. Bonnes réponses : **a.** et **d.**

Index

E

F

O

P

Q

R

S

59277 - (II) - (1,2) - OSB 80° - 266 - LAS - SBI
Imprimerie CHIRAT - 42540 Saint-Just-la-Pendue
Dépôt légal : mai 2013 - Suite du tirage : juillet 2014
N° 201407.0172

Imprimé en France